ERICA BRÜHLMANN-JECKLIN

ALICE SINGT

Ruth Früh

ERICA BRÜHLMANN-JECKLIN

Alice singt

DIE GESCHICHTE EINES • VERDINGKINDES

ZYTGLOGGE

Dieses Buch ist der Mutter von Alice, Maria-Antonia Walliser, geb. Eghetz, gewidmet. Sie lebte vom 5. April 1892 bis zum 27. September 1967 und verbrachte 54 Jahre ihres Lebens im ‹Pfrundhaus› in Liestal.

2. Auflage 2012

Lektorat: Hugo Ramseyer, Bettina Kaelin
Korrektorat: Monika Künzi, Jakob Salzmann
Umschlagsfoto: Alice als junge Frau
Gestaltung/Satz: Franziska Muster Schenk, Zytglogge Verlag
Druck: fgb · freiburger graphische betriebe
ISBN 978-3-7296-0842-9

Zytglogge Verlag · Schoren 7 · CH-3653 Oberhofen am Thunersee
info@zytglogge.ch · www.zytglogge.ch

Inhalt

Prolog

War es so?

Maria-Antonia steht auf der steinernen Treppe, die zum Eingang Haus Nr. 39 an der Hauptstrasse führt. Das Bübchen, das kürzlich die ersten Schritte machte, schläft. Maria-Antonia will kurz hinaus. Sie öffnet die Tür, tritt auf die oberste Stufe, hält sich am Geländer fest, geht die Stufen hinunter, spürt plötzlich, wie ein Schwindel im Kopf beginnt, wie es surrt im Hirn. Jetzt sich festhalten, in die Weite blicken, aber auch da dreht sich alles. Sie legt die freie Hand auf den gerundeten Leib, spürt die Bewegungen des Kindes. Häuser, Bäume, die Strasse, alles dreht sich. Das Geländer lässt nach, schmilzt weg. Das Surren im Kopf wird zur nackten Angst. Maria-Antonia fällt. Festhalten. Fällt weiter. Dann weicht das Bewusstsein.

Oder so?

Maria-Antonia steht vor der Haustür an der Hauptstrasse 39. Hält sich fest am Geländer der steinernen Treppe, die hinunter aufs Trottoir führt, steht da, entschlossen zu gehen. Fort! Nur weg! Zurück zu den Eltern. Jetzt ist genug! Schluss! In der Wohnung hört sie ihn poltern und schimpfen. «Dann geh doch!» Die Tür öffnet sich. «Geh nur! Tschinggenfrau!», brüllt er. Wie so oft. Gibt ihr einen wütenden Stoss, bevor er sich umdreht, ins Haus zurückgeht, die Tür zuschlägt. Maria-Antonia verliert das Gleichgewicht. Das Ungeborene in ihr! Festhalten! Der Bub! Sie fällt. Prallt auf die einzelnen Tritte, und der Kopf schlägt hart auf den untersten. Dann weicht das Bewusstsein.

Birsfelden, im Jahr 1913. Maria-Antonia, Tochter einer italienischen Einwandererfamilie, seit kurzem Ehefrau von Otto, Sohn eines Schweizer Ehepaars, ist Mutter des einjährigen Pauls und der noch ungeborenen Alice, die bald zur Welt kommen soll.

Die über neunzigjährige Alice erinnert sich

«Das Bild kommt immer wieder in meinen Sinn, während der Kinderzeit, aber auch später. Immer dasselbe Bild. Ein Mann hält mich zum Fenster hinaus. Ich will mich am Fenstersims festhalten, aber es geht nicht. Er hält mich hinaus, und ich sehe das Gemälde an der Fassade des Hauses.»

«Kommt das Bild im Traum?»

«Nein, wenn ich wach bin. Das letzte Mal, als ich das Foto vom Haus sah, in dem ich geboren wurde.»

«Könnte der Mann dein Vater sein?»

«Ich weiss es nicht. Es gibt noch ein zweites Bild: Ich komme in einen Tunnel, es ist schwarz, und ich bin froh, als es wieder hell wird.»

«Wäre es möglich, dass dein Vater dich zum Fenster hinaus hielt?»

«Ich kann es nicht sagen. Es gibt ja Väter, die ihre Kinder kopfvoran über das Meerwasser halten, damit sie lernen, dass da Gefahr ist.»

*

Alice erinnert sich auch an ein weisses Kinderbett, an Stäbe, durch die sie hindurch blickt, sieht eine Frau mit einem Kind. Wo es ist, weiss sie nicht. «Geh hinüber zu den Frauen und sing, Alice, sie möchten, dass du ihnen vorsingst!» Es sind Krankenschwestern, die das zu ihr sagen. Aber wo war das?

«Das mit dem Ellbogen rührt von einem Sturz her.» Jemand hat das zum Kind gesagt. Vielleicht die Tante, als es bei der Grossmutter zu Besuch war. Behaupten will Alice nichts. Sie will niemanden beschuldigen. Hält sich an Fakten, soweit sie solche kennt. Doch auch die Erinnerungsbilder sind da. Die einzigen aus ihrer frühen Kinderzeit.

Offene Fragen

Alice hat einen verkrüppelten linken Ellbogen und eine behinderte rechte Hand, auf welcher eine Operationsnarbe sichtbar ist. Wer sie operiert hat und wo und weshalb, weiss sie nicht.

Weitere Fragen sind offen: Wo war sie in den ersten vier bis fünf Lebensjahren? Was geschah damals mit ihrer Mutter? Wo war der Vater? Warum haben sich ihre Eltern nicht um sie gekümmert?

Die Suche erfolgt in Archiven, in denen geheimnisvolle Stille herrscht, wo Leute in alte Bücher und Schriften vertieft vor Laptops sitzen und Archivare flüsternd weiterhelfen. Alice möchte die Wahrheit wissen. Die Wahrheit über ihre ersten Jahre. Über ihre Mutter. Den Vater. Über die Zeit, bevor ihre Erinnerung einsetzt.

Noch ist es dunkel in ihrer Erinnerung. Das Geburtshaus stand in Birsfelden, Hauptstrasse 39: So viel konnte sie in Erfahrung bringen. Die Erinnerung aber setzt erst später ein: an der Oberen Rebgasse 13 in Basel, wo das Mädchen mit der verkrüppelten rechten Hand und dem steifen linken Ellbogen wohnt.

Zuvor jedoch die Vorgeschichte, die zwei Jahre vor ihrer Geburt in Birsfelden beginnt. Man schreibt das Jahr 1911, und es geht um eine junge, hübsche Frau. Ihr Name: Maria-Antonia Celestina Eghetz. Ihr Alter: 19 Jahre.

Otto und Maria-Antonia

Der junge Otto machte sich auf den Weg von der Hauptstrasse 41 zur Rheinstrasse 34, wo er mit Malerarbeiten beschäftigt war, keine 400 Meter entfernt vom Haus, in dem er mit seinen Eltern und Geschwistern wohnte. Der Auftrag bereitete ihm Freude. Im Treppenhaus sollten Fresken auf die Wände kommen. Er liebte solche Aufgaben, ja, am liebsten hätte er nur als Kunstmaler Bilder geschaffen. Das aber musste er auf die Freizeit verschieben, meistens ging es um das Anstreichen von Wänden.

An diesem Märztag im Jahr 1911 trug er Schablonen, Farben, Pinsel und Kessel mit Leichtigkeit. Er trällerte vor sich hin und pfiff *Ticinesi son bravi soldati.*

Otto war auffallend gut gelaunt, seit er gestern Nachmittag im Treppenhaus Maria begegnet war. Maria-Antonia Celestina. Die hatte ihn angelacht, bevor sie in der Parterrewohnung der Eltern verschwunden war. Mit funkelnden Augen und dem Temperament einer feurigen Italienerin, keine neunzehn Jahre alt. Die erklärte Dorfschönheit.

Vielleicht hätte er heute den Mut, sie einzuladen.

Ob ihr Vater das erlauben würde? Bei Italienern wusste man nie. Obwohl: Der hatte sich als Vorarbeiter emporgearbeitet, nachdem er in den Fünfzigerjahren beim Bau des Hauensteintunnels in die Schweiz gekommen war. Später durfte die Familie nachkommen: die Frau und die drei Töchter, Asunta, von der man vermutete, sie sei etwas schwach im Geist, die kluge Ida und die hübsche Maria. Zwei weitere Kinder wurden in der Schweiz geboren: Carlo, der einzige Sohn, und Caterina, die Jüngste, hier Käthi gerufen.

Otto bog von der Hauptstrasse in die Rheinstrasse ein, ging bei der Kirchstrasse über die Kreuzung, am Stierackerweg und der Schillerstrasse vorbei, blickte kurz hinunter zur grünen Wiese beim Rhein. Dort unten möchte er einmal mit ihr spazieren. Aber jetzt war Tagewerk angesagt.

Er betrat das Haus mit der Nummer 34 und machte sich an die Arbeit. Wartete und hoffte. Aber niemand zeigte sich. Keine feurige Maria. Nur die Mutter Eghetz trug eine Zaine voller Wäsche ins Freie, blaue Übergewänder konnte er erkennen; wo sie diese aufhängen wollte, wusste er nicht, noch schien erst eine zaghafte Märzsonne. Bald kehrte sie mit dem leeren Korb zurück und verschwand in der Wohnung. So verging Stunde um Stunde, Otto konzentrierte sich auf das Fresko, strengte sich an, bis die letzten Details stimmten.

Er betrachtete sein Werk, begann langsam die Werkzeuge zusammenzuräumen, nahm den Kübel, schritt langsam die Treppenstufen hinunter, ein wenig enttäuscht, heute war sein letzter Arbeitstag an der Rheinstrasse 34. In den Händen das Malerwerkzeug, versuchte er mit dem Fuss, die Tür aufzuschieben, als sich diese unmittelbar von aussen öffnete, ihm jemand zu Hilfe kam, die Tür offen hielt. Maria.

«Können wir uns einmal treffen? Irgendwo?», stotterte er verlegen.

«Mein Vater würde es nicht erlauben!»

«Ein Spaziergang am Rhein unten? Musst ihm ja nicht sagen mit wem!»

«Wenn du meinst …»

«Morgen um vier Uhr? Samstags fällt das gewiss niemandem auf!»

«Also!» Marias dunkelbraune Augen strahlten. Etwas Scheu lag darin. Ein Schweizer Junge wollte sich mit ihr treffen. Sie würde bei der Wiese unten am Rhein auf ihn warten.

«Ciao!», sagte sie leise und verschwand hinter der Wohnungstür.

«Tschau!», antwortete Otto, pfeifend den Rückweg antretend.

Das war vor drei Monaten gewesen. Wenig später hatte Maria am 5. April ihren 19. Geburtstag feiern können, und die beiden jungen Menschen trafen sich nun regelmässig. Und dann war es passiert: Marias Tage waren weggeblieben. Noch wusste niemand vom heimlichen Paar, vom rassigen Schweizer und der schönen Italienerin. Sie standen am Rhein, schauten dem ziehenden Wasser zu, eine Wolke schob sich vor die Julisonne, als Maria seine Hand nahm, ihn angstvoll anschaute und sagte:

«Ich bekomme ein Kind!»

Otto liess die Hand los, machte einen Schritt zurück, schaute sie entsetzt an.

«Nein!»

«Doch!»

«Wer weiss es?»

«Niemand.»

Otto schaute fragend, hilflos, zornig.

«Wie konnte das passieren?»

«Wir waren es doch beide!»

Die braunen Augen blickten traurig. Würde er zu ihr stehen? Mitkommen, um es dem Vater zu sagen? Um ihre Hand bitten? Obwohl sie noch nicht volljährig war?

Der Jüngling, selber erst vor wenigen Wochen 21-jährig geworden, rang mit sich. Freuen würde sich da niemand. Das war ihm klar. Auch seine Eltern nicht.

«Ich bringe dich jetzt heim.»

Otto steckte die Hände in die Hosentaschen. Maria legte ihre gekreuzt auf den Unterleib. So gingen sie schweigend nebeneinander die Rheinstrasse hinauf, bis vor die Tür mit der Nummer 34.

«Tschau!», sagte Otto, wandte sich um, ging.

«Ciao!», flüsterte Maria unhörbar und trat durch die Tür ins Haus.

«Dann heirate sie! Hast sie ja auch geschwängert!», polterte Ottos Vater; und «Porca miseria!», schimpfte der von Maria. Otto blieb keine andere Wahl, als mit Maria in den Ehestand zu treten. Doch die beiden hatten mit der Heirat zu warten, bis Maria volljährig war. Sie würden deshalb erst im April des kommenden Jahres heiraten, wenn der kleine Paul bereits mehr als drei Wochen auf der Welt sein würde.

Allen Widerständen zum Trotz freute sich Maria am kleinen Bündel, als dieses am 30. März gesund und munter auf die Welt kam. Sie hegte und pflegte es, als hätte sie nie etwas anderes getan, und liebte ihren Otto nach wie vor. Der dagegen fühlte sich eingezwängt in ein Korsett, wiewohl ihm Maria noch immer gefiel, er ausserdem Erleichterung spürte, dass es ein Bub war. Aber so richtig gern hatte er das Italienermädchen, das seine Frau werden sollte, seine sehr junge Frau, nicht mehr. Doch jetzt war er eben da, der Paul.

Die schlichte Heirat verband das Paar nun auch amtlich, und Otto hatte sich zu schicken in die Folgen des Abenteuers, das er gesucht und gewollt hatte. Der Bibelvers, den der Pfarrer zur kirchlichen Bestätigung der Ehegemeinschaft auswählte, ist der 24. Vers des 7. Kapitels im Matthäus-Evangelium:

Jeder nun, der diese meine Worte hört und sie tut, wird gleich sein einem klugen Mann, der sein Haus auf den Felsen baute.

Aber wollte er, Otto, dieses Haus überhaupt bauen? Hatte er Maria wirklich je geliebt? War es nicht vielmehr ihr schöner Körper, der ihn angesprochen hatte? Vielleicht auch der Wunsch, den Kollegen zu erzählen, dass er die Dorfschönheit bekommen hatte, was für ihn folgenlos hätte bleiben sollen, auf dass er noch andere junge Mädchen bitten könnte. Dafür war es jetzt zu spät, und Otto fügte sich fürs Erste. Er hatte sein Begehren mit Liebe verwechselt.

Eine kleine Wohnung, just neben jener von Ottos Familie, mit spärlichen Möbeln aus den beiden Elternhaushalten eingerichtet; das Kinderbett, in dem vor wenigen Jahren noch Käthi drin gelegen hatte, war nun Pauls Bettchen, und ein ungewohnter Alltag kehrte ein. Otto machte sich morgens zur Arbeit, kehrte abends oft später heim, als das Ende der Tagesarbeit dies erfordert hätte, während Maria wartete, zusammen mit dem Kind. Bis er endlich kam, schlief der kleine Paul längst.

Manchmal schrie Otto seine Frau an, wenn ihm etwas an ihr nicht passte, wenn sie ihn fragte, warum er so spät heimkomme nach der Arbeit. Er schimpfte, wenn sie zum Park hinunter an den Rhein ging, oder lebensfroh wie sie war, ihn ermunterte, sie an ein Fest zu begleiten, den Kleinen könne man mitnehmen, das sei bei ihnen üblich. Nein, viel lieber ging er allein aus des Abends, um sich mit Kollegen zu treffen und mit ihnen ein Bier zu trinken. Er war doch jung und ein Mann! Da konnte man doch noch nicht eingesperrt werden in eine Familie. Sie hätte damals doch aufpassen müssen! Nur sie!

Trotz den zunehmenden Schwierigkeiten wollte Otto den Körper seiner Frau weiterhin, manchmal spät, wenn er heimkam, sie bereits schlief, es war sein Recht, das Recht des Mannes, des Ehemannes; und so nistete sich ein zweites Kind ein, begann zu wachsen, zu gedeihen, und bevor sich das Jahr zu Ende neigte, gestand Maria ihrem Mann, dass sie erneut ein Kind erwarte.

«Wie das?», fragte Otto.

«Aber du warst doch dabei!», antwortete Maria auch diesmal und begann ab diesem Tag gegen eine Traurigkeit anzukämpfen, versuchte Lebensfreude zurückzugewinnen, wenigstens ein Brösel, auch dann, wenn sie allein mit dem Bub zum Rhein hinunterging, den Wellen zuzuschauen oder sich in das eine und andere Gespräch mit Spaziergängern einlassend. Die Freude auf ihr zweites Kind sollte ihr niemand nehmen. Niemand! Und vielleicht würde das ihren Otto ja zur Vernunft bringen oder gar die Liebe, an die sie geglaubt hatte, in ihm wieder erwecken, die Liebe zu ihr und ihren beiden Kindern.

Das Frühgeborene

Für diese Jahreszeit war es kühl am 13. Juni des Jahres 1913. Wolken bedeckten den Himmel, vom Westwind hergetragen, dann und wann ergoss sich ein Strichregen, das Thermometer mochte nicht über elf Grad klettern, als bei Maria im Laufe des Vormittags Wehen einsetzten und sich das Kind anmeldete, zu früh. Für den Weg ins Spital reichte es nicht mehr, eine Hebamme wurde gerufen, und um halb elf lag das Menschlein da, wurde abgenabelt, gewaschen, in enge Tücher gewickelt und neben die Mutter gelegt. Maria berührte mit ihrem Zeigefinger sanft die Fingerchen, strich mit der Hand sorgsam über das niedliche Köpfchen, die winzigen Ohren. Otto kam hinzu, schaute das Frühgeborene an, hörte wie es schrie, sah wie es die kleine Faust in den Mund nahm, daran suckelte, und die Hebamme sagte zufrieden: «Die Kleine wird es schaffen.»

So kam Alice an auf der Welt, und der katholische Glaube von Marias Eltern gebot, dass das Frühchen abends um acht Uhr notgetauft wurde; der herbeigerufene Priester segnete es im Namen der Dreieinigkeit und entliess das Kind ins Leben; ob es dieses packen würde oder nicht, lag nicht in seiner Verantwortung, das müsste der Herrgott richten.

Basellandschaftliche Zeitung – Tagblatt von Baselland
Dienstag, 13. Juni 1916

Von der Grenze. *Der vor einer Woche in Bonsol durch die Unvorsichtigkeit eines Feldwebels schwer* ***verwundete Soldat*** *war infolge grossen Blutverlustes in einem bedenklichen Zustande, sodass die Ärzte im Pruntruter*

Spital es für notwendig hielten, dem Patienten frisches Blut einzuspritzen. Der Feldwebel Dellenbach, dessen Unvorsichtigkeit der Unglücksfall zuzuschreiben ist, hat sich anerboten, für den Soldaten sich Blut aus seinem Körper abzapfen zu lassen, was auch geschah. Seither geht es dem Patienten wesentlich besser.

Der Tag, an dem dieses berichtet wurde, war der dritte Geburtstag von Alice. Wo sie diesen verbrachte, ist nicht bekannt, ebenso wenig wie die beiden vorangegangenen Geburtstage.

Ab dem Jahr 1917 sind dank gefundenen Akten in Archiven ein paar Daten überliefert.

Am 10. September wurde die vierjährige Alice ins Sanatorium Erzenberg nach Langenbruck gebracht. Erinnerung daran hat sie keine. Das Bild vom Kinderbett mit den Gitterstäben passt nicht hierher, denn Alice musste nicht im Bett liegen. Sie litt an einer Hauttuberkulose an der rechten Hand und war auf der Kinderstation untergebracht.

Am 30. April 1918 entliess man sie nach mehr als einem halben Jahr als geheilt aus dem Sanatorium. Wenig später setzt ihr Erinnerungsvermögen ein. Die bald Fünfjährige wohnte nun an der Oberen Rebgasse 13 beim Ehepaar Stucki. Das Kind ging davon aus, die beiden nicht mehr jungen Leute seien seine Eltern. Wie sollte es anders empfinden als andere Kinder in diesem Alter, denen wohl ist, dort wo sie gut aufgehoben sind.

Morgens musste der Vater Stucki zur Arbeit. Sein Weg führte beim kleinen Elektrizitätswerk ins Turmhäuschen, und wenn er zum Znüni heimkam, gab ihm die Mutter Stucki Brot und Markbein, und die kleine Alice durfte mithalten, weil der Vater mit ihr teilte. Ging er zurück zur Arbeit, nahm die Mutter ihr Strickzeug und stieg mit dem Kind die Treppe hoch zur Zinne. Dort spielte Alice mit dem Puppenwagen, der hinten zwei kleine Räder und vorn eine Stange hatte, die dem Wägelchen Stand gab, wenn sie damit still stand, sodass sie die Puppe heraus- und auf den Arm nehmen konnte.

Einmal durfte sie den Vater zur Arbeit ins Elektrizitätswerk begleiten. Da hörte sie die Motoren summen, und sie summte leise mit. Hier war der Vater ein Meister, das wusste sie.

Wenn er nicht arbeiten musste, spazierte er mit ihr zur nahen Wiese, wo sie sich ins Gras setzte und an den Blumen roch. Er pflückte Müllerblümchen und legte sie in die kleinen Hände des Kindes. Manchmal ging er mit ihr auf die Mittlere Rheinbrücke. «Schau, Alice, da ist Betrieb!» Alice staunte. Der Heimweg führte sie an dem grossen Restaurant vorbei, wo es nach Suppe und feinen Speisen duftete.

Weitere Szenen würden dem Mädchen in Erinnerung bleiben: Wie der Vater sie mitnahm auf den Berg, der ihr als höchster der Welt vorkam, wo Leute in einer Lichtung sassen und Würste brieten. «Nimm», sagte der Vater und gab ihr den Stecken mit der an beiden Enden eingeschnittenen Wurst, «das ist dein Chlöpfer. Halt ihn ins Feuer, bis er schön braun gebrätelt ist.»

Auch an zwei, drei das Kind erschreckende Szenen würde sich Alice später erinnern. An den Schaukasten mit den aufgetürmten Totenschädeln, die sie schaudern liessen. «Komm», sagte der Vater, «das ist nichts für dich!» Oder an das Fuhrwerk, das an ihnen vorbeifuhr, auf dessen Wagen hinten einer auf einer langen Stange sass, ein Mann mit schmerzverzerrtem Gesicht und einem blutigen Bein.

«Der hatte einen Unfall», beruhigte der Vater, «und muss jetzt ins Spital. Dort machen sie ihn wieder gesund.» Bei diesem Wort wollte eine vage Erinnerung auftauchen. Aber sie sickerte weg, bevor sie richtig da war, und das Mädchen konnte sich wieder in die Geborgenheit ihres Daheims einkuscheln.

In der Fastnachtszeit durfte sie eine Larve vors Gesicht tun, der Vater ging mit ihr in die Stadt. Da ging es lustig zu und her, Konfettis wirbelten durch die Luft, die Menschen waren fröhlich. Und wenn die Weihnachtszeit nahte, der Samichlaus zu Besuch kam, verkroch sich Alice unter dem Tisch. Aber die Eltern ermutigten sie, hervorzukommen, weil der Samichlaus einem lieben Kind wie ihr doch nur Gutes wolle. Mutter und Vater waren auch gut mit ihr, ihr war wohl bei Stuckis, sie wusste nicht, was davor war, und schon gar nicht, was auf sie zukommen würde. Noch war die kleine Kinderwelt in Ordnung – wieder in Ordnung –, und wenn ihr Mutter Stucki abends den linken Arm im Meersalz badete, in einem Becken mit warmem Wasser, bekam das Kind eine Fürsorge, die es gar nicht auf den Gedanken kommen liess, Fragen zu stellen. Zum Beispiel, was mit ihrem linken Arm los war, der täglich gebadet werden musste. Warum der Ellbogen so oft schmerzte. Warum sie nicht umherspringen durfte, sondern den Arm tagsüber in der Schlinge tragen musste. Was mit der rechten Hand geschehen war, dass diese so anders aussah.

Die Liebe, die ihr in diesem Haus entgegenkam, war stärker als alle Fragen und stärker als die Schmerzen. Alice sog diese Liebe des bereits ergrauten Elternpaares auf wie ein trockener Schwamm. Das war ihr Daheim. Ihr Zuhause. Etwas anderes wusste sie nicht.

Alice durfte in den Kindergarten, und sie ging gern, denn da konnte sie mit den farbigen Knöpfen spielen. Der Weg führte sie am kleinen Elektrizitätswerk mit dem schmalen Turm vorbei, wo sie die Motoren summen hörte. Seit sie mit dem Vater drinnen gewesen war, wusste sie, dass dort in einem blitzblanken Raum kupferglänzende Geräte standen. Wenn Alice vom Kindergarten heimkam, vor dem Haus mit der Nummer 13 stand und an diesem emporschaute, wurde ihr warm zumute, und die Fensterläden mit den ausgestanzten Herzen untermauerten das Gefühl der Geborgenheit und des Hier-daheim-Seins.

Sie trippelte durch die Haustür hinein, die Stufen hoch, im Treppenhaus am Toilettenhäuschen vorbei. Manchmal stieg sie noch die letzten Stufen hoch, bis zur kleinen Zinne, wo auf einem Stufengestell blühende Kakteen standen. Meist aber ging sie durch die Tür mit dem Glasfenster direkt in die Wohnung. Auf der rechten Seite war ihr Kinderzimmer. Durch den Korridor geradeaus kam sie in die Küche, wo sie durch ein grosses Fenster direkt in die Stube hineinsah.

Wenn sie abends im Bett lag, liess die Mutter die Tür offen, sodass sie gar keine Angst haben musste, auch deshalb nicht, weil sie die Wassertropfen hörte, die im Lavabo draussen im Korridor regelmässig in den Schüttstein fielen. Das Kind nahm die Töne auf, pling, pläng, plong, jeder Tropfen hatte seinen eigenen Klang, Alice summte mit, es war das Geräusch, das ihre Ohren und ihre Seele erreichte und die Kleine in den Schlaf wiegte.

Seit dem Frühling war Alice Schülerin der ersten Klasse. Eine ausgezeichnete Schülerin. Die Eins war die beste Note, und davon gibt es in ihrem Zeugnis mehrere. Warum in diesem Einträge sind, die auf längere Absenzen hinweisen, weiss die heute betagte Alice nicht mehr. «Ich habe offenbar öfters gefehlt in der Schule, da muss irgendetwas gewesen sein.» Alice musste die Ungewissheit durch ihr ganzes Leben tragen. «Später sagte man mir, ich sei die Treppe hinuntergefallen und hätte dabei den Arm gebrochen. Erinnern kann ich mich nicht. Dass bei Stuckis so etwas passiert wäre, glaube ich nicht.»

Ein aufgewecktes Mädchen, nicht unbedingt grazil, aber doch irgendwie fein im Anblick, dunkelbraunes Haar, helle blaue Augen, die alles erforschen wollten, was sie sahen. Ein flinkes Kind, mit einem freundlichen Kinderblick. Das war die inzwischen siebenjährige Alice.

Plötzlich ist alles anders

Alice wird sich nie erinnern können, wird vergessen haben, wie alles geschah, fand sich bei anderen Leuten wieder, jetzt in Reigoldswil, in einem Haus ausserhalb des Dorfes.

In der Erinnerung sieht sie sich auf einer Bank hinter dem Haus sitzen, ein alter Mann neben ihr, ein Grossvater, der Karl Degen-Vögelin, den Namen wird sie erst viel später aus den Archiv-Akten erfahren, mit ihm sitzt sie auf dem Bänkchen vor dem Haus und isst eine geschwellte Kartoffel. An andere Menschen wird sie sich hier, in ihrer Heimatgemeinde, nicht erinnern. Im Alter wird sie ihr Schulzeugnis anschauen, die Daten anstarren und sagen: «Also war ich im zweiten Schuljahr doch noch in Basel.» In Basel, ja, aber nicht mehr bei Stuckis.

Eine Zwischenstation wird sie so verdrängen, dass erst die Recherche Klarheit schaffen wird, nämlich, dass sie im April von Stuckis fort zuerst zu einer weiteren Familie in Basel gebracht wurde, bevor sie nach nur zwei Monaten im Juni desselben Jahres ins Grossvater-Honighaus kam, wo sie den achten Geburtstag verbrachte.

Die zwei Monate wohnte Alice bei Familie Mäder an der Klybeckstrasse 245 in Basel. Und Mäders gewannen das Kind in kurzer Zeit so lieb, dass sie den Behörden der Heimatgemeinde mitteilten, sie möchten Alice mit nach Zürich nehmen, wohin sie demnächst umzögen. Doch an ihrer Sitzung vom 9. Juni 1921 entschieden die Verantwortlichen anders und hielten protokollarisch fest:

Das Kind wird in Anbetracht der übersetzten Kostgeldforderung dem Armenerziehungsverein unterstellt, und ist somit Schrift für Armeninspektor in Liestal diesbezüglich Kenntnis zu geben.

Die ‹übersetzte Kostgeldforderung› betrug vierzig Franken pro Monat, welche die Heimatgemeinde hätte aufbringen müssen. So kam

Alice von der Stadt Basel fort in die Heimatgemeinde, welche sie nicht wirklich wollte, und also zum Grossvater im Honighaus nach Baselland.

Immer wieder musste man es dem Kind sagen: «Nein, Alice, glaub es endlich! Stuckis sind nicht deine Eltern. Nein, du kannst nicht zu ihnen zurück. Es gibt keine Eltern, und darum wirst du jetzt gehorchen und tun, was man dir sagt, hingehen, wohin man dich führt. Du hast keinen Vater und keine Mutter. So glaub es doch. Aber wir können dich nicht behalten. Mit deinem Arm wirst du uns nie helfen können bei der Arbeit.» Der erste grosse Schmerz, an den sie sich erinnert.

Vertrauen zu den Menschen aufbauen, bei denen Alice jetzt wohnte, gelang ihr nicht so recht. Die Zeit, in der sie hier weilte, war dafür zu kurz. An das Haus wird sie sich erinnern, an blühende Wiesen, ein kleines Bächlein, an den Duft von fliessendem Honig, der in der Stube geschleudert und in Gläser abgefüllt wurde. Zeitlebens würde ihr beim Geruch von Honig das Bild dieser Stube in den Sinn kommen, eine Idylle ohne erinnerbare Menschen, ausser dem Grossvater auf der Bank vor dem Haus. Etwas Ruhe für eine kurze Dauer. Immer aber ein Heimweh in ihr. Das Heimweh nach den Eltern Stucki, das Weh. Die zwei lieben Menschen, von denen sie geglaubt hatte, es wären ihre Eltern. Deren Liebe trug sie in sich, eingehüllt wie in einen Kokon. Sie wollte warten, bis der Kokon, der einmal ein Schmetterling war, wieder ein solcher würde und fliegen könnte.

In diesem Jahr kam Alice durch die heimatliche Armenpflege unter die Fürsorge der Amtsvormundschaft Baselland.

Fort vom Grossvater-Honighaus

Eines Tages stand eine Frau da, nahm das Kind an der Hand und führte es fort, über Wege und Hügel, ein weinendes Kind, das weggezerrt wurde vom Honighaus und dem Grossvater, ein weiter Weg, die kurzen Beine machten zwei Schritte, während die Frau einen tat und mahnte: «Komm schon!» Das Mädchen weinte, schluchzte den ganzen Weg, lief neben der fremden Frau her, die Tränen rollten über die Wangen, eine Traurigkeit, die niemand sah.

Die Tränen wird es erst trocknen, wenn die Frau am neuen Ort zu ihm sagt: «Das ist jetzt dein neues Zuhause, sei froh, dass du zu den Hersbergers darfst!», wenn sie gegangen ist und es in einem kleinen Zimmer liegt, das fortan das seine sein sollte, und es sich am neuen Ort in die erste Nacht summt.

Nach zwei Tagen setzt die neue Pflegemutter Alice auf einen Schemel und gibt ihr ein Strickzeug in die Hände: «Da, nimm! Jetzt geht der Ernst los. Jetzt werden wir dir den Ernst des Lebens beibringen.» Alice konnte geradeaus stricken. Etwas anderes hatte sie noch nicht gelernt. «Du wirst jetzt die Socken stückeln, die kaputten Fersen neu hineinstricken.» Alice hatte keine Ahnung, wie man das macht. «Da gibt es nichts zu heulen», schimpfte die Pflegemutter, packte Alice an den Haaren und schubste sie hinaus, hinter das Haus. «Ich werde es dir schon noch beibringen, Lisi!»

Es war Spätherbst und dunkelte früh. Alice stand hinter dem Haus, fröstelte. Sie konnte unmöglich hier bleiben, wo kein einziger Liebesstrahl zu ihr drang. Sie blickte auf den Weg, der das Bord hinaufführte, und fasste einen Entschluss. «Ich muss weg!», flüsterte sie zu sich selbst, erhob sich und begann zu laufen, wollte zurück ins Honighaus. Sie rannte, rannte den Berg hinan, bis sie ausser Atem unter einem Baum stehen blieb. Die Bauern hatten die Bäume geschnitten, die herumliegenden Äste zeugten davon, dass die kalte Jahreszeit vor der Tür stand. Alice überkam eine grosse Müdigkeit. Es war bereits dunkel. Sie setzte sich in einen der Asthaufen unter einem Baum, lehnte mit dem Rücken an den Stamm, umfasste mit beiden Händen die Knie und legte den Kopf darauf. Morgen wollte sie durch den Wald zurück nach Reigoldswil. Irgendwie würde sie das Dorf wiederfinden. Vor dem Wald fürchtete sie sich nicht.

Sie musste kurz eingeschlafen sein, aber die Kälte weckte sie wieder. Sie erhob sich, schwang die Arme um die Brust, um sich zu wärmen, mehrmals, schaute umher, erblickte ein Licht. Weit weg konnte das nicht sein. Sie machte sich auf, durch die Dunkelheit, diesem Licht entgegen. Jetzt stand sie vor einem Bauernhof, drinnen leuchtete das warme Licht. Sie nahm allen Mut zusammen. Das war einfacher, als zurückzugehen zu der strengen, lieblosen Pflegemutter. Sie klopfte an die Tür. Eine Frau, es musste die Bäuerin sein, öffnete, nahm das Kind herein. «Wo kommst denn du her? Und wo willst hin? Setz dich an den Kachelofen. Bist ja ganz durchfroren. Komm, wärm dich ein wenig. Trink dieses Chacheli Milch. Dann schauen wir weiter.» Aber da gab es nichts zu schauen.

Alice wird sich später an die freundlichen Leute im Bauernhaus erinnern. Aber auch an die Laternen, die bald darauf durch das Fenster zu sehen waren und die näher und näher kamen. An Männer, die an die Tür klopften. «Soso, da bist du also. Einfach weglaufen! Was denkst du eigentlich?» Männer vom Dorf, die sie zurückbrachten an den traurigen Ort, von dem sie weggelaufen war.

Sie würde diese Nacht wie noch oft das Bett einnässen, weil der Weg auf den Abort nachts so beschwerlich war. Weil sie Angst vor der steilen Treppe hatte, vor der dunklen Scheune, die sie durchschreiten musste, dem schweren Scheunentor, das sie nur mit Mühe öffnen konnte und von wo aus sie nochmals ein paar Schritte gehen musste bis zum Güllenloch. Lieber nahm sie in Kauf, anderntags hinter dem Haus die Leintücher und das Nachthemd im kalten Wasser waschen zu müssen.

Alice war also wieder hier. In Tenniken. Ein kleines Dorf im Oberbaselbiet. Eine Häuserreihe mit drei einfachen Häuschen. Im ersten lebte das Mädchen nun bei den neuen Pflegeeltern und dem Ernstli. Neun Jahre zählte sie, und mit wachen Augen erkundete sie, wenn sie nicht gerade zur Arbeit gemahnt wurde, ihre neue Umgebung, aus der es offenbar kein Entrinnen gab.

Ein kleiner Weg bog links vor dem Haus der Pflegeeltern ab, führte zu den zwei anderen Hauseingängen. Davor war ein kleiner Garten mit einem Hühnerhäuschen und ein paar Hühnern. Rechts des Hauses die Scheune, durch deren Tor eine Treppe hinaufführte. Weiter rechts das WC-Häuschen mit einem Deckel auf der Öffnung, wo Alice ins Güllenloch hinunterschauen konnte, dass es sie schauderte.

Neben der Scheune stand der Geissenstall. Wenn Alice einen Moment fand, wo sie unbemerkt hinaus konnte, besuchte sie die zwei Geissen, die sie umarmte und die sie trösteten, wenn sie weinte, denen sie Salz zum Schlecken gab, mit denen sie Runkelrüben ass, weil sie so oft hungrig war.

Alice stand vor den drei zusammengebauten Häuschen, trat ein paar Schritte zurück, als wollte sie einen Überblick gewinnen über das, was zu ihrem unabänderlichen, erzwungenen Daheim geworden war. Schaute links zum Hühnergehege, streifte mit dem Blick die Eingangstür, die nicht zu den Pflegeeltern führte, sondern zum Coiffeur, der hier mit seiner Mutter wohnte und samstags den Leuten die Haare schnitt. Sie blickte weiter zum Scheunentor, ging durch dieses hinein und lief mit ihren kurzen Beinen durch die dunkle Scheune, hinten die Treppe hinauf, zum kleinen Bödeli, nochmals links eine enge Treppe hinauf auf den Estrich. Zurück auf dem Bödeli rechts hinein in die Küche, weiter in die Stube mit dem grünen Kachelofen, dem Stubentisch, dem Webstuhl mit der Webspüeli-Maschine. Von da aus führte eine Tür in die ‹gute› Stube, welche mit den eng gestellten Möbeln, dem Tisch, den Stühlen und dem Buffet, eine eigenartige Düsterkeit verbreitete. Geöffnet wurde sie nur, wenn Besuch kam. Aus der anderen Stube führte eine Tür in das Zimmerchen von Alice, das eher einem Verschlag glich denn einem Schlafzimmer. Ein Bett. Ein Stuhl. Ein paar Quadratmeter Eigenleben.

Vom Bödeli aus gab es eine weitere Tür, die hinter das Haus ging, von wo ein Weglein auf der linken Seite zum mittleren Haus führte, in dem zwei Schwestern wohnten. Zwei Jungfern, wie man sagte. In ihrem Haus befand sich der Keller, welcher der Pflegefamilie gehörte. Alice würde ihn noch kennen lernen.

Wenn Alice beim Weglein rechts abböge, könnte sie weiter das Bord hinauf zum Pflanzblätz und fort. Dieser Gedanke beschäftigte sie seit der ersten Stunde hier. Doch seit ihrem gescheiterten Fluchtversuch wagte sie es nicht mehr. Es gab kein Entrinnen.

Da war Alice nun, bei der Familie Hersberger-Niederhauser. Die Frau hiess Maria. Alice sagte «Frau Hersberger» zu ihr. Der Mann, Jakob, arbeitete in der Eisenfabrik in Zunzgen. «Herr Hersberger.» Das gehörte sich so. Die Frau bestellte Haus und Garten und wob Seidenbänder. Sie posamentete, wie die Leute dort sagten. Ein Lichtblick war der dreijährige Ernstli, der Einzige, der nichts von ihr wollte, sie herzig anlachte, wie kleine Kinder das tun.

Alice wird einen grossen Teil ihrer Kinderzeit hier verbringen. Ihre Arbeits-Kinderzeit.

‹Lisi› in Tenniken

Vor dem Haus neben der Scheune stand auf der Höhe des Geissenstalls der Holzschopf mit dem Scheitstock. Beim steil bergan führenden Weg floss ein Bächlein. Eine Viertelstunde benötigte Alice bis zum Gemüsegarten der Familie mit den zwei Apfelbäumen. Je nach Jahreszeit wuchsen auf dem Pflanzblätz, in dessen Nähe sie damals nachts war, Salat, Stangen- und Buschbohnen, Kabis, Kohl und Rüben. Alice war hungrig. Eigentlich hatte Alice immer Hunger. Deshalb höhlte sie den Salat und den Kohl aus und ass das zarte Grün. Als sie die Leute reden hörte, es seien Hasen in den Gärten, regte sich in ihr zwar ein schlechtes Gewissen, aber sie spürte auch eine Genugtuung, sich gleich einem freien Hasen in der Natur bedienen zu dürfen.

Im Pflanzblätz wurden Kartoffeln gesetzt, in die Furchen, die der Pflegevater mit der Hacke grub. Dank zwei dicken kurzen Stecken mit einem langen Band dazwischen wurde schnurgerade eingepflanzt. Alice, also Lisi, stand in der Furche und setzte eine Kartoffel um die andere, immer eineinhalb Schuhe Abstand dazwischen, setzte den ganzen Acker allein. Zuletzt musste sie mit einer Schaufel Geissenmist darauf werfen und die Furche mit Erde bedecken. Den Mist hatte sie in einer Karrette heraufschleppen müssen. Es war Pfingstmontag. Die andern Kinder spielten an diesem schulfreien Tag.

Im Sommer, wenn die Brombeeren reif waren, wurde das Kind sonntags früh um vier Uhr vom Pflegevater geweckt. «Hopp, auf mit dir, wir gehen in die Brombeeren.» In die leer gewordenen Astra-Fettkessel ‹Nussgold›, in diese fettigen Eimerchen, sollten die Brombeeren gefüllt werden. Alice rieb sich die Augen. Stand flugs auf. Zog sich an. Darauf freute sie sich. Das Frühaufstehen störte sie nicht. Volle Kessel würde sie heimtragen.

Manchmal naschte Alice aus der Haferflocken-Büchse. Eine Handvoll oder zwei. Das merkte niemand. Brot war für das Pflegekind rationiert. Am Tisch gab es nur ein Stück vom feinen selbstgebackenen Laib. Die Frau wollte nichts wissen vom Hunger des Kindes. Das Brot schloss sie im Küchenschrank ein. Im oberen Schränkli dieses Möbels war das Geschirr. Darunter gab es eine Abstellfläche, die Schublade mit dem Besteck und eben diesem verschlossenen Schrankteil. Wenn die Pflegemutter in der Stube am Webstuhl sass, wusste Alice, dass sie sich auf die Seidenbänder zu konzentrieren hatte. Ihr kam eine Idee: Wenn ich die obere Schublade herausziehe, kann ich zum Brot hinuntergreifen. Es gelang. Rasch schnitt sie sich auf der Abstellfläche ein Stück ab, putzte die Brosamen weg, verschlang es und schob die Schublade wieder hinein.

Manchmal hörte Alice, wie die Pflegemutter sagte: «Oh, jetzt habe ich gemeint, ich hätte noch mehr Brot!» Aber sie hegte keinen Verdacht. Ein kleiner Triumph für Alices Seele. Man durfte einen doch nicht einfach hungern lassen! Dies sagte sich das Mädchen, und es wirkte gegen das schlechte Gewissen.

Die zwei Jungfern vom Hausteil nebenan waren dem Kind wohlgesinnt. Die eine war gross und stark: s Bäbeli. Sie weisselte den Bauern die Ställe und half mit, wenn grobe Kraft gefragt war. S Lisette machte den Haushalt. Hielt alles in guter Ordnung. Zwei liebe Frauen, die den Dorfkindern am Sonntagnachmittag Sonntagsschulunterricht gaben.

Alice liebte diese Stunde. Die Kinderbibel. Das Singen. Die Lieder, die sie in kürzester Zeit auswendig konnte. «Darf ich noch ein wenig länger bleiben? Das Buch nochmals anschauen?» – «Aber sicher!», antwortete dann Lisette. Das Kind konnte nicht genug bekommen von den Bildern in der grossen Bibel. Das Bild mit der Sintflut: Menschen am Ertrinken. Häuser, die untergehen. Das beschäftigte das Kind. Ein Untergang.

«Bist ein wüstes Meitli!», sagte die Pflegemutter, als sie merkte, wie sich Alice auf den Sonntagnachmittag freute. «So ein böses Kind gehört nicht in die Sonntagsschule.» «Lisi!», schimpfte sie weiter, «Alice ist kein Name für dich. Ist zu schön für so ein wüstes Meitli.» Und Alice fand sich eingesperrt im dunklen Keller, in den durch einen Holzspalt nur ein kleiner Lichtschimmer drang, an dem sie sich orientieren konnte. Eingesperrt. Sie schaute sich um. Der Hunger plagte. Aber sie wusste: Die Äpfel auf den Hurden waren gezählt. Würde abends einer fehlen, stünde der Pflegevater mit dem Lederriemen an ihrem Bett. Ein, zwei, drei, Schlag um Schlag, vier, fünf, sechs, auf den nackten Hintern, sieben, acht, nicht weinen, neun, zehn, elf, zwölf. Nein, Alice würde die Äpfel unberührt lassen.

Sie blickte zum Steinkrug, in welchem Eier konserviert waren. Eiskalt die Gelatine, in der sie lagen. Die kleine Hand griff in den Krug, nahm ein Ei heraus, ass es hungrig. Das würde nicht auffallen. Aber wohin mit der Eierschale? Alice zerdrückte sie in ihren kleinen Händen, begab sich in die hinterste Kellerecke, wo sich schwarzgelbe Molche tummelten. Zwar fürchtete sie sich vor den Tierchen, die sie ekelten. Sie kauerte auf den Boden und warf ihnen die Schalensplitter zu. Dann würden sie ihr sicher nichts antun. Plötzlich hörte sie oben die Kinder singen. Alice stand auf, schleckte die Finger ab, ging zu den Apfelhurden, lehnte sich rücklings an. *Gott ist die Liebe,* sang sie mit klarer Stimme mit, *lässt mich erlösen,* jetzt die zweite Stimme, *Gott ist die Liebe,* so war sie auch mit dabei in der Sonntagsschule. Sie presste die Augenlider zu, sah vor sich die Bilder der grossen Kinderbibel, sang: *Er liebt auch mich.* Irgendwann hörte das Singen auf. Die Kinder würden ins Dorf zurückgehen, springend, hüpfend, lachend. Alice machte sich bereit, eine Ecke im Keller zu suchen, wo sie sitzen und sich anlehnen konnte. Vielleicht ein wenig schlafen.

Das Kellerschloss schepperte. Die Tür ging auf. «So komm jetzt halt wieder herauf, Lisi!», sagte die Pflegemutter gnädig.

Und wieder war Sonntag. Und erneut konnte Alice nicht in die Sonntagsschule. Sie war krank. Hatte Ohrenweh und Fieber. «Mittelohrentzündung!», meinte die Pflegemutter. Dann tröpfelte sie dem Kind Öl ins Ohr. «Wir besuchen Verwandte in Böckten und du bleibst in der guten Stube, bis wir zurück sind.» Die Familie ging sonntags immer zu Besuch. Alice war nie dabei. Meist sass sie dann entweder im Keller, oder das Glück meinte es gut mit ihr und sie durfte in die Sonntagsschule oder ausnahmsweise gar zu den Nachbarsbuben, die im dritten Haus der Reihe wohnten. Aber in die gute Stube? Die war doch sonst zugeschlossen! Da durfte man doch nur hinein, wenn Besuch kam. Zum Beispiel der Armeninspektor. Aber heute? «Geh jetzt hinein», mahnte die Frau. Und schon fiel die Tür ins Schloss, und Alice hörte, wie ein Schlüssel gedreht wurde. Aber sie hätte noch auf den Abort gehen müssen. Sie hörte, wie sich die Familie entfernte. Schaute sich um in der guten Stube. Wo sollte sie sich, wo durfte sie sich setzen? Der Schmerz im Ohr nahm zu und die Blase drückte so sehr, dass sie sich in einer grossen Not befand. Minuten verstrichen. Eine Stunde. Was sollte sie tun? Jeder Versuch, die Türfalle zu drücken und die Tür zu öffnen, schlug fehl. Sie war eingesperrt. Langsam ging sie zum Fenster, schaute hinunter. Kein Mensch weit und breit. Nur die Blumen auf dem Fenstersims. Alice öffnete das Fenster, holte einen Blumentopf herein, stellte ihn auf den Boden. Jetzt konnte sie sich wenigstens vom Blasendruck befreien. Mit Sorgfalt schaffte sie es ohne ein Tröpfchen daneben. Sie stellte den so getränkten Blumenstock wieder vors Fenster. Setzte sich auf einen Stuhl und wartete. Weinte leise vor sich hin. Vor Schmerzen und vor Gefühlen der Verlassenheit. Bis nach Stunden endlich die Familie zurück war, die Tür zur guten Stube öffnete und das eingesperrte Kind erlöste.

Die Tenniker Kinder sassen an diesem schwülheissen Sommertag in ihren Schulbänken, den Blick zum Fenster hinaus gerichtet, wo der

Regen an die Scheibe schlug, selbst der Lehrer mochte nicht recht unterrichten und unterbrach sein Diktat in dem Moment, wo das Schulglöcklein Sturm zu läuten begann. Kinder und Lehrer eilten hinaus. Draussen rannten Leute herum, sprachen von einem Wolkenbruch, riefen: «Das Wasser kommt!» Die vielen Nebenbäche hatten den Diegtenbach so sehr gefüllt, dass die Kinder zusehen konnten, wie das Wasser einer Mauer gleich herunterströmte. In der Ebene stand ein kleines Haus, in dem ein alter Mann wohnte. Die Leute bangten um ihn, einige erzählten, sie hätten ihn auf der Aussentreppe seines Hauses hinunterrennen sehen, er habe die Hühner einfangen wollen. Er wurde vom Wasser mitgerissen und später von den Männern tot geborgen. Auch in anderen Tälern wütete das Unwetter. In den Dörfern, die ihre Häuser am Bach gebaut hatten, wurde viel zerstört. Schweine wurden mitgerissen, Holz, ja ganze Bäume fortgeschwemmt. Es war ein Krachen und Schreien. Die Dörfer Eptingen und Diegten waren am schwersten betroffen. Aber die Bewohner dieser Dörfer waren Menschen, die nicht verzweifelten, wenn ein Schicksalsschlag sie traf. Man wollte vorwärtsblicken. Beides würde Alice prägen: das Hinnehmen des Unabänderlichen wie auch das Trotzdem-nach-vorne-Schauen und das Wiederaufbauen.

Alice war nun schon elfjährig. Da taugte eine bereits etwas. Eines Morgens früh, draussen war noch Dunkelheit, weckte sie der Pflegevater. Aber es war nicht Brombeerzeit. Auch brauchte es diesmal keinen Astra-Fettkessel ‹Nussgold›. Er wollte den Leiterwagen mitnehmen. «Irgendwohin fahren, um etwas zu holen!», antwortete er auf die Frage von Alice. Das Kind hatte keine Ahnung, wohin sie gingen. Ihm schien, es sei noch Nacht. Vielleicht musste er es heimlich tun. Vielleicht war es, weil er tagsüber arbeiten musste. Sie zogen den Leiterwagen irgendwo hinauf und wieder hinunter, kamen in ein Dorf. «Mehl holen», brummte der Pflegevater. «Zwei Säcke voller Mehl, und heim damit.» Noch bevor Alice zur Schule musste, waren sie wieder zurück. Bald füllte ein feiner Duft Küche und Haus. Die Pflegemutter backte Brot. Das konnte sie. Legte grosse Vorräte an. Auch wunderbare Wähen machte sie im Backofen. Wenn sie Teig knetete, ihn zum Ruhen in die Scheune brachte, naschte Alice davon. Heimlich schlich sie in die Scheune und stibitzte ein wenig davon. Die Pflegemutter merkte nicht alles.

Einmal begann das Brot, das schon allzu lange lagerte, Fäden zu ziehen. Grünschimmel wurde sichtbar. Die Pflegeeltern sagten: «Iss jetzt dieses Brot! Das ist dein Brot. Du musst es essen! Weil du so ein böses Mädchen bist.» Alice schaute die Fäden im Innern der Brotscheiben an. Begann, an der Rinde zu knabbern. Steckte in einem Moment, wo niemand auf sie blickte, das Weiche von Fäden Durchzogene in die Schürzentasche. Sollte sie es den Hühnern geben? Oder den Geissen? Nein, das wollte sie diesen Tieren nicht zumuten. Lieber den kleinen ekligen Tierchen mit den spitzen Schwänzchen. Diese würde der Schimmel nicht stören. Sie schlich zum Güllenloch und warf es hinunter.

Als der Frühling kam, musste die Gülle herausgenommen werden. Alice erschrak. Obenauf schwammen die weichen Brotteile wie Schwämme. Jetzt sahen es auch die Pflegeeltern. Der Vater füllte einen Kessel mit Gülle. Obenauf weiches, von Gülle durchtränktes Brot. Nun riss er Alice an den Zöpfen. Zerrte sie zum Haus hinaus. «Los, zum Pfarrer!» Angstvoll trippelte das Kind neben ihm her. «Schauen Sie, Herr Pfarrer, sogar das Brot wirft das Kind ins Güllenloch hinunter. Das ist doch lautere Undankbarkeit.» – «Ja sag einmal, Kind, ist das wahr?» – «Ja.» Alice senkte den Kopf. Schwieg. Bloss keine Schläge riskieren. Für solche fand der Pflegevater noch genügend Gründe.

Wenn der Pflegevater abends heimkam, Alice den Geruch der Karbidlampe seines Fahrrades roch, begann ihr der Bauch wehzutun. Denn irgendetwas würde die Pflegemutter zu klagen wissen, irgendetwas, was ihm das Recht gab, abends in ihr Zimmer zu kommen, wenn sie endlich ins Bett durfte, was nie vor neun Uhr der Fall war. Zu tun gab es immer etwas: Abwasch, Haushaltarbeiten, Spulen machen. Dann endlich in den Verschlag, der zu nichts diente ausser zum Schlafen. Der Bauch schmerzte so lange, bis sie sicher war, dass er nicht kam. Aber oft fanden die Pflegeeltern einen Grund. Er würde dann den Lederriemen mitnehmen, ihr befehlen, das Höschen auszuziehen, sich bäuchlings auf das Bett zu legen. Der wusste schon, wie er es machen musste, damit es niemand merkte. Das Haus war eng gebaut. Die Nachbarn könnten es hören. «Wenn du schreist, gibt es noch mehr Schläge!», keuchte er. «Du Tschinggenmeitli, dir muss man den Teufel austreiben.» Nicht weinen, auf keinen Fall weinen, wenn er zuschlägt. Die Tränen unterdrücken. Das hatte sie gelernt. Sie biss sich auf die Unterlippe, die kleinen Fäuste unter den Hüften krampfhaft geballt. «Ein, zwei, drei …», Schlag um Schlag, «vier, fünf, sechs», nicht schreien, «sieben, acht», nur leise in sich hineinweinen, «neun, zehn, elf, zwölf!» Endlich hörte er auf. «Tschinggenmeitli!», brüllte er noch einmal. Dann fiel die Tür ins Schloss. «Lieber Gott», betete Alice, sobald er gegangen war, «nimm den Teufel aus mir heraus.» So kam eine kleine Ruhe in sie, und sie dachte jetzt fest an alles Schöne, was sie bei Stuckis erlebt hatte. Dennoch waren es die Tränen, die sie in den Schlaf hinein trösteten.

Alice war trotz allem kein trauriges, kein zusammengestauchtes, kein in sich gekehrtes, bitter werdendes Mädchen. Sie sog an Schönem und Gutem auf, was sie konnte, und bewahrte es in sich. Als hätte sie eine kleine Schatztruhe in ihrem Innern, sammelte sie, was gut, was schön war, als Vorrat für schwierige Momente und Zeiten. Das Ungewöhnliche an diesem Kind war: Es sang. Immer wieder und überall, wo es möglich war. Es sang in der Sonntagsschule, wenn nötig im Keller, auf dem Schulweg, beim Abwaschen, selbst wenn die Pflegemutter dazu kam und sagte: «Würdest gescheiter arbeiten als singen!» Dagegen war es immun. Es sang weiter, sang beim Garnspulen und summte sich nachts in den Schlaf. Das war die Gnade, welche die Schöpfung diesem Mädchen mit auf den Lebensweg gegeben hatte.

In der Schule durfte sie in der fünften Klasse mit den Erstklässlern arbeiten. Der Lehrer wählte sie aus, weil sie die Aufgaben verstanden und schon erledigt hatte. Lehrerin möchte ich werden, dachte sie. Auch in der Handarbeitsstunde gefiel es dem Mädchen. Es strickte Strümpfe aus beigefarbigem Garn, nähte Hemden aus Baumwolle. Alles von Hand. Zwei Fäden liegen lassen, zwei Fäden fassen. Spitzen mit starkem Material häkeln für die Halspartie von Blusen und Hemden. Wenn nötig, half sie einem Mädchen, das mit seiner Arbeit nicht zurechtkam. Das alles konnte Alice trotz der Behinderung ihrer rechten Hand.

«Langes Fädchen, faules Mädchen!», sagte die Lehrerin in der Handarbeitsstunde. Aber Alices lange Fäden verwickelten sich nicht beim Nähen. Und als sie einen braun-beige karierten Rock bekam, der ihr bis zu den Waden reichte, «der Sonntagsrock!», wie die Pflegemutter sagte, nähte sie den Saum heimlich um, sodass die Länge nur noch bis über die Knie reichte. Aber ach, die Pflegemutter merkte es, und sie musste ihn wieder verlängern.

Im Dorfzentrum standen das landwirtschaftliche Gebäude, die Schule und die Molkerei. Da kamen die Bauern mit Pferde- oder Ochsengespann, luden ihre Erzeugnisse ein und aus. Und zweimal im Jahr, in den Frühlings- und Herbst-Schulferien, wurde im Zentrum das Militär einquartiert. Während dieser Zeit gehörte das Zimmerchen von Alice einem Fourier. Die Miete brachte etwas Bargeld ins Haus. Alice schlief dann in der Stube auf dem Sofa. Eine gute Zeit für das Kind, in der es nicht geschlagen wurde. Das würde sich der Pflegevater nicht trauen. Zur Mittagszeit durfte es mit dem Milchkesseli in der Militärküche feine Suppe, Mais und gekochtes Dörrobst holen.

Im kleinen Schulhaus, wo auch das Lehrer-Ehepaar wohnte, fanden – der Gemeinde dienende – Unterhaltungen statt. Gesangsvereine hielten ihre Proben ab, der Turnverein organisierte sein jährliches Turnerkränzli. Männer gingen zu den Abstimmungen.

Einmal kamen Frauen von der Maggi-Fabrik und hielten mit Versuchern ihre feinen Suppen feil. Alice stand daneben. Staunte. Sog auf, was sie an Gerüchen und Eindrücken wahrnehmen konnte. Es war, als wäre das ganze Dorf parfümiert. Die Erbssuppe mit Sugo mochte sie am allerliebsten.

Zur Fastnachtszeit war im Dorf auch einiges los. Die Pflegemutter backte Fastnachts-Chüechli, die einen feinen Duft, ja, fast etwas wie Frieden, in die vier Wände brachten, sodass Alice ein kleines Glück in ihrer jungen Seele spürte. Am Tag zuvor musste die Pflegemutter den Teig ganz dünn ziehen und über Nacht an Stühlen aufhängen. Die fertig gebackenen Küchlein wurden dann in eine geflochtene Zaine gelegt und in der guten Stube eingeschlossen. Aber der Duft gehörte allen. Der liess sich nicht einschliessen.

Manchmal kam ein von einem Pferd gezogener Wagen mit lustigen farbig verkleideten Leuten durchs Dorf. Der Wagen hielt auch vor dem Haus, in dem Alice wohnte. Die Fastnächtler hielten an langen Stangen Plakate mit Zeichnungen und Sprüchen in die Höhe, sangen Verse und musizierten dazu. Schnitzelbänke, nannten es die Leute. Wenn die Geschichte fertig gesungen war, wendeten sie das Plakat wie ein Kalenderblatt, und eine neue Geschichte begann. Alice stand in der Küche und schälte Kartoffeln, als sie das Singen und die Musik vernahm. Jetzt legte sie das Rüstmesser und die angeschälte Kartoffel auf den Tisch – es könnte ja sein, dass sie schnell auf den Abort müsste, aber sie ging anderswo hin –, schlich hinters Haus und sprang auf der andern Seite hinunter vor den Schnitzelbankwagen, wo die lustigen Verse zum Besten gegeben wurden. Zwei, drei Strophen lang. Dann eilte sie zurück. Sie durfte nicht alles mit anhören, musste – um nicht erwischt zu werden – schnell ins Haus zurück, wo viel Arbeit auf sie wartete.

Schon im letzten Winter hatte sie sich auf diese Art ein bisschen ‹Schlitteln gestohlen›. Als die Dorfkinder wie jedes Jahr hinter dem Haus der Pflegeeltern den Hügel herunterrodelten, überkam sie eine solche Lust, es auch einmal zu tun. Heimlich war sie aus der Küche geschlichen, ohne Winterbekleidung, hatte den Schlitten aus der Scheune geholt, war einmal kurz hinauf, dann herunter geschlittelt, den Schlitten wieder in die Scheune gestellt und sofort zurück in die Küche gegangen.

So war das Alicekind. Sie nahm, was sie konnte, hörte, was ihr Freude machte, sog es in sich auf, legte alles in die innere Schatztruhe zu ihren Vorräten und arbeitete weiter.

Einmal durfte sie sonntags zu einer Schulfreundin, die auf der andern Dorfseite in einem schönen Bauernhaus wohnte, nahe des zweiten Pflanzblätzes der Pflegefamilie. Das durfte sie nur, wenn die Familie Besuch empfing. Dann wurde Alice immer fortgeschickt. Jetzt also zur Schulfreundin.

Ein Sonntag, der in ihrer inneren Schatztruhe Platz fand. Wohlwollen. Zugewandtheit. Ein Honigbrot zum Zvieri. In einem solchen Moment spürte Alice, dass sie nicht in die Pflegefamilie passte. Dort nicht dazugehörte. Wusste, dass dies eine Durchgangsstation in ihrem Leben war, sie auf keinen Fall Bitteres aus dieser Familie in sich aufnehmen wollte. An andern Orten erfuhr sie Wertschätzung. Vom Lehrer. Von der Schulfreundin und deren Mutter. Vom Bäbeli und der Lisette. Und vom Ernstli. Wenn sie zum Pflanzblätz musste, Unkraut jäten und den Kleinen mitnehmen, war das für sie kein Müssen. Sie hatte den Kleinen gern, der an ihr hing wie eine Klette. Der Ernstli, der ihr allein durch sein Dasein oft Mut gab, das Schwere und Schwierige zu ertragen. Nein, Alice würde nicht zerbrechen an ihrem Schicksal.

Drum sagte sie manchmal, wenn sie mit dem Bub auf dem Pflanzblätz war, zum Kleinen: «Ich gehe jetzt dann bald fort.» So war sie sich der Tränen des Buben sicher, auch seines traurigen «Nein!» Das tat ihr jeweils richtig gut. Der hatte sie gern. Er war der Einzige, der ihr Liebe entgegenbrachte, und deshalb musste sie ihm diese Tränen immer wieder entlocken.

Im dritten Hausteil der Häuserreihe wohnte eine Bauernfamilie mit drei Buben. Die Familie Schenker. Am Morgen früh hörte Alice den Bauern mit seinen schweren Holzschuhen am Haus vorbei übers Brüggli in den Stall gehen. Er musste zeitig aufstehen, um die Kühe zu melken. Im Juni, wenn das Gras hoch stand, wurde abends gedengelt. Der Bauer nahm die Sense mit dem leicht gebogenen Holzstiel und dem Griff, setzte sich auf den Stein, legte die Sichel auf ein Eisen und hämmerte mit einem schweren Hammer den geschmiedeten Stahl, bis die Schneidestelle dünner und schärfer wurde. Früh am Morgen, wenn der Tau auf dem Gras lag, wurde gemäht, und wenn die Sense wieder eine ungenügende Schärfe hatte, half der Bauer mit dem Wetzstein nach. Alice liebte das Dengeln, die Töne, die dabei entstanden. Und seltsam wurde ihr zumute, wenn anderntags vier Mäher das Mähen miteinander verrichteten, in einem exakten Rhythmus. Der erste vier Schritte voraus, dann der zweite und so weiter, bis alle vier im gleichen Takt waren. Ebenso im Herbst, wenn das Korn gedroschen wurde. Da wurden die Garben auf dem Scheunenboden ausgebreitet. Vier Männer schlugen mit Dreschschlägen das Korn aus den Ähren, immer im Takt mit der Betonung auf eins. Alice sang mit. Für sie klang es wie das Lied *Meiteli, wenn du witt go tanze, gang du nu de Giige na.* Und in der Schule sangen sie im Kanon: *Hört ihr die Drescher, sie dreschen im Takt. Tic-tac-tac, tic-tac-tac, tic-tac-tac-tac.*

Die Frau des Bauern rief Alice manchmal zu sich. Flüsterte: «Komm schnell, ich habe etwas für dich.» Ein Stück Wähe war ihr dann sicher.

Obwohl Alice glaubte, die Bauernfamilie wisse, dass die Pflegeeltern mit ihr oft bös und streng waren, klagte sie nicht. Sie sprach nicht darüber, und die Leute sagten auch nichts.

Als sie an einem Sonntag mit den Buben Eile-mit-Weile spielen durfte, dachte sie: Warum gehöre ich nicht auch in eine solche Familie?

Weiter über dem Brüggli wohnte ein Pflegebub. Der durfte Handorgel spielen. Das möchte sie auch können. Dann käme zum Singen eine Musik dazu. Und wieder ging es Alice durch den Kopf: Warum kann ich nicht in so einer Familie sein? Aber da war nichts mit Musik. Im Gegenteil. Manchmal wurde das Verdingkind weiter verdingt. Dann musste es bei Bauern heuen helfen. Was es trotz behindertem linken Ellbogen und rechter Hand konnte. Am liebsten war Alice der Zvieri, wenn alle unter einem Baum bei Speck, Brot und Lindenblütentee sassen. Die Männer tranken Most.

Nach der Getreideernte durften die Kinder des Dorfes bei den höchstgelegenen Bauernhöfen Ähren auflesen. Voller Stolz schleppte Alice dann den grossen Jutesack auf dem Rücken nach Hause.

Auch das Holzen mittwochs am Nachmittag war ihr keine Last. Die Pflegemutter schickte sie in den Wald. «Mit etwas müssen wir schliesslich anfeuern. Hast doch auch gern warm, Lisi, oder?» Dass ihr das Holzen im Wald das Liebste war, durfte sie nicht zeigen. Auch trödeln durfte sie nicht. Drum gleich los, hinters Haus Richtung Pflanzblätz, dann weiter in den Wald hinein. Im Wald sang sie laut, aus voller Kehle. Trug Reisig um Reisig auf einen Haufen, schleppte, was sie fand, zu einer Bürde Holz zusammen. Das war für sie keine Strafe, weil sie hier singen konnte. Alle Volkslieder klangen so in den Wald hinein, alle, die sie in der Schule gelernt hatte. Auch die Sonntagsschullieder.

Dann buckelte sie die Holzbürde auf dem jungen Rücken heim, trug diese zum kleinen Schopf hinter dem Haus beim Bächli, legte sie ab und dachte: Wenn sie von der Stube aus ein wenig schräg schauen würde, müsste sie es sehen. Hoffte: Sieht sie, dass ich so viel Holz heimbringe? Bekomme ich dafür ein Konfitüre-Brot? Nie hätte sie es gewagt, danach zu fragen. Aber die Pflegemutter sah nichts. Nichts, was dem Kind gut getan hätte.

Das Reisig aus dem Wald reichte nicht aus. Eines Tages brachten Männer einen Wagen voll Holz, luden es ab, damit der Pflegevater es spalten konnte. Auf dem Scheitstock spaltete er Holz um Holz, und Alice legte die Scheite in die Zaine, trug sie durch die Tenne zwei Treppen hoch auf den Estrich. Fünfzehn Zainen voll, ganz allein, trotz des schmerzenden Armes und der verkrüppelten Hand. Das konnte Alice, es machte ihr nichts aus. Aber sie ertrug es kaum, als der Pflegevater auf dem Scheitstock einem Huhn den Kopf abschlug und dieses kopflos über das Bächlein flatterte, wo es tot auf den Boden fiel.

Alice hatte einen Wunsch. Einen grossen Wunsch. Die andern Kinder in der Schule besassen neuerdings einen kleinen Ball. Vor allem die Mädchen spielten mit dem neuen Spielzeug, diesem Vollgummiball. Ach, wenn sie doch einen solchen zum 13. Geburtstag erhielte und sie mittun könnte mit den andern Kindern.

Am Morgen des 13. Juni stand sie mit Leichtigkeit auf. Gewiss würde irgendeine Freude im heutigen Tag liegen. Sie ging in die Küche, bereitete das Morgenessen vor. Am Frühstückstisch wurde geschwiegen wie meist. Nun setzte sie sich auf den Stuhl zum Garnspulen, bis es Zeit wurde, in die Schule zu eilen. Vielleicht am Mittag? Noch war eine freudige Hoffnung im Kind. Aber der Geburtstag ging, wie er gekommen war. Ging vorüber, ohne die Erfüllung des heimlichen Wunsches. Ohne eine Gratulation. Es dachte gar niemand daran, dass Alice heute Geburtstag hatte. Als gäbe es aus Unwissenheit über die Mutter keine, die sie geboren hätte, und als ob es deswegen auch das Kind nicht wirklich gäbe. Eine Traurigkeit überkam Alice, als sie nachts im Bett lag, und ihr der Tag durch das Gedächtnis ging. Ein Tag, der zwar besser war als ein gewöhnlicher Tag. Ein Tag ohne Schimpf und Schläge. Aber kein Geburtstag. Nichts.

Anderntags, als Alice auf dem Heimweg von der Schule durchs Dorf ging, sah sie bei einem Hauseingang einen Ball liegen. Einen Vollgummiball. Zögernd nahm sie ihn in ihre Hände, drehte ihn darin um, fühlte den Gummi, knetete, spürte Freude, steckte ihn in die Tasche, schlich heim, zur Scheune, wo sie ihn, nachdem sie sich heimlich ein paar Minuten damit vergnügt hatte, versteckte. Aber ach, der Ball wurde entdeckt, Alice hatte anzutreten, zu beichten und musste ihn zurückbringen.

In der Schule gefiel es Alice. Sehr sogar. Der Lehrer unterrichtete die sieben Klassen in der gleichen Stube. Die Jüngsten sassen in der Schulbank vorne rechts, in der dritten Reihe am Rand die Knaben, in der Mitte die Mädchen. Wenn am Morgen die grossen Buben mit dem Milchkarren von den abgelegenen Bauernhöfen in die Molkerei mussten, kamen sie meist zu spät zur Schule. Der Lehrer kontrollierte dann ihre Hände. «Schmutzig!», rügte er, «hopp, zum Pfarrbrunnen. Da wascht ihr euch die Hände.» Nach Schulschluss stoben alle davon. Für manches Kind wartete zu Hause Arbeit. Auch auf Alice.

«Nicht herumstehen, Lisi!», mahnte die Pflegemutter schon morgens, bevor sich Alice auf den Schulweg machte. Also eilte sie auf dem Heimweg, so schnell sie die kurzen Beine trugen. Manchmal rief ihr dann eine Bauernfrau: «Komm, Alice, komm schnell in den Hauseingang. Ich habe etwas für dich. Schau, da hast ein Stück Apfelkuchen!» Als würde das Kind etwas Verbotenes tun, schlich es hinein, nahm das Kuchenstück, verschlang es, putzte sich die Mundwinkel, reinigte mit der Zunge die Zähne. Die Pflegemutter durfte auf keinen Fall etwas merken. Sie hatte sie schon oft genug gewarnt: «Du weisst doch, Lisi, dass du nicht mit anderen Leuten sprechen darfst. Das gehört sich nicht.»

Ernstli durfte jetzt auch zur Schule, als Erstklässler. Alice gehörte zu den grösseren Kindern. Obwohl sie daheim keine Aufgaben machen konnte, arbeiten musste, war sie eine gute Schülerin. Kam mit im Unterricht. Manches erledigte sie schon in der Schule. Auswendiglernen ging auf dem Schulweg. Aber sonst? Wieder einmal brachte sie das Aufgabenheft leer in die Schule. Über die Gründe reden durfte sie nicht. Über die Pflegemutter klagen könnte böse Folgen haben. Eine Lüge half ihr. Aber der Lehrer merkte es. Alice war kein Kind, das lügen konnte, ohne sich zu verraten. Der Lehrer holte den Stock, der für die Kinder sichtbar in einer Ecke an der Wand angelehnt war. «Gib mir die Handinnenfläche!», befahl er. «Zwei Tatzen für eine Lüge.» Sie hielt die linke Hand hin. Die gesunde Hand. Biss sich auf die Unterlippe. Keinen Ton gab sie von sich.

Gern wäre Alice die Beste in der Klasse, aber jetzt hatte sie gelogen, und die Tatzen sirrten auf der Handinnenfläche, dass es brannte. Da fing der kleine Ernstli in der ersten Reihe an zu weinen. Ernstli. Er hatte ihre Not erkannt. Der Bub der Pflegeeltern. Alice schaute tapfer in die Augen des Kleinen, als wollte sie sagen: Weine nicht wegen mir. Ich kann das aushalten. Aber eigentlich machten sie die Tränen des Pflegebruders traurig. Und trösteten zugleich. Wieder kam da eine Liebe zu dem Mädchen, die es sonst so sehr entbehrte.

Das Mutterlied

Im Schulzimmer stand ein Harmonium, bei dem man den Blasbalg mit den Füssen treten musste. Der Lehrer lehrte die Klasse die schönen Schweizer- und Heimatlieder und begleitete sie auf dem wundersamen Instrument. Die Kinder sangen:

I bin en arme Hirtechnab,
my Vatter liit scho lang im Grab,
my Mueter isch e chranki Frau,
i fürchte fascht, bald stärb si au.

Voller Inbrunst sang Alice mit.

Was han i denn no uf der Wält?
I ha kei Guet und ha kei Gäld.
Solang i myni Geissli ha,
wie chönnt's mer schlimm und übel gah!

Plötzlich rannen dem Kind Tränen über die Wangen. Ohne dass es wüsste, weshalb. Das Lied. Es hatte etwas in ihm geweckt. Verlegen schaute Alice umher. Sah in Kinderaugen, die verständnislos blickten. Der Lehrer merkte es nicht. Dirigierte mit dem Lineal weiter.

Du arme guete Hirtechnab,
gang hei und mach es Chilegrab,
und leg dy liebi Mueter dry,
es isch e gueti Mueter gsy.

Warum musste sie jetzt weinen? Singen war doch ihr liebstes Fach.

«Es ist nicht das Wichtigste im Leben», hatte der Pflegevater gesagt. Aber der Lehrer Ernst Jakob liess sie oft als Einzige allein die zweite Stimme singen. Alice fing sich auf, wischte die Tränen aus dem Gesicht, schluckte den Kloss im Hals. Sang wieder. *Es isch e gueti Mueter gsy.* Aber wie sollte sie das wissen. Wo sie ihre Mutter doch gar nicht kannte. Nie gesehen hatte. Wo kein Mensch je ein Sterbenswörtchen darüber verloren hatte, was mit ihrer Mutter war. Ob sie im Chilegrab lag. Ob Alice überhaupt eine Mutter hatte? Aber wie sonst wäre sie denn auf die Welt gekommen? Eine Mutter muss doch jede haben. Auch sie. Die Schulstunde war zu Ende. Die Kinder rannten los. Allen voran die Verdingkinder. Rannten, was Herz und Atem hergaben. Nur Alice mochte heute nicht rennen. Etwas in ihr hatte sie getroffen. Das Mutterlied.

Eines Tages kam Besuch. «Zieh das Sonntagskleid an, Lisi, und komm dann in die gute Stube. Aber ohne Schürze!», sagte die Pflegemutter. «Der Armeninspektor ist da.» Der Präsident des Armenerziehungsvereins schaute sie freundlich und zugleich forschend an. Erblickte das eben angezogene braun-beige Sonntagsgewand. Das frisch gekämmte Haar. Schaute wohlwollend und zufrieden. «Wie gefällt es dir hier, Alice?» – «Gut.» Das Mädchen erzählte auch heute nichts und stellte keine Fragen, obwohl solche längst im Herzen brannten. Obwohl es am liebsten zum Präsidenten sagen würde: «Wissen Sie etwas wegen meinen Eltern? Habe ich eine Mutter? Warum muss ich hier sein?» Aber Alice schwieg. Der Mann erhob sich, gab ihr die Hand, sagte: «Gut. Dann kannst du jetzt wieder gehen.»

Alice spürte fast immer Hunger. War nie wirklich satt. Dennoch mochte sie etwas nicht leiden: den Inhalt aus den Rüben, aus denen im Herbst die Rübenlichter geschnitzt wurden. Alljährlich, wenn die

Pflegemutter diesen kochte, füllte der Pflegevater den Teller von Alice wie sonst nie. «Iss jetzt, Alice. Hast doch Hunger.» Mit Schadenfreude schaute er zu, wie das Kind sich plagte.

Im Frühling musste sie mithelfen, Blätter des Aronstabs zu sammeln. Die Pflegemutter kochte, wie auch andere arme Leute, daraus ein Gemüse an einer weissen Sauce, oder sie machte aus den Blättern einen Salat. Durch das Kochen oder Trocknen verlor die Pflanze etwas von ihrer Giftigkeit. Der Pflegevater sagte zu Alice: «Musst fest darauf kauen, das ist gesund.» Alice gehorchte. Ihr Mund begann zu brennen und zu beissen, dass sie es fast nicht aushielt. Aber der Mann lachte nur.

Wenige Tage später musste sie im Nachbardorf Zunzgen in die Metzgerei, um Fleisch zu holen. Jetzt stand sie im Laden, das stete Hungergefühl durch die verschiedenen zum Verkauf ausgelegten Fleischstücke noch mehr angeregt. Sagte dem Metzger, was sie für die Pflegemutter einkaufen musste. Dieser ging nach hinten in das Magazin, um das Gewünschte zu holen. Plötzlich fielen ihr diese besonderen Würste auf, die Chlöpfer, die in ihr eine zarte Erinnerung wachriefen, wie sie mit dem Vater Stucki zum Bräteln gehen durfte, sieht jetzt just solche Würste am Haken hängen. Wenigstens eine könnte sie sich doch nehmen. Sie streckte sich, griff danach. Aber die hingen ja aneinander! Fünf Würste an einer Schnur! Alice hielt sie in der Hand, packte ihr zu langes Röckchen am Saum, hob es und stopfte die unerwartete Köstlichkeit in ihre Pumpunterhose, die an den Beinen einen Gummizug hatte, was ein Herausfallen nach unten verhinderte. Rasch zerrte sie den Rock wieder darüber und verliess voller Angst den Laden, nachdem der Metzger zurückgekommen war, ihr das Fleischpaket überreicht und das Geld dafür entgegengenommen hatte. Hatte er wirklich nichts bemerkt?

Alice rannte, was sie rennen mochte. Verliess Zunzgen. Kurz ausserhalb des Dorfes stieg sie auf einen Hügel. Blickte umher. Sie brauchte eine Weile, um zu verschnaufen und bis die Angst vor einem Verfolger sich in eine seltsame Ruhe wandelte. Sie setzte sich auf die Wiese, zog die Wurstkette aus der Pumphose und biss in die erste Wurst. Was für ein Geschmack! Die Kostbarkeit liess ihr das Wasser im Munde zusammenfliessen, und kaum hatte sie – noch etwas gierig – die erste Wurst verspeist, machte sie sich hinter die zweite. Jetzt genoss sie Biss für Biss. Als sie in die dritte hineinbiss und auf dem Wurstzipfel herumkaute, spürte sie ein Sättigungsgefühl. Was nun mit dem Rest? Alice machte kleine Stücke, was ihr mit Daumen und Zeigefinger gelang, legte sie in ihren Schoss, und als alles zerkleinert war, schlenderte sie über die Wiese den Hügel hinunter, mit der einen Hand die beiden Schossenden mit seinem Inhalt haltend, und warf mit der andern Hand da ein Stücklein hin, dort eines auf den Boden. «Für alle hungrigen Katzen, die hier vorbeikommen und nie etwas Rechtes zu essen bekommen!», flüsterte sie vor sich hin. Als alle Stücke weggeworfen waren, machte sich ein schlechtes Gewissen bemerkbar. Doch nur kurz, denn die Genugtuung in sich, wie der Hase Kohl stibitzte, jetzt als hungriges Menschenkind Würste genommen und unter sich und möglichen Katzen verteilt zu haben, war unvergleichlich grösser. Für einmal war sie so satt, dass sie beim Nachtessen kaum den Teller leer essen mochte.

Eines Tages sagte der Pfarrer zu den Kindern: «Am Sonntag gibt es in der Kirche ein Konzert. Alle Leute, gross und klein, dürfen kommen. Sind freundlich eingeladen.»

«Nein, das ist nichts für dich!», schimpfte der Pflegevater. Alice wartete, bis niemand mehr im Haus war, schlich hinaus und hinauf zur Kirche, wo die Türen bereits geschlossen waren. Bei der hinteren Seitentür presste sie ihr rechtes Ohr fest ans Holz, war verzaubert, vernahm ein wunderschönes Geigenspiel und Gesang, hörte den Pfarrer Erklärungen zum Lied abgeben, das er als nächstes singen würde,

Worte, die sie nicht deutlich verstand, zu dick war die Kirchentür. Der Pfarrer wirkte wohl selber als Sänger und Geiger. Und dann hörte sie ihn das Lied vom ‹Roote Schwiizer› singen, wo die Mutter zornig zur Tochter sagt:

So pack dys Bündeli zämme
und lauf dym Roote zue.

Als das Lied verklungen war, sprang Alice den Hügel hinab, ohne den Schluss des Konzertes abzuwarten, über das Bächli, durch die Scheune in die Küche, wo sie das Nachtessen zubereitete, um parat zu sein, wenn sich alle an den Tisch setzen würden.

Gespräch war das Konzert. Die Pflegeeltern waren also am Konzert gewesen. Sie schwieg, aber sie bewahrte die schöne Musik und ihr kleines Geheimnis für sich. Später würde sie alle Verse des Liedes singen, und dabei würde es ihr stets warm ums Herz werden.

Es war Winter. Schnee lag auf der Strasse, den Hausdächern, Bäumen und Wiesen und auf den Telefonstangen. Die Schulkinder tummelten sich im weichen Neuschnee, warfen sich Schneebälle nach, lachten, scherzten. Es war Weihnachtszeit. In der Schule übte der Lehrer mit den Kindern ein Theaterstück ein. Alice spielte ein armes Mädchen, dem ein paar wollene Strümpfe geschenkt werden. Aber eben, nur im Theaterstück. Mehr als im richtigen Leben, dachte Alice.

In der Sonntagsschule lernten die Kinder Weihnachtslieder für die Feier in der Kirche. Alice sang aus tiefstem Herzen:

Ihr Kinderlein kommet,
oh kommet doch all.
Zur Krippe her kommet
in Bethlehems Stall.

Und seht, was in dieser
hochheiligen Nacht
der Vater im Himmel
für Freude uns macht.

Der Vater im Himmel. Aber wo, fragte sich Alice, ist mein Vater auf der Erde? Wo meine Mutter? Da müssen doch irgendwo Eltern sein. Oder gewesen sein. Sonst wäre ich doch nicht auf der Welt. Doch sie wusste nichts. Verwundert es da, dass der Vater im Himmel ihr näher war als irgendein Vater?

Daheim schmückte die Pflegemutter in der guten Stube einen Christbaum. Aber sonst merkte Alice nichts von einer Feier. Weihnachten ging für sie wie jedes Jahr ohne Besonderheit, ohne Fest, ohne Geschenk vorbei.

Doch eine Mutter

Plötzlich kam sie doch, die einschneidende Wende in Alices Leben.

Wie beiläufig erwähnte die Pflegemutter beim Nachtessen: «Lisi, hast im Fall doch eine Mutter.»

Eine Mutter! Das Herz des Kindes pochte wie wild. «Sie wohnt im Kantonsspital in Liestal. Oder im Pfrundhaus. Sie ist halt gelähmt, musst wissen.» Eine Frau im Dorf habe den Mann dort im Spital. Lisi könne am Sonntag mit ihr hingehen, damit sie den Weg kennen lerne.

Eine Mutter. Ich habe eine Mutter!, ging es Alice durch den Kopf, als sie abends im Bett lag, dem einzigen Ort, wo sie mit ihren Gedanken für sich allein war, und sie probierte den Satz mit allen erdenklichen Melodien aus. Wie sieht sie wohl aus? Warum ist sie im Spital? Was bedeutet das Wort Pfrundhaus? Und was heisst: Sie ist halt gelähmt! Wird sie mich liebhaben? Vielleicht, überlegte Alice, habe ich die Verkrüppelung von ihr geerbt. Aber dann passen wir doch erst recht zusammen. Vielleicht weiss sie, warum mein Arm so ist, wie er ist. Und kann mir erzählen, warum ich nicht bei ihr sein kann.

Eine Aufregung, in die sich die ungestillte Sehnsucht nach Mutterliebe mischte, ergriff das Kind, Freude und Ängstlichkeit zugleich, und es dauerte lange, bis es einschlafen konnte.

Endlich war der Sonntag da. Alice hatte den Sonntagsrock angezogen und war bereit. In angespannter Erwartung nahm sie, begleitet von der Frau aus dem Dorf, den weiten Weg unter die Füsse. Die Strasse durch die Dörfer, von Tenniken nach Zunzgen, durch den Bezirksort Sissach, weiter nach Ittingen, über Lausen nach Liestal, dort durch das schöne Städtchen, unter dem Turm hindurch bis zum Ende des Ortes, wo sie das Spital fanden.

Ihr Herz schlug aufgeregt, fast wurde ihr schwindlig. Zaghaft ging sie die Treppe hoch. Sah oben eine Frau stehen, in der rechten Hand einen Stock, die ihr entgegenhumpelte, zwei, drei Stufen die Treppe herunter, und rief: «Meine Tochter! Meine Tochter! Geht es dir gut?» Weinend wiederholte sie: «Geht es dir gut?» Alice staunte. War das ihre Mutter? Eine zierliche Frau mit wachem Gesicht stand vor ihr auf der Treppe, ein dünnes Rockkleid mit Blümchen kleidete sie, blau-weiss, das bis zu den halbhohen Schuhen reichte, eine Schürze halb lose umgehängt, die linke Hand in starrer Verkrampfung. Die Haare nach hinten zu einem Knoten gebunden. «Geht es dir gut?», fragte sie nochmals und wischte sich Tränen aus dem Gesicht, lächelte Alice entgegen. «Ja. Es geht mir gut.» Gern hätte Alice ihr die Hand zum Gruss gereicht, doch die Mutter ging am Stock. Und ihr linker Arm verharrte in gebeugter Stellung. War sie darum im Krankenhaus? Durfte sie, Alice, deswegen nicht bei ihr sein?

Auf keinen Fall sollte die Mutter erfahren, wie es Alice in Tenniken ging. Jetzt hinkte die Mutter voraus, führte Alice in ein Zimmer mit mehreren Betten. Setzte sich auf ihr Bett. Lud Alice ein, auf dem Stuhl Platz zu nehmen. Das Sprechen bereitete ihr etwas Mühe. Doch die Mutter machte keinen unglücklichen Eindruck. Sie wollte ihr Kind wohl schonen, ihm nicht erzählen, was mit ihr war. Genau wie Alice sie nicht belasten wollte. Darum nicht traute, auch nur eine einzige der vielen Fragen zu stellen, die sie des Nachts im Bett hundertmal geübt hatte. Aufgewühlt und scheu blickten sie einander an, und Alice sah die lieben Augen der Frau, die vor ihr sass und ihre Mutter war. Diese hatte den Stock ans Bett gelehnt und strich nun mit der gesunden Hand übers Haar ihrer Tochter. «Mia cara, mia bella!», flüsterte sie. Alice schaute verlegen im Zimmer umher. Suchte etwas, was sie erzählen könnte. Die Geissen! Und Ernstli! «Kommst du wieder?», fragte die Mutter. «Ja, gern!», antwortete Alice scheu. Viel Zeit blieb nicht für diesen ersten Besuch. Der Heimweg war weit und die Frau aus dem Dorf holte Alice bald wieder, um sie nach Tenniken zurück zu begleiten.

Nicht nur heute beteuerte das Mädchen, es gehe ihm gut, nein, all die kommenden Jahre, bei jedem Besuch bei der Mutter, würde Alice nie ein Wort über ihre traurige Lage verlieren. Ihre Seele hatte nun ja ein kleines Stück Heimat gefunden.

«Sie kann in die Sekundarschule, sie ist ein kluges Mädchen!», sagte der Lehrer zu den Pflegeeltern. Alice, das Verdingkind, das Mädchen, das bei den Pflegeeltern als bös und dumm galt, hatte als einzige Schülerin von Tenniken die Aufnahmeprüfung bestanden. Sie durfte nach Sissach in die Sekundarschule. Das Repetieren auf dem Schulweg hatte ihr dazu verholfen. Voller Stolz erzählte sie das zu Hause. Aber niemand wollte sich mit ihr freuen. «Darfst deine Pflichten deswegen nicht vernachlässigen!», sagte die Pflegemutter.

Wenn sie doch Zeit fände, Schulaufgaben zu machen. Doch die Arbeit, die ihrer zu Hause wartete, liess dafür keine Zeit übrig. Wie immer musste sie in aller Frühe aufstehen, Spüeli machen, die Küche in Ordnung bringen, dann erst auf dem Schulweg konnte sie sich die Aufgaben durch den Kopf gehen lassen.

Dabei gefiel es Alice in dieser Schule so gut. Jeder Schultag war für sie ein kleiner Ausflug. Und nun war erst noch eine zweitägige Schulreise angesagt. «Die Mitschüler nehmen Taschengeld mit», erwähnte Alice mutig beim Abendessen. «Für so etwas haben wir kein Geld», antwortete der Pflegevater. Aber Alice liess sich die Freude nicht verderben. Dann wollte sie halt ohne Taschengeld gehen. Die Natur schenkte sich allen gratis, und die Sonne würde auch für sie scheinen.

Am Bahnhof Sissach warteten die Kinder auf den Zug. Plötzlich stand der Nachbar, der Coiffeur, vor ihr, klaubte einen Batzen aus dem Portemonnaie, wandte sich dem Mädchen zu und sagte: «Ich wünsche dir zwei schöne Tage. Schau, darfst dieses Zwanzigerli mitnehmen.»

Zwanzig Rappen. Das war viel Geld für Alice. Jetzt würde sie sich doch etwas kaufen können. Der Zug tuckerte an und die fröhliche Schar stieg ein.

Die Reise führte nach Kandersteg. Von dort aus ging es zu Fuss aufwärts und über den Gemmipass, vorbei am Daubensee zum Hotel Schwarenbach, und wieder hinunter nach Leukerbad. Hier war der Steig so steil, dass sich die Kinder an den Seilen, die an Eisen in der Felswand befestigt waren, festhalten mussten. Auf diesem Abstieg kamen der Gruppe Männer entgegen, die auf Tragstühlen behinderte Menschen hinauftrugen. Alice freute sich, als sie sah, dass behinderte Menschen die Möglichkeit hatten, in die Berge zu gehen, und sie realisierte zum ersten Mal, dass sie trotz ihrem behinderten Ellbogen und der verkrüppelten Hand zwei gesunde Beine hatte, die es ihr erlaubten, eine solche Reise mitzumachen, zu wandern, und eine Dankbarkeit kam über sie.

In Leukerbad gab es ein feines Essen, genügend, sodass Alice sich wie eine Königin fühlte, und sie spürte eine ihr sonst kaum bekannte Ruhe und Zufriedenheit, als sie mit den Schulkameradinnen zusammen im Schlafraum lag. Am andern Morgen erwachte sie früh und bemerkte, dass ein anderes Mädchen auch schon wach lag. Sie gaben sich Handzeichen, verständigten sich so und flüsterten sich zu: «Ist das das Alpenglühen?» Durch das Fenster sahen sie die roten Felswände, dachten an das Alpenglühen, von dem sie in der Schule sangen. Die Mädchen zogen sich leise an, schlichen aus dem Schlafsaal, sprangen hinaus wie junge Rehe, nah zur Felswand, jodelten und sangen aus voller Kehle das Lied *Ihr Berge lebt wo-o-ohl.* Alice fühlte sich frei wie ein Vogel in den Lüften.

Nach dem Morgenessen durften sie einen Blick durch die Fenster ins grosse Bad mit dem warmen Quellwasser werfen. Wie staunte Alice, als sie sah, wie den Badenden ins Wasser ein schwimmendes Servierbrett mit Frühstück gebracht wurde.

Aber wie alles ein Ende hat, so auch das Schöne, und schon hiess es wieder Abschied nehmen. Die fröhliche Schar und ihr Lehrer machten sich auf die lange Heimreise. Als Alice in das traurige Haus zurückkehrte, war ihr erster Gedanke: Was erwartet mich wohl Unangenehmes? Doch was es auch immer sein würde, sie wusste, dass ihre innere Schatztruhe nun um einen Edelstein reicher war.

Eines Tages sagte der Pflegevater: «Die Pflegemutter ist sehr krank, und du bist schuld daran. Du darfst jetzt zu ihr ans Bett, um dich zu entschuldigen.»

Bedrückt schlich Alice in die Kammer der Pflegeeltern. Da lag die Frau, müde und erschöpft. Schuldkummer wollte Alice überkommen, als sie im Nebenraum ein Kindlein weinen hörte. Sie stutzte. War das die Krankheit? Nein! Der Ernstli hatte ein Schwesterchen bekommen. Hedwig. Das allerdings sagte ihr niemand. Das würde sie erst viel später erfahren. Aber wie war das alles geschehen? Und worin sollte da Alices Schuld bestehen? Nun sagte die Pflegemutter: «Geh jetzt und mach deine Arbeit, dann wird es besser und wird auch wieder gut mit mir.» Leise schlich sie aus dem Zimmer, machte sich an ihre Pflichten und dachte darüber nach, was sie der Frau für das Kind schenken könnte, das Kindlein, das sie noch gar nicht sehen durfte. An was die Pflegemutter Freude hätte. Was sie tun müsste, damit diese sie gern hätte. Ein klein wenig nur.

Entlassen

In der Schule sass Alice neben dem Mädchen, dessen Eltern in Sissach die Eptingerquelle besassen. In der Federschachtel des Mädchens lag immer etwas Kleingeld. Wenn ich daraus ein wenig nehme, merkt sie das sicher nicht. Sie hat ja so viel!, überlegte Alice, nahm in einem unbeobachteten Moment ein Münzstück und versteckte es in der Schürzentasche. Auf dem Schulweg kaufte sie damit zwei Strangen Wolle. Zuhause, in ihrem Zimmer, häkelte sie ein Jäckchen, türkisblau und weiss, heimlich, immer sechs feste Maschen türkisblau, dann sechs Luftmaschen weiss und auf der nächsten Tour umgekehrt, sechs feste Maschen weiss, dann sechs Luftmaschen türkisblau, Nadel um Nadel, richtig schön geriet es ihr, es sollte eine Überraschung werden, ein Geschenk für das Kind.

Aber es kam ans Tageslicht, dass sie dem Mädchen Geld gestohlen hatte. «Wir müssen dich aus der Sekundarschule entlassen», schalt der Lehrer, «ein Kind, das Geld stiehlt, gehört nicht in diese Klasse.» Aus der Traum von der Sekundarschule! Nach nur einem halben Jahr. Aus der Traum, Lehrerin zu werden. Im Zeugnis der Sekundarschule stand nun in grossen mit Tinte geschriebenen Lettern geschrieben: ENTLASSEN.

Alice ging wieder in Tenniken zur Schule. Gleich nach den Sommerferien, nun in die siebente Klasse. Wie ein geschlagener Hund schlich sie am ersten Schultag ins Schulzimmer. Was würden die andern Kinder sagen? Was sollte sie erklären? Was hatten die in der Zwischenzeit gelernt? Zum ersten Mal in ihrem Schülerinnenleben brachte Alice schlechte Zeugnisnoten heim. Aber wen kümmerte das? Die kleine Hedwig bekam sie nie zu Gesicht. Wohin genau der Säugling unmittelbar nach der Geburt gebracht worden war, wusste Alice nicht. Erst viel später erfuhr sie, dass das Kindlein zu Verwandten gekommen war. Das türkisblau-weisse Schlüttchen wohl mit ihm.

Einmal, als Alice mit zwei Mädchen vom Schulhaus den Heimweg antrat, schlenderten die drei an einem Haus vorbei, bei dem auf der Wiese davor Wäsche an einer Leine hing. Die Mädchen waren älter als Alice, gut entwickelt, während bei ihr noch keine Anzeichen einer pubertären Körperentwicklung zu sehen waren.

«Weisst du, was das ist?», fragte eines der Mädchen und zeigte auf stoffige Irgendetwas, die an der Leine hingen. «Nein», antwortete Alice freimütig. «Ha! Sie weiss es noch nicht!», kicherten die beiden. Alice wunderte sich. Was die zwei wohl meinten?

Seit Alice zu den Schülern der Oberstufe gehörte, war es aus mit der Sonntagsschule. Das störte sie inzwischen nicht mehr, da sie die Sonntage gern bei der Mutter in Liestal verbrachte. Mit jedem Besuch hatten die beiden mehr und mehr Scheu abgelegt und eine Vertrautheit gewonnen. Manchmal spazierten sie durch den Park, immer der Langsamkeit der Mutter angepasst.

Was Alice aber immer bewusster wurde: Sie hatte wirklich eine Mutter. Eine richtige Mutter. Eine, die sie geboren hatte und die sie besuchen durfte. Das Einzige, was sie von ihr wusste, war, dass sie 1924, zwei Jahre bevor Alice sie kennen lernen durfte, an der Spanischen Grippe erkrankt war und man befürchtet hatte, sie sterbe. Zu Alices Glück überlebte sie. Und sonst? Weder die Mutter noch Alice sprach über die schwierigen Fragen. Ach, dass sie doch den Mut hätte, solche zu stellen. «Warum, Mutter, bin ich weggekommen? Was ist mit dir geschehen? Wo ist der Vater?» Aber die Gespräche blieben in belanglosen Alltagsdingen. Zu sehr befürchteten beide, einander wehzutun.

Anstelle der Sonntagsschule konnte Alice jetzt den Religionsunterricht am Samstagmorgen besuchen, früh um acht Uhr, vor der Schule.

Pfarrer Fischer war ein freundlicher Mann und dem Mädchen wohlgesinnt. Die Geschichte mit dem Brot in der Gülle schien er vergessen zu haben. Er sang gern und oft mit den Kindern. Manchmal hatte er seine Geige dabei. All das half Alice, die Peinlichkeit der Güllenbrot-Geschichte und der Entlassung aus der Sekundarschule hinter sich zu lassen.

Seit Alice bei der Familie in Tenniken wohnte – inzwischen bereits fünf Jahre –, wusch sie sich in der Küche am Schüttstein. In letzter Zeit geschah etwas mit ihr. Ihr kindlicher Körper nahm neue Formen an, veränderte sich. Sie hatte bemerkt, dass sie kleine Brüste bekam.

Nun achtete sie stets darauf, dass sie mit der Körperwäsche eine Zeit wählte, wo niemand hereinkam. Doch seit ihr Körper sich veränderte, fand der Pflegevater immer einen Grund, in die Küche zu kommen. Ein Ort, der ihm sonst fremd war. Dann schlüpfte sie jeweils rasch in ihr Hemd, stülpte hastig den Rock über, beendete die Reinigungsprozedur und verliess die Küche.

In der Schule sangen die Kinder das Baselbieterlied.

Die Baselbieter Lütli
sy gar e flyss'ge Schlag.
Si schaffe und si wärche,
sovill e jedä mag.
Die einte mache Bändel,
die andere schaffe 's Fäld;
doch alli sy, wenn's immer goht,
gar luschtig uf där Wält, juhee!
Doch alli sy, wenn's immer goht,
gar luschtig uf där Wält.

Ja, lustig auf der Welt, das wäre Alice gern, aber Anlass dazu gab es keinen. Schaffen und werken, auf dem Feld und daheim, die Spüeli so vorbereiten, dass die Pflegemutter Bänder weben konnte, an der Spulmaschine sitzen und treten, das Garn auf die Garnrollen bringen, welche auf dem Apparat mit den fünf Armen angebracht waren, mit dem Hämmerchen die Führung des Fadens in die Spule hineinklopfen, wenn das Garn plötzlich danebenlief, die Rüpfli wieder herausnehmen, die dabei entstanden, das alles war ihre Welt. Die Spulenarbeit musste sie morgens vor der Schule erledigen, damit die Pflegemutter vormittags die Garnspulen in den Webstuhl legen konnte. Denn wie viele Frauen im Baselbiet webte sie aus dem Garn die schmalen, farbigen Seidenbänder, die in die ganze Welt hinausgeschickt wurden. Wenn die Seide verwoben war, wurden die Bänder abgerüstet und zur Abgabe an die Firma *Sarasin und Söhn*e vorbereitet. Aus Basel kam dann ein Fuhrwerk, hob die Ware auf den Wagen und brachte neue Seide zum Verweben. Das Aufrüsten besorgten immer drei, vier Frauen miteinander. Es war eine heikle Sache, den Faden durch das Blatt zu ziehen, durch die Litzen, bis zur grossen Spule. Alice hatte in dieser Frauengemeinschaft längst ihre Aufgabe, war einziges Kind, hatte flinke Finger. «Tüchtiges Maitli!», sagten die Frauen lobend zur Pflegemutter. Manchmal sangen sie bei der Arbeit. Dann störte es das Kind nicht, wenn es hiess: «Lisi! Spüeli machen!» Nur morgens um sechs Uhr, wenn die Pflegemutter rief: «Hopp, auf mit dir! Spüeli machen vor der Schule!», hätte sie sich gern noch einmal drehen wollen im warmen Bett. Aber dafür blieb keine Zeit. Nach der Spulenarbeit musste sie zur Schule eilen, um nicht zu spät zu sein.

Samstags musste Alice die Küche putzen, in der die ganze Woche hindurch gebrodelt, gebacken und geheizt wurde. Den Küchenherd feuerte man mit Holz an. Der Herd war mit dem Kachelofen in der Stube verbunden. Obwohl die Familie Licht hatte, Elektrizität im Haus also installiert war, gab es keinen elektrischen Herd.

Wenn Alice von der Schule heimkam, musste sie den Ofen anfeuern. Die Pflegemutter sass am Webstuhl und gab ihr ein Zündholz. «Das muss reichen!», sagte sie, «sollst lernen zu sparen.» Meistens gelang es dem Mädchen, das Feuer mit dem einen Hölzchen zu entfachen. Es atmete auf und begann, Kartoffeln zu waschen, in der Pfanne über dem Feuer zu schwellen, das Abendessen vorzubereiten. Brannte das Feuer nicht mit dem ersten Zündholz, schlich es geduckt in die Stube. «Ich brauche noch eines.» Ärgerlich erhob sich die Pflegemutter vom Stuhl, riss Alice an den Zöpfen, zerrte das Kind in der Stube umher, genauso, wie wenn es zu spät von der Schule heimkam. «Dich will ich lehren!» Sie nahm ein weiteres Streichholz aus der Schachtel und gab es Alice. Das Kind nahm das Hölzchen, ging noch geduckter hinaus, als es hereingekommen war, legte alle Sorgfalt und alles, was es gelernt hatte, in das Feuerentfachen und schickte ein Stossgebet zum Himmel: «Gott! Lieber Gott! Lass es brennen!» Und es brannte.

Bei einem Besuch der Mutter traf Alice eine alte Frau, die das Mädchen stürmisch abküsste, weinte, worauf die Mutter erklärte: «Alice, das ist deine Grossmutter. Deine Nonna. Sie wohnt in Birsfelden.» Alice staunte verlegen: Jetzt hatte sie noch eine Grossmutter! Das Mädchen stand verwirrt vor den zwei Frauen. Wieder schwirrten Fragen durch seinen Kopf. Als es zur ersten ansetzen wollte, sagte die Mutter: «Sie spricht nicht Deutsch. Du weisst ja, wir sind Italiener. Ich kann übersetzen, wenn du ihr etwas sagen willst.» Aber Alice brauchte nicht dringend Antworten auf all dies, mit dem sie seit Jahren allein war.

Bevor Alice Abschied nahm, um den weiten Heimweg unter die jungen Füsse zu nehmen, verstand die Nonna sie auch ohne Übersetzung. Sie nahm sie an der Hand, ging mit ihr in ein Restaurant und bestellte für das Mädchen eine Tasse Kakao und ein Zwanziger-Stückli. Ein Sonntagnachmittag, schöner als jeder Geburtstag. Alice erinnerte sich nicht, von der Pflegemutter je auch nur ein Stück Brot mit auf den

Weg bekommen zu haben. Ein Glück wurde ihr da zuteil, das sie zuvor nicht gekannt hatte.

Sooft Alice durfte, besuchte sie sonntags die Mutter in Liestal. Den weiten Weg kannte sie längst ohne Hilfe der Nachbarin.

Einmal, als sie im Pfrundhaus ankam, war bei der Mutter nicht nur die Nonna, die sie kürzlich kennen gelernt hatte, sondern noch ein Bub. Sie schätzte ihn etwas älter als sie selbst. «Das ist dein Bruder Paul!», sagte die Mutter. Und zu Paul sagte sie: «Das ist Alice, deine Schwester.» Ein Bruder?, dachte Alice. Jetzt habe ich schon eine Mutter und eine Grossmutter, und nun noch einen Bruder. Die Kinder gaben sich scheu die Hand. Und schon sah man die beiden ums Pfrundhaus herumrennen. «Ich hab noch einen Bruder! Ich hab noch einen Bruder!», jubelte Alice. Sie hatte eine richtige Familie, zu der jetzt nur noch ein Vater fehlte.

Bald darauf durfte sie die Grossmutter, ihre Tanten Asunta, Ida und Käthi und den Onkel Carlo in Birsfelden besuchen. In diesem Haus spürte sie Liebe, darum ging sie gern zur Italienerfamilie, der sie sich mehr und mehr zugehörig fühlte, obwohl sie mit der Grossmutter nicht sprechen konnte.

Einmal wurde sie in die Kirche mitgenommen, in den katholischen Gottesdienst. Auch das war neu für sie, sie staunte über das Gemurmel und die Kerzenlichter und über den Geruch von Weihrauch.

Nach diesem Sonntag küsste die Nonna sie beim Abschied herzhaft ab. Alice putzte die Küsse verlegen weg und sagte: «Ich bin nicht katholisch!»

Als sie wieder einmal sonntags die Mutter und die Nonna in Liestal besuchte, gab die Grossmutter der Enkelin zwei Bananen als Wegzehrung mit auf den weiten Weg. Aber Alice ass sie nicht, sondern trug sie heim. Die gebe ich der Pflegemutter und sage ihr, ich hätte Bananen nicht gern. Dann wird sie mich gewiss lieb haben. Aber auch dieses Mal schüttelte diese nur den Kopf, nahm die Bananen entgegen, gab eine dem Ernstli und eine dem Mann. Die Kinderseele von Alice wurde auch durch diese Gabe nicht genährt von einem lieben Wort oder einem Dankeschön.

Ein andermal, Alice war auf dem weiten Heimweg von Liestal nach Tenniken, sah sie an einem Wiesenbord etwas glänzen. Sie blieb stehen. Blickte genauer hin. Heut war ihr das Glück hold, kein Zweifel. Da lag ein Zweifrankenstück. Wem mochte das gehören? Am Strassenrand blitzte es ihr entgegen. Hier fuhr kaum ein Auto vorbei. Das Mädchen überlegte, was es mit dem Geldstück machen könnte. In der Bäckerei etwas kramen? Ein Patisserie-Stücklein? Etwas Schokolade? Nein, ich kaufe nichts. Ich bringe es der Pflegemutter. Dann freut sie sich und hat sicher Freude an mir. Sie steckte das Geld in die Tasche und eilte nach Hause. «Das hab ich gefunden», sagte sie stolz, «möchte es Ihnen geben.» – «Du? Geld gefunden? Ah bah!», herrschte die Pflegemutter sie an, «du hast es mir aus dem Portemonnaie gestohlen!»

Eines Sonntags kam Tante Käthi nach Tenniken zu Besuch. Wie freute sich Alice. Käthi war eine hervorragende Schneiderin. Alles nähte sie selber. Ein richtig gutes Gespür hatte sie für schöne Kleider und Schuhe. Heute trug die junge Frau ein apartes Kleid und Schuhe mit hohen Absätzen. Sie kam, um für Alice ein Kleid zu nähen. Im kleinen Zimmerchen nahm sie Mass bei der Nichte, fertigte auf Stoff eine Zeichnung an, und im Nu würde sie zu Hause für Alice ein Kleid geschneidert haben. Als Käthi wieder gegangen war, hörte Alice die Pflegeeltern schimpfen: «Diese Italiener! Das ist doch nicht zu glauben. Mit solchen Schuhen in unser Dorf zu kommen.» Jedes einzelne Wort stach Alice ins Herz. Sie wurde traurig und verkroch sich sobald sie konnte in ihrem Zimmer.

Wieder einmal schimpfte die Pflegemutter an einem Samstagmorgen früh:

«Lisi, du bist unartig gewesen. Heute ist nichts mit Religionsunterricht. Ein Kind wie du gehört da nicht hin!» – «Warum denn?», wagte Alice zu fragen. «Siehst du, schon wieder! Immer dieses Widerreden. Hopp, in den Keller mit dir!» Nun erhob sich der Pflegevater vom Tisch, packte Alice am Arm, zerrte sie hinaus, über den Weg, ins andere Haus, schubste sie in den Keller. Schlug die Tür zu.

Warum, fragte sich Alice, bin ich jetzt im Keller? Was habe ich denn angestellt? Sie musste doch zur Schule. Sie ging zur Kellertür, versuchte sie zu öffnen. Die Tür gab nach. Hatte der Mann vergessen, sie von aussen abzuschliessen? Jetzt nichts überstürzen und ruhig überlegen, was zu tun war. Alice zog die Tür nochmals zu. Dachte nach. Und da reifte der Plan in ihr. Sie musste weg. Jetzt sofort! Für immer. Aber nun galt es, ruhig zu überlegen. Nicht wie damals, als sie erst ein paar Tage in Tenniken war, wegrannte und gefunden wurde. Jetzt war sie älter und klüger.

Noch wartete sie eine Weile, dann öffnete sie sorgfältig die Kellertür, schlich hinaus und beim Weg hinter dem Haus lief sie rechts hinunter zur Strasse, den kurzen Weg weiter wieder aufwärts und die Treppen hinauf zur Kirche.

Rechtzeitig sass sie im Religionsunterricht. Und wenn ihr das Singen heute auch nicht recht gelingen mochte, *Geh aus mein Herz und suche Freud,* so war ihr doch wohl, *in dieser schönen Sommerzeit,* denn jetzt war der Entschluss in ihr gereift, *an deines Gottes Gaben.* Nichts würde sie vermissen. Nichts. Ausser dem Ernstli. Der würde ihr fehlen und er würde sie vermissen. Das Baby hatte sie ja nie gesehen. Selbst die ersten Tage nicht, als die Pflegemutter noch im Wochenbett lag. Da hatte sie es ab und zu schreien hören, bevor es weggegeben wurde. Ihre Arbeiten waren putzen, rüsten, waschen, schälen, wieder putzen. Aber damit war jetzt Schluss! Auch mit den Schlägen. Aus. Fertig!

Ende mit den gierigen Blicken des Pflegevaters in der Küche, wenn sie sich wusch! *Grosser Gott, wir loben Dich,* sang der Pfarrer, *Herr, wir preisen Deine Stärke,* sangen die Kinder mit, *vor Dir neigt der Erdkreis sich,* würde Er ihr helfen bei der Flucht, der Grosse Gott?, *und bewundert Deine Werke.* Wenn es Ihn gibt, diesen Gott, sinnierte Alice, *Wie Du warst vor aller Zeit,* hilft Er mir auch, ihre Stimme gewann an Stärke, *so bleibst Du in Ewigkeit.* «Hilft für immer. Für immer und ewig», flüsterte sie zu sich. «Amen!», verkündete der Pfarrer laut und fest und entliess die junge Schar in den Samstag. Alice würde jetzt noch einmal in diese Schule gehen. Noch heute Vormittag. Dann nie mehr. Ausser ihr wusste es niemand.

Flucht

Ohne Bündeli, ohne Kleider, ohne irgendetwas, einzig mit dem Schultornister am Rücken und den in ihrem Innern gesammelten Edelsteinen, die ihr jetzt die Kraft verliehen, die sie brauchte, um den Entschluss umzusetzen, machte sich Alice unmittelbar nach Schulschluss auf den ihr längst bekannten Weg Richtung Liestal. Aber heute ging es nicht zur Mutter. Heute wollte sie weiter. Sie lief und lief. Über die Landstrasse, durch die Dörfer. Durch Liestal. Sie hörte einen Lastwagen herankommen. Streckte die linke Hand mit nach oben gerichtetem Daumen in die Höhe. Der Fahrer hielt an. «Wo will das junge Fräulein denn hin?», fragte er freundlich.

«Zur Grossmutter nach Birsfelden?» – «Na, dann steig ein.»

Wenig später fragte sie im Dorfzentrum von Birsfelden nach dem Weg zur Familie der Nonna, den sie bislang nie allein gegangen war, und sie fand das Haus an der Rheinstrasse 39, wo sie zweimal zu Besuch war, das Haus, in dem sich ihre Eltern kennen lernten – was Alice zu diesem Zeitpunkt aber noch nicht wusste. Sie fand die Familie im Parterre, klopfte, wurde von der überraschten Nonna hereingelassen. Die ganze grosse Familie sass um den Küchentisch. Lebhaftes Gerede, wovon Alice kein Wort verstand. Den Grossvater sah sie zum ersten Mal. Durch seine Arbeit beim Tunnelbau war er oft wochenlang weg. Zwei Cousinen und Tante Käthi waren ebenfalls hier. Ausser der Nonna verstanden alle Deutsch. In der Familie wurde jedoch Italienisch gesprochen. «Komm, setz dich zu uns!», sagte Tante Käthi und übersetzte, was Alice unter trotzigen und verzweifelten Tränen erzählte. Dass sie nicht mehr zurückgehe. Hierbleiben wolle. Putzen und kochen könne für alle. Die Nonna liess sich alles erklären, während Alice sich setzte und zum Fenster hinaus ins Höfli des Hauses blickte, wo ein Knabe Fussball spielte. «Sieh dort, dein Onkel Carlo», sagte Tante Käthi und zeigte nach draussen. Und wieder Alice zugewandt: «Nonna meint, du sollst über Nacht bleiben, dann schauen wir weiter.» Alice atmete auf, während die Grossmutter sich vom Stuhl erhob und in die Küche ging. Jetzt wollte Alice ganz viel über sich erfahren. Jetzt müssten sich endlich alle Fragen klären.

Warum war die Mutter behindert? Warum waren ihr Arm und die Hand verkrüppelt? Woher kam die Familie ihrer Mutter? Warum Italiener? Viel erzählte man ihr nicht. Bloss: «Dein Vater hat eure Mutter die Treppe hinuntergeschubst, deshalb bist du zu früh auf die Welt gekommen.» Tante Käthi ergänzte: «Deine Mutter ist die Aussentreppe des Hauses, in dem ihr gewohnt habt, hinuntergefallen. Darum ist sie halbseitig gelähmt.» Grossvaters Augen glänzten mitleidig. Jetzt öffnete er sein Portemonnaie, klaubte einen Fünfliber heraus. «Per te, Alitsche!», sagte er, und legte den Batzen in die Hand des Mädchens.

Alice war aufgewühlt. Ach, dass sie doch immer hierbleiben könnte, wo sie wie selbstverständlich dazugehörte. Sie erhob sich vom Stuhl, ging in die Küche, wo die Nonna auf einem Feuerherd mit einer langen Holzkelle in einer Polenta rührte. «Ich möchte den Fünfliber dir geben», sagte Alice und streckte der Nonna das Geld entgegen. «No, no!», lächelte diese, «questo è per te.» Verlegen hielt Alice den Batzen in der Schürzentasche, spürte die Härte des Metalls. Vielleicht würde sie ihn für immer behalten. Als Glücksbringer. Das Geschenk vom Grossvater, der sich ihr gegenüber Nonno nennt, und der schon wieder fort musste.

Alice durfte ein paar Tage bleiben, nachts im Doppelbett bei der Nonna schlafen, wo sonst die älteste Tante Asunta schlief, die nun auf dem Sofa nächtigte. Asunta, die gutmütige junge Frau mit der geistigen Behinderung, die den Eindruck eines halbwüchsigen Mädchens erweckte. Alice erfuhr, dass sie in der ‹Lumpi› arbeitete. Dort Kleider verlesen musste. Aber nun gab sie ihren Platz bei der Mutter dem Mädchen, das ihre Nichte war. So nah bei einem Menschen liegen, der sie lieb hatte, ihr ein Familiengefühl gab, genoss Alice wie eine Genesende nach schwerer Krankheit, und ein tiefer traumloser Schlaf kam über sie.

Dass ihr Glück nicht lange dauern konnte, war zu vermuten. In Tenniken hatte die Pflegefamilie die Polizei eingeschaltet. Die wurde fündig. Spürte das Mädchen nach drei Tagen bei der Grossmutter auf. «Da kannst du nicht bleiben!», sagte der Polizist. «Du kannst nicht bei den Italienern bleiben. Du bist ein Schweizermädchen.» – «Aber es ist doch meine Grossmutter!» – «Du kommst jetzt mit und fertig!» – «Ich gehe nicht zurück!», sagte Alice trotzig, Wut und Verzweiflung in ihrem Blick. «Wir werden für dich einen Platz finden», versuchte der Polizist zu trösten. «Nur mit der Schule ist jetzt halt Schluss. Bist ja alt genug, in einem Haushalt mitzuarbeiten.» Alt genug zum Arbeiten! Was für ein Hohn! Was war sie denn in all den vergangenen Jahren? Jung genug zum Arbeiten? Fremd genug? Doch ihr war im Moment fast alles recht, wenn sie bloss nicht nach Tenniken zurückmusste. Keine Prügel und keine Demütigungen mehr. Und vielleicht, ja vielleicht irgendwo genug zu essen. Dann wollte sie sich schicken. Das hatte sie gelernt.

Die drei Tage bei der Familie ihrer Mutter würden für Alice zeitlebens wichtig bleiben, bekam sie doch in dieser Zeit etwas Auskunft über sich und ihre Familie. Sie erfuhr, dass der Grossvater in den Fünfzigerjahren in die Schweiz gekommen war, wo er Arbeit beim Tunnelbau erhielt, und dass die Nonna und die ersten drei Kinder, Asunta, Ida und ihre Mutter, ihm in den 80er-Jahren nachreisten. Dass Carlo und Käthi in der Schweiz geboren wurden. Aber sie hatte noch immer keine Antwort auf die Fragen, was ihren linken Ellbogen und die rechte Hand betraf und wo sie die ersten Jahre ihres Lebens verbracht hatte.

Alice hätte gern mehr Kontakt gehabt mit der Familie der Mutter, aber das wurde von den Behörden nicht gefördert, und so blieb die Verbindung zu ihr, nachdem der Polizist sie wieder weggeholt hatte, lückenhaft.

Alice wohnte jetzt bei einer Familie in Frenkendorf. Das Ehepaar Berger betrieb eine Huf- und Nagelschmiede. Vor dem Haus stand als Mittelpunkt des Dorfplatzes ein grosser runder Brunnen. Hier löschten die Pferde ihren Durst und der Schmied die glühenden Eisen. Wenn dieser und sein Geselle im Takt auf die Eisen hämmerten, erinnerte sich Alice an den Dengelschlag des Nachbarbauern in Tenniken, und wenn dazu von der nahen Kirche der Glockenschlag oder gar das Geläute zu hören waren, klang es für sie wie ein Konzert.

Auf dem Kirchturm war ein mit Stroh gefüttertes Wagenrad befestigt. Störche hausten darauf mit ihren Jungen. Zur einzigen Wohnung des Hauses führte eine Aussentreppe, von wo aus es zur grossen Laube ging. Hier waren Türen zu den verschiedenen Zimmern. Alices Zimmerchen war das erste. Drinnen nichts Neues: ein Bett und ein Tisch mit Stuhl. An einer Zimmerwand stand ein Gestell voller Steinguttöpfe, gefüllt mit eingemachtem Gemüse und Konfitüre. Ihr Zimmer war gleichzeitig Vorratsraum. Hinter dem Haus fand sich ein grosser Garten, der von der Mutter des Schmiedes besorgt wurde. Alices Aufgabe war es, das Unkraut zu jäten. Die Frau des Schmiedes arbeitete in der Küche, wenn es um das Kochen ging. Der Abwasch und das Putzen wurden dem neuen Mädchen überlassen.

Das Hüten des Bübchens gehörte zu den ihr liebsten Aufgaben. Obwohl sie sich oft allein fühlte in ihrem kleinen Zimmer und niemanden kennen lernen konnte, wollte sie zufrieden sein. Von Liebe konnte auch hier keine Rede sein, aber sie hatte genug zu essen, bekam keine Schläge. Das war für sie die Hauptsache.

Mit Schule war nun nichts mehr. Für sie, die so gern zur Schule gegangen war, war der einzige Unterricht nur noch der zur Vorbereitung der Konfirmation. Sonst war sie jetzt, wiewohl erst fünfzehnjährig, einfach Dienstmädchen.

Auf dem Weg zum Religionsunterricht sah sie die Mädchen vom Mädchenheim, immer zwei und zwei nebeneinander hergehend, alle mit denselben Schuhen, denselben Frisuren, alle mit Zöpfen. In der Kirche sassen sie in Extra-Bänken. Drei Reihen waren für das Mädchenheim reserviert. Und wieder fragte sich Alice: Warum kann ich nicht in einem solchen Heim sein? Die haben es viel schöner als ich. Zu ihnen wird geschaut, sie müssen nicht so viel arbeiten. Und dürfen zur Schule.

Den kurzen Weg zum Religionsunterricht ging sie oft zusammen mit drei andern Mädchen aus dem Dorf. Wenn die vier auf der Strasse waren, sangen sie miteinander mehrstimmig Volkslieder und Kirchenlieder. Wieder einmal war es das Singen, das Alice Kraft gab, da zu sein, wo sie war. Einmal wöchentlich fuhr die Grossmutter Berger mit dem hochbeladenen Handwagen voller Gemüse nach Liestal auf den Markt. Ein Berner Sennenhund zog das Gefährt. Alice hätte sie gern einmal begleitet, aber da gab es genügend Arbeit in Haus und Garten, und so blieb es ein Wunsch.

Gegenüber vom Brunnen war eine Bäckerei. Am Sonntagmorgen durfte Alice frisches Milchbrot zum Frühstück holen. Der Geruch, der aus der Bäckerei drang, war unbeschreiblich. Vom Dorfplatz weg führten drei Wege in verschiedene Richtungen: einer zur Bahnstation Frenkendorf, ein anderer durch Wald und Flur nach Pratteln, ein dritter war ein Rundweg und führte nach Liestal. Der Weg ins Spital zur Mutter war für Alice jetzt wesentlich kürzer, und die Fünfzehnjährige ging ihn, sooft sie konnte. Die zunehmende Vertrautheit liess Mutter und Tochter einander näher kommen. Schwierige Themen mieden beide weiterhin. Dabei half ihnen das Spazieren im Park des Pfrundhauses. Manchmal sassen sie in Mutters Zimmer. Alice erzählte dann vom Bübchen, vom feinen Weissbrot, das es sonntags gab, vom Sennenhund und den Störchen auf dem Kirchendach.

Der Tag der Konfirmation rückte näher. Eines Tages kam ein Paket aus Birsfelden. Absender waren Tante Ida und Tante Käthi. Voller Neugier knöpfte Alice die Schnur auf, entfernte das Packpapier und fand in einer Schachtel ein schwarzes Kleid. Die Tanten hatten es extra für sie genäht. Jetzt hatte Alice auch ein schönes Kleid für diesen feierlichen Tag. Je näher er kam, umso mehr brannte in ihr die Frage, ob es für sie ein Fest geben würde, zum ersten Mal. So, wie die Mädchen und Buben eines haben würden, mit denen sie im Religionsunterricht sass.

Am Tag vor der Konfirmation kam ein weiteres Paket. Diesmal ein kleineres. Darin ein Kirchengesangbuch. Alice drehte es in ihren Händen, blätterte darin. Ein Geschenk der Pflegefamilie aus Tenniken, von Hersbergers, die ihr so viel Leid zugefügt hatten. Noch wusste sie nicht, wie sie dieses Geschenk auffassen sollte. Von der neuen Familie bekam sie ein Paar Halbschuhe mit einem Riemen über dem Rist und maschinengestrickte Strümpfe. Alice war dankbar, einmal so schön angezogen zu sein wie die anderen Mädchen.

Zusammen mit den andern Buben und Mädchen stand sie vorne im Kirchenschiff. Eins nach dem andern wurde aufgerufen. Erhielt einen Spruch mit auf den Lebensweg. Einen Bibelvers. Sie hörte ihren Namen rufen: «Alice Walliser.» Trat einen Schritt näher zum Pfarrer, wie die andern es auch taten. «Das, Alice, ist dein Konfirmationsspruch: *Es ist ein köstlich Ding, dass das Herz fest werde, welches geschieht durch Gnade.*»

Plötzlich musste Alice mit aller Kraft das Lachen unterdrücken. Sie hatte keine Ahnung, was mit ihr los war, warum das Lachen sie so überkam. Warum denn?, schoss es ihr durch den Sinn, da ist doch nichts lustig dran, das ist doch eine ernste Angelegenheit. Das darf mir auf keinen Fall passieren! Ausser den Worten des Pfarrers hörte man nichts in der Kirche, zwischen seinen Sätzen herrschte nichts als eine unheimliche Stille. Alice biss die Zähne zusammen, hielt verkrampft die Lippen aufeinander, hörte mit geschlossenem Mund, was der Pfarrer sagte, konzentrierte sich auf die Hände, um sich von diesem gnadenlosen Drang, lachen zu müssen, abzulenken. Der Pfarrer nahm ihre Rechte und drückte sie herzhaft, wünschte ihr alles Gute fürs Leben. Noch einmal zuckten die Mundwinkel, wollte das Lachen über sie kommen. Sie lenkte den Blick auf ein Kirchenfenster, hörte den Pfarrer den nächsten Namen aufrufen. Alice war erlöst. Sie trat in die Reihe, zurück zu den andern, und der unbändige Drang, laut herauslachen zu müssen, legte sich wieder.

Dann sass sie auf dem Bett in ihrem Zimmerchen. Das Kleid hatte sie abgelegt und gegen das gewöhnliche Sonntagsgewand getauscht. Kein Fest für Alice. Kein Besuch. Niemand. Nichts. Alice dachte über ihren Konfirmandenspruch nach. Ich bin halt ein schlechtes Mädchen. Das ist so. Daran ändert auch die Konfirmation und der Spruch nichts. Sie legte sich auf das Bett und weinte. Weinte den ganzen Nachmittag. Weinte sich in die Nacht hinein. Niemand merkte es. Der Sonntag war ihr freier Tag. Doch sie wusste: Jetzt begann ein neuer Ernst des Lebens, und die Kindheit war vorbei. Die Kindheit!

Eines Tages stand der Pflegevater aus Tenniken vor der Tür. «Komm doch wieder zurück, Alice», wollte er das Mädchen überreden, «es gibt in Tenniken jetzt eine Uhrenfabrik. Du könntest da eine Lehre machen.» – «Nein», sagte Alice, «ich komme nicht mehr.»

Dienstmagd im Herrschaftshaus

Einmal mehr war wieder alles anders. Ein Brief von der Amtsvormundschaft Baselland brachte die Nachricht, dass Alice an eine neue Stelle müsse, zu einer Familie mit fünf Jugendlichen. Die zwei Töchter besuchten eine Mädchenschule, die drei Söhne das Gymnasium. Da sollte sie jetzt hin. Erneut packte sie ihr Bündel, um die wenigen Habseligkeiten an den neuen Ort zu tragen, und verabschiedete sich von Familie Berger. Aber warum muss ich wieder fort?, fragte sie sich. Ist es die Behinderung? Wollen die Leute ein völlig gesundes Mädchen? Muss es ein richtiges Schweizermädchen sein statt nur ein halbes? Dabei *war* sie doch ein ganzes Schweizermädchen, wusste bis vor kurzem ja nicht einmal, dass ihre Mutter Italienerin sei. Sie, die so gerne sang, die ein Fahnenschwinger zum Weinen rühren konnte! Ein Trost lag im erneuten Wechsel: Sie wurde nach Liestal geschickt. Hier war sie der Mutter näher.

Alice war nun Dienstmagd im Herrschaftshaus von Familie Ludwig und wohnte im schönen, alten Städtchen Liestal, dem Ort mit der grossen Turmuhr am Stadttor. Viele Male war sie durch dieses Tor gegangen, wenn sie vom Oberbaselbiet her kommend die Mutter im Spital besuchte. Jetzt war sie der Mutter näher denn je und konnte öfter zu ihr. Sonst aber durfte sie nirgendwohin, denn sie war ja noch lange nicht volljährig.

Das Haus an der neuen Dienststelle stand in einem grossen Garten. Auf der Hangseite war ein Gewürzgarten angepflanzt. Auf der Wiese stand eine Teppichstange, und zwischen Eisenpfählen waren Wäscheseile gespannt.

Sonntags hatte sie drei Stunden frei, dann durfte sie sich, wenn sie nicht zur Mutter ging, auf dieser Seite aufhalten und ihre eigenen

Sachen in Ordnung bringen. Auf der andern Seite des Hauses befand sich der grössere, mit Gartenmöbeln ausgestattete Teil des Gartens. Die Kinder der Familie spielten dort Krocket. Alice wurde von ihnen ferngehalten. Sie war die Dienstmagd.

Montag war Waschtag. Die schmutzigen Kleider wurden auf dem Waschbrett geschrubbt, oft bis Alices Finger bluteten. Als Frau Ludwig das sah, meinte sie beschwichtigend: «Ja, siehst du, Alice, daran sieht man, dass die Wäsche sauber wird.» Dennoch liebte Alice diesen Tag, denn am Abend durfte sie in der Waschküche ein Bad nehmen. Zum ersten Mal in ihrem Leben. Die Herrschaft selber hatte ein schönes Badezimmer im ersten Stock, von wo aus eine Wendeltreppe in den zweiten Stock zu den Schlafgemächern führte. Alice schrubbte diese Treppe und alle Räume, die mit Parkett oder Linoleum ausgelegt waren, putzte mit Stahlwolle auf den Knien, wichste den Boden ein und rieb mit einem Lappen nach, bis alles glänzte. Auch die einfache Treppe, die von der Küche in den dritten Stock zum Dienstmädchenzimmer führte, das Alice mit der Köchin teilte, musste sauber gemacht werden. Alles, ob nobel oder nicht.

Wenn es am Sonntagmorgen regnete und nachmittags Besuch erwartet wurde, musste das Dienstmädchen alle Fenster der Vorderfront des Hauses reinigen. Man wollte einen guten Eindruck machen.

Der Tag begann jeweils morgens um sechs. Alice rüstete Gemüse, putzte, wusch, bügelte. Das Bügeln allerdings bereitete ihr Beschwerden am Ellbogen.

Den Hausherrn sah sie selten. Er ging täglich nach Bern ins Bundeshaus. Seine Wäsche musste fein säuberlich eingepackt werden. Die Frau war streng, aber gut mit Alice. Manchmal durfte das Mädchen mit ihr im Näh- und Arbeitszimmer sitzen. Sie schneiderte für die Töchter Kleider aus Seide. Für die neue Dienstmagd nähte sie ein Kleid aus Frotteestoff. Dieses Material war eine Neuheit und Alice schätzte sich überglücklich. Nähen war ohnehin ihre Lieblingsarbeit.

Sie kannte längst die nötigen Tricks, die Behinderung der rechten Hand zu umgehen. Dass sie bei der Chefin sitzen durfte, die mit ihr über persönliche Dinge sprach, empfand Alice als Wertschätzung, wie sie es bislang nicht kannte. Nur etwas störte das Mädchen: Die Frau wünschte, dass es sonntags für den Kirchgang einen Hut trug. Ihr zuliebe kaufte Alice aus dem hart verdienten Geld einen rot-weissen Strohhut, der zum neuen Kleid passte. So durfte sie an der Seite der Frau zur Kirche gehen. Aber der Hut drückte so sehr, dass sie ihn am liebsten fortgeworfen hätte.

Im Keller gab es einen Vorratsraum mit eingemachten Früchten und Gemüse. Dieser Raum war abgesperrt. Nach der täglichen Besprechung mit der Köchin wurde das Nötige fürs Kochen herausgegeben. Dann wurde wieder abgeschlossen. Die Köchin bereitete dann die feinen Speisen zu. Die beiden Bediensteten assen in der Küche. Ihnen wurde das Essen von der Frau des Hauses geschöpft. Doch Alice wollte nicht klagen, die Teller wurden genügend gefüllt, und die beiden konnten sich satt essen. Manchmal schleckte Alice Konfitüre mit dem Löffel. Eines Tages rügte Frau Ludwig: «Alice, jetzt ist Schluss damit, Konfitüre mit dem Löffel zu essen. Seit du hier bist, muss ich alle paar Tage ein neues Glas hervorholen.» Alice erschrak. Wie konnte sie bloss so unverschämt sein, wo man sie hier doch gut behandelte.

Dreissig Franken Lohn im Monat erhielt sie. Das waren dreissig Franken mehr, als sie je bekommen hatte. Davon bezahlte sie die Krankenkasse und den Schuhmacher. Sonntags, wenn sie zur Mutter ging, die ja nur einen Katzensprung weit entfernt untergebracht war, kaufte sie ihr manchmal eine kleine Süssigkeit. Viel blieb nicht übrig vom Lohn, aber was störte es sie. Zeit, Geld zu verschleudern, hatte sie ohnehin keine. Doch wie wohl sie sich hier trotz der vielen Arbeit fühlte, es schien ihr nicht bestimmt zu sein, lange am gleichen Ort zu bleiben.

Eben kam sie vom Besuch bei der Mutter zurück. Die Frau rief sie zu sich: «Liebe Alice, ich muss dir etwas sagen.» Alice folgte der Aufforderung, sich an den Küchentisch zu setzen. «Das Mädchen, das vor dir deine Stelle hatte, will wieder zurückkommen. Du kannst darum nicht bleiben.» Alice zuckte zusammen. Warum? Und wohin jetzt? Noch bevor sie die Fragen zu Ende denken konnte, fuhr Frau Ludwig weiter: «Schau, ich habe für dich eine neue Stelle. Du kannst bei den zwei alten Leuten im Haus nebenan arbeiten.» Alice blickte sie sprachlos an und war nicht in der Lage, auf das Gehörte einzugehen.

Schon am andern Morgen fand sich Alice im Garten der Nachbarn wieder. Am Brunnen wusch sie Salat. Jäh und unerwartet überkam sie eine unendliche Traurigkeit, ein Gefühl des Herumgeschoben- und Verlassenseins, und sie begann zu weinen. Hier kann ich nicht bleiben, ging es ihr durch den Kopf, ich muss wieder fort. Ich gehe zur Grossmutter. Dieses Mal wird sie mich gewiss behalten, und ich werde eine Arbeit suchen. Ich kann ja auch nähen, will nicht immer putzen. Alice trocknete die Hände an der Schürze ab, blickte umher, ob sie jemand beobachte, machte sich davon, fluchtartig, ohne sich zu verabschieden, direkt aus dem Garten hinaus, so wie sie angezogen war, zügigen Schrittes, ohne zu rennen. Der Schürze entledigte sie sich erst auf den Weg nach Birsfelden.

Gegen Mittag stand sie vor Nonnas Tür. Tränen rannen ihr übers Gesicht. Die Nonna nahm die Enkelin in die Arme, tröstete das weinende Mädchen. «Morgen», liess sie Tante Käthi übersetzen, «morgen bringe ich dich zur anderen Grossmutter, dorthin, wo dein Bruder Paul früher war.» – «Aber warum kann ich nicht bei euch bleiben?», fragte Alice verzweifelt, «ich kann ganz viel, kann kochen, nähen, und ja, auch putzen. Oder ich kann eine Stelle annehmen und Geld für euch verdienen.» Aber die Nonna schüttelte den Kopf. Sie erklärte Käthi auf Italienisch, was sie Alice übersetzen sollte. «Schau, weil deine

Mutter Italienerin ist und der Vater nicht mehr hier lebt, hat der Kanton das Sorgerecht für dich. Bei uns würde man dich nicht lassen. Darum werden wir morgen zusammen die andere Familie besuchen.»

In dieser Nacht schlief die Nonna auf einem Küchenstuhl, den Kopf auf dem Tisch auf die verschränkten Hände gelegt. Alice durfte neben Tante Asunta in Nonnas Bett schlafen. Ihr Inneres war schwer. Kein einziger der gesammelten inneren Schätze schien ihr verfügbar.

Am andern Tag machte sich Alice mit der Nonna auf den Weg zur Familie des Vaters. Bis zu diesem Moment hatte sich Alice nie Gedanken darüber gemacht, dass sie noch eine zweite Grossmutter haben könnte. Jetzt lernte sie sie kennen. Sie wurde begrüsst, wiewohl ohne Herzlichkeit, denn es kannte sie ja niemand, und auch für sie waren diese Leute fremd. Eine Tante und Leute, die sie musternd betrachteten, reichten ihr die Hand. «Aber wo ist denn mein Vater?», fragte Alice. «In Zürich. Aber dahin kannst du keinesfalls gehen. Er hat eine neue Frau und ein Kind. Und Paul wohnt auch bei ihm.» Die Hoffnung der Nonna, sie könnte die Enkelin bei dieser Familie unterbringen, zerschlug sich. Zu wenig Platz, sagte man, und auch sonst fand man noch ein paar dünne Ausreden.

Nach weiteren vier Tagen, die Alice noch bei der Familie der Mutter verbringen durfte, fuhr die Nonna mit ihr nach Basel und dann mit dem Tram an eine mit einer Fürsorgerin vereinbarte Haltestelle. Käthi hatte Alice vorab erklärt, dort werde sie von einer Frau abgeholt, die auf sie warte und sie an einen guten Ort bringe, wo es ihr gewiss gefallen würde. Alice kannte sich nicht aus, wusste nicht, wo sie war, nicht, wohin sie gebracht wurde, blickte traurig der Nonna nach, die wieder ins Tram einstieg. Schweigend ging sie neben der Fürsorgerin her, die etwas von einem Waisenhaus sagte. Kannte sie das nicht? Ein Bild erwachte in ihr, wie sie als kleines Mädchen von einer Frau am einen Ort geholt und zum andern gebracht wurde, zum Ort, der ihr Kinderjahre des Leids und Leidens brachte.

Bei einem Gebäude angekommen, das von einem Gartenzaun mit eisernen Spitzen umgeben war, traten sie durchs Tor und standen vor einer steinernen Aussentreppe mit vier Stufen, die zum Hauseingang führten. Alice schaute am Haus hinauf, sah ausladende Fenster mit Verzierungen, aus denen man Kindergeschrei vernahm. Sie wurde kurz begrüsst, in ein Bad geführt, geschrubbt und gewaschen, als hätte sie Flöhe und Läuse. Zu guter Letzt wurde ihr Haarschopf mit Petroleum eingerieben. Dann fand sie sich an einem langen Tisch wieder, zusammen mit jugendlichen Mädchen und kleinen Kindern, die sie neugierig betrachteten, während sie ihren Brei löffelten. Das Kind, das neben ihr sass, schaute sie verwundert an, weil Alice die Tränen auch diesmal nicht zurückhalten konnte. Sie verstand einfach nicht, warum sie nicht bei der Nonna bleiben durfte.

Hier wohnten junge Mädchen mit ihren Kindern, Alice vermutete, es seien Mütter mit unehelich geborenen Kindern. Aber da passte sie doch nicht hinein!

Nach dem Essen, ihre Seele war noch nicht angekommen, hing an den vielen ‹Warum›, die sie belasteten, bekam sie bereits eine Aufgabe: Sie sollte im Hof Windeln aufhängen.

Da stand sie und begann, die Windeln mit Wäscheklammern an der Leine zu befestigen. Zugleich blickte sie umherr. Jetzt bemerkte sie die gefährlich aussehenden Eisenspitzen des Gartenhags, die jeden Fluchtgedanken vertreiben sollten. Ein Schreckensgedanke durchfuhr sie: Muss ich da bleiben, bis ich zwanzig und volljährig bin? Wie in einem Zuchthaus! Sie spähte zum Zaun. Das Tor war im Blickfeld von Fenstern, hinter denen Bewohner hin- und hergingen, und sie überlegte, wie sie ungesehen den Zaun ohne Benützung des Tors bezwingen könnte. Da sah sie das Rebenlaub, das an der seitlichen Hausfassade emporrankte, und den Baum, der nahe beim Hag des Nachbarhauses stand. Sie würde am Baum hochklettern und von dort über den Zaun springen! Kaum zu Ende gedacht, schaute sie sich um. Kein Mensch in der Nähe. Sie schlich zum Baum, hielt sich an einem Ast fest und kletterte so weit hoch, dass sie in einem Satz über die Eisenspitzen springen konnte, landete unsanft auf dem Boden ausserhalb des Zauns im Garten des Nachbargrundstücks, sah einen Boxerhund auf sich zukommen, hörte einen Mann rufen: «Warte! Warte!» Der Hund bellte, sie spürte ihn an ihren Fersen, rannte zum Tor, konnte im letzten Moment das Gartentürchen hinter sich zuschmettern, hielt kurz inne auf der Strasse, die irgendwohin führte. Dann rannte sie los. Rannte. Wieder ohne Bündeli. Liess alles zurück, was sie besass. Nichts reute sie. Nichts ausser dem Schulfoto. Das einzige Foto, das es von ihr gab. Aber es bedeutete ihr zu wenig, um dafür die Qual, eingesperrt zu sein, in Erwägung zu ziehen. Keinen Moment blieb sie stehen; die Angst im Nacken, eingeholt zu werden, von irgendjemandem, war zu gross, bis sie sich endlich traute, zurückzuschauen, den pochenden Herzschlag und die Atmung etwas zur Ruhe kommen zu lassen, und merkte, dass sie am Rheinhafen angekommen war.

Ich gehe nach Deutschland, will nicht in der Schweiz bleiben. Jetzt hatte sie sich gefasst, merkte, dass ihr niemand gefolgt war, schlenderte bei den Kohlelagern umher, überlegte, welcher Weg über die Grenze führen könnte, schaute in eine Richtung, wo es nach Wiese und Wald aussah, und erblickte einen Grenzwächter. Dort drüben musste der Schwarzwald sein. Dort jedoch soll es Wildschweine geben. Davor hatte sie Angst.

Sie setzte sich auf einen Steinvorsprung, froh, dem bösen Eisenspitzenzaun des Waisenhauses entkommen zu sein, ängstlich und unsicher, was nun mit ihr geschehen würde, und wollte warten, bis es dunkelte.

Plötzlich kam ihr ein rettender Gedanke, und sie vermutete, dass es der liebe Gott war, der ihr diese Eingebung gab. Es müssen gegen acht

Jahre vergangen sein, seit sie beim Ehepaar Stucki gewohnt hatte, an dem Ort, wo sie so glücklich gewesen war: Wenn ich die Mittlere Rheinbrücke finde, weiss ich den Weg zur Oberen Rebgasse wieder.

Die Dämmerung legte sich über die Stadt. Alice machte sich auf den Weg. Müde, ängstlich, aufgeregt fand sie die Rebgasse, entdeckte das Haus mit den ausgestanzten Herzen in den Fensterläden, blickte hinauf zum Dachstock. Warme Gefühle überkamen sie. Aber was, wenn nun andere Leute hier wohnten? Ein Durcheinander wirbelte durch ihren Kopf. Sie stiess das schmale, ebenfalls aus Eisenstäben geschmiedete – aber ohne Spitzen versehene – Tor auf, ging ein paar Schritte zur Haustür, las die Namensschildchen und atmete auf. Der Name Stucki stand noch immer da. Alice fasste allen Mut zusammen. Drückte auf die Klingel. Es läutete. Banges Harren. Dann hörte sie eine Männerstimme: «Wer ist da?» – «Ich bin es. Alice. Ich war doch früher bei euch.» Jetzt folgte eine unheimliche lange Stille, bange Minuten des Wartens. Dann das Rasseln eines Schlüsselbundes, und die Tür stand offen. Sie erkannte den gealterten Mann. Noch immer dieselben gütigen Augen. Nun sprudelte es aus dem Mädchen heraus, es erzählte, redete und redete, und er hörte einfach zu. «Komm herauf», sagte er mit mitleidigem Blick, «aber musst wissen, die Frau ist bei Verwandten im Welschland.» Die vertraute Treppe hoch, durch die Tür hinein, immer noch alles, wie es war, bloss viel kleiner, als die Erinnerung es gespeichert hatte. Sie durfte sich eine Schnitte nehmen, Milch trinken, und der Mann, der ihr liebster Pflegevater war, sagte: «Kannst im Bett in deinem Kämmerlein schlafen. Morgen können wir weiterreden.» Als wäre sie heimgekommen, so fühlte es sich an, auch wenn der Wasserhahn nicht mehr tropfte und die Tür ihres Kämmerleins nun über Nacht zu war, schlief Alice viele Stunden hintereinander tief und traumlos.

Fahrt der Angst nach Zürich

«Du kannst nicht bleiben», sagte der Mann am andern Morgen. «Ich möchte nach Zürich», erklärte Alice. Zum Vater, den sie zwar noch nie gesehen habe, aber sie kenne seine Adresse. Wolle nach Zürich, weil sie Angst habe vor der Basler Polizei, die sie bestimmt schon suche. Sie bat Herr Stucki, die Fensterläden zu schliessen, damit niemand sie erkenne. Dann flehte sie ihn an, ihr die Zöpfe abzuschneiden und einen Rock seiner Frau zu geben. Sie würde den etwas kürzen. Es könne ein alter sein, den sie nicht mehr anziehe. «Meine Frau kommt am Sonntag zurück. Wenn ich sie am Bahnhof abhole, kannst du gleich mitkommen, dann führe ich dich zu deinem Zug nach Zürich.»

Alice erlebte noch einmal ihr Daheim von damals, und nur zu schnell verstrichen die Tage, wurde es Sonntag, wo der Pflegevater der frühen Kinderzeit sie zum Bahnhof brachte, ein Billett nach Zürich löste – Zürich einfach –, sie zum Bahnsteig begleitete, ihr zwei Franken in die Hand drückte und sagte: «Steig jetzt ein.» Lange, lange stand sie am Fenster, winkte, bis der Pflegevater für immer verschwunden war.

Dem Kondukteur wich sie in den Zugkorridor aus. Voller Unruhe tigerte sie hin und her, ging wieder zurück in den Wagen, traute sich nicht, lange an einem Platz sitzen zu bleiben, man könnte sie ja suchen, erkennen, und der Polizei übergeben. Und dann wäre ihr ein Billett zurück ins Heim sicher.

Endlich endete diese Fahrt der Angst. Es war ein wunderschöner Sommertag, als Alice in Zürich den Zug verliess, die Bahnhofstrasse hinunterspazierte, bis zum See, das musste der Zürichsee sein. Alice war begeistert vom Blick in die Weite zu den Bergen. Aber jetzt, das wusste sie, musste sie sich auf den Weg machen und den Vater finden.

«Wohin geht der Weg ins Albisgüetli?», fragte sie zwei Frauen, die miteinander unterwegs waren. «Ich möchte zum Utohof Nummer 35.» – «Mit dem Tram Nummer 13», antworteten die Gefragten und sahen sie fragend an. Was wollte das komische Mädchen mit den kurz geschnittenen Haaren und dem Baselbieter Dialekt? Alice merkte, dass sie schneller sprechen musste, um nicht aufzufallen. Sie fand die Tramlinie Nummer 13, stieg ein und löste mit dem Zweifränkler von Herrn Stucki ein Billett. «Nein, Fräulein», sagte der Kondukteur, der beim hinteren Trameingang seitlich auf seinem Thron sass, Billette verkaufte und Löcher hineinknipste, «das ist die falsche Richtung. Dieses Tram fährt nach Höngg.» Hatte er eben Fräulein zu ihr gesagt? Galt sie jetzt als erwachsen? Sah man ihr an, dass sie kürzlich sechzehnjährig geworden war? Alice stieg bei der nächsten Haltestelle aus, überquerte die Geleise, wartete auf das nächste Tram, stieg erneut ein. Erklärte dem Schaffner das Versehen. «Das Billett ist noch gültig», sagte der freundlich und knipste ein zweites Löchlein. Sie setzte sich, schaute zum Fenster hinaus, liess sich tragen bis zur Endstation.

Beim Albisgüetli stieg sie aus und machte sich zu Fuss zum Utohof, wo sie die städtische Siedlung mit den kleinen Einfamilienhäusern fand, die durch schmale Wege untereinander verbunden waren. Niedere Mäuerchen grenzten die Gärtchen voneinander ab. Alice blickte sich um, prüfte die Hausnummern, fand die Nummer 35.

Zwei Stufen hinauf, und sie stand vor der Haustür, atmete tief ein, nahm allen noch übrig gebliebenen Mut zusammen und läutete. Sie hörte, wie ein Schlüssel im Schloss umgedreht wurde. Vor ihr stand eine Frau. «Ich möchte fragen, ob hier mein Vater wohnt.» Verdutzt blickte diese das junge Fräulein an. Sagte dann: «Komm halt herein, wir sind am Mittagessen, der Vater wird gleich heimkommen.» An den Tisch war ein Kinderstühlchen geschoben. Darin sass ein kleiner Bub, sie schätzte ihn zwischen drei und vier Jahren. «Das ist Arthur.» Das Kind schaute seine Halbschwester an, die ihm fremd war. «Willst etwas essen?», fragte die Frau, holte einen Teller, Gabel und Messer und ermutigte sie, sich zu schöpfen. «Dein Vater arbeitet bei der Firma Hürlimann. Er ist dort als Maler angestellt», erklärte sie, als müsse ein Gesprächsthema beider Verlegenheit überdecken.

Wenig später kam der Vater. Verdutzt blickte er den ungebetenen Gast an, und Alice schaute gespannt in sein Gesicht, versuchte darin zu lesen, wer dieser ihr Vater sei, und suchte Antworten auf Fragen, die ihr im Kopf herumschwirrten. Scheu erzählte sie, woher sie komme, und dass sie nicht zurückwolle. Dableiben möchte. Helfen würde. Arbeiten könne. Kochen, nähen, waschen, putzen, alles was nötig sei, wenn sie bloss nicht zurück nach Basel müsse.

Die Gesichter des Vaters und seiner Frau verrieten wenig Begeisterung. «Ein paar Tage kannst du bleiben. Dann müssen wir mit dem Jugendamt schauen. Bist ja noch vier Jahre lang nicht volljährig. Siehst doch auch, dass wir zu wenig Platz haben für noch jemanden. Musst bei Paul im Zimmer schlafen. Da müssen wir morgen aber zuerst die Möbel umstellen. Der Paul ist noch am Arbeiten, ist in der Lehre. Ob der sich freut? Na ja, die erste Nacht schläfst du halt bei uns im Zimmer.» Der Diwan in der schönen Stube reue sie, das sagte die Frau geradeheraus.

Als Paul heimkam, öffnete sich in Alices Herz eine Tür. Ihr Bruder, ihr richtiger Bruder, den sie vor wenigen Jahren bei der Mutter im Spital kennen lernte, damals ein Bub, war ein Jüngling von siebzehn Jahren geworden. Ihm war es egal, dass er sein Zimmer mit der Schwester teilen musste, er freute sich, dass sie gekommen war.

Die erste Nacht würde Alice nie vergessen. Auf der einen Seite lag der Vater, auf der andern Seite die ihr bis zum heutigen Tag fremde Frau, die darauf bestand, dass Alice sich in die Mitte zwischen sie und ihren Mann legte. Alice war wind und weh, als der Vater wie zufällig an ihr herumtatschte. Sie lag starr und stellte sich schlafend.

Anderntags wurde das Bettchen des kleinen Arthur aus Pauls Zimmer heraus ins Elternschlafzimmer geschoben und Alice im Zimmer des Bruders einquartiert. Am selben Tag noch meldete diese Frau, ihre Stiefmutter, Alice beim Jugendamt an.

Nach wenigen Tagen erfuhr das Mädchen, dass das Jugendamt von nun an für es verantwortlich sei.

Fräulein Hohermuth, die Fürsorgerin, hielt gegenüber dem Ehepaar Walliser fest, dass Alice vorübergehend bei ihnen bleiben müsse. Das freundliche Fräulein, das sich in den kommenden Jahren um Alice kümmern wird, holte sie ab, ging mit ihr ins Warenhaus bei der Sihl, wo sie das Mädchen neu einkleidete. Alice, die mit einer Polizeistrafe gerechnet hatte, bekam jetzt Wäsche und Kleider, wie sie es nie besessen hatte, durfte diese sogar selber aussuchen, ein ganz feiner Stoff, und sie konnte die Freude darüber fast nicht bewältigen. Jetzt hatte sie wieder ein Bündeli, ja sogar erstmals ein Bündel mit Sachen, die sie ausgewählt hatte und die ihr allein gehörten.

«Wir haben eine Stelle für dich, Alice», sagte Fräulein Hohermuth, «da kannst du etwas verdienen.»

War das schon wieder ein neuer Ernst des Lebens? Das Jugendamt hatte für Alice eine Arbeit im nahen Spezereiladen Simon an der Ackerstrasse 1 gefunden.

Hier half sie beim Verkauf, füllte Gestelle auf, reinigte den Korpus und die Fleischmaschine, mit der Schinken und Salami geschnitten wurde. Und es gefiel ihr. Vielleicht könnte ich ja Verkäuferin lernen, dachte sie.

Der Herbst hatte die Blätter bereits gründlich gefärbt, der Wind schon fast alle von den Bäumen gefegt, als Fräulein Hohermuth das Mädchen erneut auf das Amt bestellte. «Du könntest dich im Balgrist-Spital untersuchen lassen. Vielleicht kann man da deinen Ellbogen operieren. Bist du einverstanden?» Alice staunte. Dass sie nach ihrer Meinung gefragt wurde, mitreden sollte, war neu. «Ja gern, Fräulein Hohermuth!» Wäre der Arm weniger behindert, könnte ihr heimlicher Traum, ein Instrument zu lernen, vielleicht wahr werden. So überlegte sie nicht lang und wiederholte: «Ja, Fräulein Hohermuth, ich bin einverstanden.»

Orthopädische Anstalt
und Poliklinik Balgrist
Zürich 8 — *Zürich, den 29. Oktober 1929*

Tit. Wohlfahrtsamt der Stadt Zürich
Jugendamt III.

Soviel sich aus einer einmaligen Untersuchung der uns von Ihnen zugewiesenen Tochter ***Walliser Alice*** *v. Reigoldswil ergeben hat, lässt sich die Frage nach einer Vermehrung der Streckfähigkeit dahin beantworten, dass das Streckhindernis durch einen unverhältnismässig langen Knochensporn am sogenannten Olecranon bedingt ist. Der Zustand berechtigt zur Auffassung, dass durch eine plastische Entfernung dieses Sporns die Streckfähigkeit wenn auch nicht vollständig wiedererlangt, so doch praktisch in wertvoller Weise gebessert werden könnte. Die voraussichtlich notwendige Behandlungsdauer beträgt ca. 2 Monate.*

Mit vorzüglicher Hochachtung
Dr. Wherb

Alice hatte gehört, dass in der Anstalt Balgrist Kinder behandelt würden, die an Kinderlähmung erkrankt oder sonstwie behindert waren, und Fräulein Hohermuth sagte ihr, das Spital geniesse einen guten Ruf.

Angst vor der Operation spürte sie keine, viel eher Dankbarkeit. So käme sie ja auch weg vom Haus am Utohof, in dem sie nur störte. Zurück zum Vater und der Stiefmutter wollte sie danach nicht mehr, das hatte sie beschlossen. Zu gut wusste sie, dass sie eine unwillkommene Last war.

«Paul und Alice sind erblich belastet!», behauptete der Vater auf dem Jugendamt. Immer wieder kam der Vater aufs Amt und beteuerte vor allem bei Alice, sie sei geistig nicht normal, genau wie die Mutter, und er wolle jetzt, dass sie in der Psychiatrischen *Klinik Burghölzli* untersucht werde.

Was der Mutter fehlte, konnte Fräulein Hohermuth trotz Nachforschungen beim Basellandschaftlichen Armenerziehungsverein, beim Pfarrer, der Alice konfirmiert hatte, und bei der letzten Arbeitgeberin in Liestal nicht in Erfahrung bringen. Dass sie halbseitig gelähmt sei, erfuhr sie. Aber geisteskrank? War es möglich, dass die Mutter durch einen Unfall oder eine Krankheit zum Teil die Sprache verloren hatte? Deshalb falsch eingeschätzt wurde?

Dass die Kinder Paul und Alice eine Erbanlage bezüglich einer Geisteskrankheit hätten, wollte sie jedoch nicht glauben. Die beiden kamen ja öfter aufs Amt. Alice kam ihr manchmal etwas trotzig und verschlossen vor. Paul dafür umso redseliger. Aber geisteskrank? Nein, da konnte sie nichts erkennen. Eine solche Untersuchung fand sie unnötig.

Noch wohnte Alice wie auch Paul beim Vater und der Stiefmutter. Doch das Zusammenleben gestaltete sich immer schwieriger. Kein Essen, an dem der Vater nicht zu Paul und Alice sagte: «Einmal schöpfen genügt!» Kein Abend, an dem die beiden nicht hungrig zu Bett gingen. Die fünfzig Franken, die Alice mit der Arbeit im Spezereiladen verdiente, musste sie dem Vater abgeben. Dabei hätte sie so gern ein wenig Taschengeld gehabt, sich einmal etwas gönnen wollen. Eine Schokolade. Oder ein Biscuit. Ein paar wollene Strümpfe. So begann sie, täglich ein paar Rabattmarken aus der Kasse zu nehmen und in ein Büchlein zu kleben. Als es voll war, wollte sie es einlösen. Doch die Meistersleute merkten den Schwindel und kündigten ihr fristlos. «Auf eine Anzeige wollen wir verzichten», sagte die Chefin gnädig, «wir anerkennen, dass du ein wenig in Not bist. Aber du verstehst sicher, dass wir keine Diebin in unserem Laden wollen.» Was Alice nicht wusste: Gegenüber der Fürsorgerin hatten sie ihre Bedenken geäussert, ob das Mädchen nicht zu lange ausfalle, wenn es operiert werden sollte, und ob es nach der Operation überhaupt noch in ihrem Laden arbeiten könnte.

Bedrückt sass sie jetzt auf der Amtsstelle Fräulein Hohermuth gegenüber und entschuldigte sich. «Ich werde so etwas nie mehr tun!», versicherte sie. «Das ist gut so, Alice, ich kann dir nur helfen, wenn du ehrlich deinen Weg gehst. Was wir weiter mit dir anfangen, weiss ich noch nicht.» – «Vielleicht etwas mit Musik?», schlug Alice verlegen vor. Die Hoffnung, einmal ein Instrument spielen zu können, beschäftigte sie immer wieder. «Zuvor soll ja nun dein Arm operiert werden», antwortete das Fräulein. Dankbar, dass sie ihr nicht böse war, schüttelte Alice der Fürsorgerin die Hand und machte sich auf den Weg zurück ins Vater-Stiefmutter-Haus.

Für den Start ins neue Jahr hatte Alice jetzt eine Perspektive, wusste, dass sie im Januar ins Balgristspital eintreten würde, und so liess sie Weihnachten und die Jahreswende ruhig auf sich zukommen. In der Zeit des Wartens half sie der Stiefmutter im Haushalt und hütete den kleinen Arthur.

Eine lange Zeit im Spital

Mit gemischten Gefühlen, begleitet von der Fürsorgerin, trat Alice am Donnerstag, den 9. Januar 1930, als Patientin in die Anstalt Balgrist ein. Von aussen mahnten die zwei aneinander gebauten Häuser nicht an ein Spital. Eingetreten aber fand sie sich in einem dunklen Treppenhaus wieder, in schwach beleuchteten Korridoren, wo sie von einer Krankenschwester empfangen wurde.

«Ich bin Schwester Emilie», sagte die Frau mit der weissen Haube und dem dunkelblauen, weiss getüpfelten Rock. Mit ihren sechzehn Jahren wurde Alice nicht im Kinderzimmer untergebracht, sondern in einem Frauenzimmer mit sechs Betten. Hier war sie die Jüngste, was ihr bereits bei der Begrüssung mütterliche Zuwendung der Mitpatientinnen einbrachte. Dass es ein feines Nachtessen gab, Rösti und Aufschnitt, ja dass sie hier im Spital besseres Essen bekam als an den meisten Pflegeplätzen und mehr als im Vater-Stiefmutter-Haus, erstaunte Alice. Jetzt sass sie im Zimmer am Tisch, der vorne beim Fenster stand, und blickte zum Fenster hinaus zum Üetliberg, erahnte den See zu dessen linker Seite. Ihr Blick schweifte umher, hinüber zum Kinderheim für behinderte Kinder, dem *Mathilde-Escher-Heim,* das nah genug war, dass sie die behinderten Kinder humpelnd an ihren Achselkrücken und in Rollstühlen mit grossen Vorderrädern sehen und hören konnte. Die Kinder lachten, spielten und lärmten wie Gesunde. Das war für Alice wie eine Offenbarung.

Dass es Paul und Alice in ihrem Zuhause nicht gut ging, bemerkten auch andere. Nachbarn zum Beispiel, die ihre Beobachtungen auf dem Jugendamt aktenkundig machten. So notierte Fräulein Hohermuth am 16. Januar 1930 in ihren Akten:

Betr.: Paul Walliser.

Kondukteur S.B.B. Ammann spricht mich in der Bahn an und macht mich auf die unerquicklichen Verhältnisse in der Familie Walliser aufmerksam. Auf alle Fälle habe die Familie keine Unterstützung nötig, indem sich der Mann in der Bierbrauerei Hürlimann eines guten Verdienstes erfreue. Dieser gebärde sich zuweilen ganz verrückt, so habe er die Frau einmal nachts 12 Uhr aus dem Hause gejagt und sie in den Wald geschickt. Als er dann Gewissensbisse bekam, schickte er Paul, der seine Mutter suchen sollte. Solche Vorkommnisse seien nicht selten. Auch hätten die Leute schon spät in der Nacht bei ihnen Zuflucht gesucht. Herr Ammann ersucht, dass man seinen Namen nicht nenne, damit er der Frau im Notfall beistehen könne. Herr Ammann bittet, man möchte sich der Frau und der Kinder in vermehrtem Masse annehmen.

Im Balgristspital sass Alice oft und gern am Tisch und blickte in die Weite. Rechts vom Kinderheim sah sie die Strasse, die hinabführte zu einem grossen Gebäude. «Das ist das Burghölzli!», erklärten ihr die Frauen. «Dort kommen Leute hin, die mit dem ‹gelben Wägeli› abgeholt werden müssen. Du musst wissen, Alice: Das sind solche, die spinnen.» Darunter konnte sie sich nichts Genaues vorstellen.

Einzelne Frauen assen im Bett. Wer aufstehen konnte, sass am Tisch und blickte mit ihr zusammen zum Fenster hinaus. Die Frauen waren so lieb zu ihr, dass es fast wehtat. Auch die Zuwendung von Schwester Emilie sog sie auf wie ein trockener Schwamm. Bereits nach wenigen Tagen war Alice vertraut mit dem Gebäude, dem grossen Zimmer, den dunklen Gängen. Der Tag der Operation kam, und die Krankenschwester bereitete Alice für den Eingriff vor: Am Vorabend war der Arm desinfiziert und mit sterilen Verbänden versehen worden. Die Nacht hatte sie in ängstlicher Erwartung verbracht, darum wenig und unruhig geschlafen. Beizeiten am Morgen hiess sie eine Krankenschwester, sich auf einen Bananenwagen zu legen, wie man hier die rollende Bahre nannte, und so wurde sie in den Vorraum des Operationssaales geschoben. Eine Maske über dem Gesicht sollte sie zum Schlafen bringen. Der Arzt ermutigte sie, zu zählen. «Eins, zwei, drei, vier …» Dann schlief sie tief und erwachte erst wieder auf der Station.

Nun war der Arm dick eingebunden. Sie spürte Schmerzen. Doch die waren nichts im Vergleich zur seelischen Pein, die sie in ihrem jungen Leben schon ertragen hatte. Schwieriger wurde es, als man ihr wenige Tage nach der Operation den ganzen Oberkörper und den linken Arm bis zur Hand eingipste, beim Ellbogen und dem Handgelenk Schrauben anbrachte und jeden Finger einzeln an einem darüberliegenden Bogen aufhängte. «Quengelgips!», sagte der Arzt, «damit du den Arm besser strecken kannst. Der Dauerzug wirkt der drängenden Kraft der Fehlstellung entgegen.» Da begann die eigentliche Qual doch noch. Die Schrauben wurden täglich mittels eines Holzstäbchens in der Mitte der Schnur, die sie verband, angezogen. Jeden Tag ein bisschen mehr. Alice erinnerte das Gestell und die Prozedur an das Straffen der Handsäge, wie es der Pflegevater machte, um das Holz besser zersägen zu können. Mit jedem Mal, bei dem der Arzt anzog, erhöhte sich der Schmerz und nahm ein Mass an, das unerträglich wurde, sodass Alice nachts wachlag. Ach, dachte sie, lieber ein krummer Arm als solche Schmerzen! Gewohnt, die Dinge selber zu regeln, nahm sie eines Nachts das Holzstäbchen weg. Sofort liess der Druck nach, sie atmete durch und schlief wieder einmal richtig gut. Der Arzt anderntags zeigte Verständnis und liess das Anziehen der Schnur weg. Ab nun konnte Alice den Aufenthalt im Balgrist, der Wochen dauern würde, geniessen.

Trotz des Gipses half sie den Krankenschwestern Bettschüsseln hinaustragen, unterstützte die kranken Frauen, die im Bett liegen mussten, hob auf, wenn etwas auf den Boden fiel, brachte in die Nähe, was die Frauen benötigten, und sagte: «Ich möchte Krankenschwester werden.» – «Das wird nicht gehen», antwortete Schwester Emilie und erklärte ihr, dass die Krankenschwestern, meist Diakonissen, neben der Krankenpflege auch andere Tätigkeiten verrichten. «Schau, Alice», meinte sie liebevoll, «dein Arm wird besser sein als zuvor, aber eine Behinderung wird bleiben. Du siehst ja: Wir müssen auch die Zimmer in Ordnung bringen, den Boden blochen, für die Frauen Besorgungen machen, feines Garn besorgen, damit sie im Bett liegend schöne Arbeiten anfertigen können. Aber es wird gewiss eine Arbeit geben, die du tun kannst.» Alice nahm diese Worte, die liebevolle Erklärung von Schwester Emilie, als Zuwendung. Sie war es nicht gewohnt, dass man mit ihr so freundlich sprach. So unterstützte sie weiterhin alle, denen sie helfen konnte, staunte über die Kunststerne, die ihre Zimmergenossinnen anfertigten. Und gegen die Langeweile schrieb sie Briefe. Vor allem an ihre Fürsorgerin:

Sehr geehrtes Fräulein Hohermuth

bin jetzt fünf Tage im Bett und bin um neun Uhr operiert worden. Ich kann mich gut in diese Lage schicken. Ich habe es schöner als zu Hause. Ich danke Ihnen vielmal für Ihre Freundlichkeit. Entschuldigen Sie mich für meine flüchtige Schreibtätigkeit. Ich habe eine gute Freundin. Jetzt bitte ich Sie herzlich, dass Sie mich besuchen werden, da ich eine grosse Bitte an Sie habe.

Indessen grüsst herzlich Alice Walliser
Anstalt Balgrist, Zimmer 29

Aber ach, ein erneutes Schicksal schlug zu: Eines Morgens erwachte sie mit unerträglichem Halsweh. Bald stand fest, dass sie an einer schweren Diphterie erkrankt war.

Aus die Zeit mit den lieben Frauen im Zimmer 29.

Alice wurde auf die Absonderungsabteilung verlegt. Hier war sie allein in einem Zimmer. Geduldig ertrug sie Schmerzen und Isolierung. Hatte sie auf der andern Abteilung immer wieder gehofft, es möge sie jemand besuchen, die Stiefmutter, Paul oder sonst wer, es käme einmal jemand zu ihr, *sie* wäre gemeint, so wusste sie, dass hier auf der Absonderungsabteilung, wo sie die nächsten Wochen verbringen würde, kein Besuch kommen durfte. Keine Erwartung zu haben, verhinderte Enttäuschung. Ihr einziger Kontakt war der zu den mit Schürzen und Handschuhen geschützten Krankenschwestern und Ärzten. Und manchmal schaute Schwester Emilie kurz herein. Zeigte ihr auf diese Weise, dass man sie auf ihrer Abteilung nicht vergessen hatte und auf ihre Rückkehr wartete.

Einmal brachte sie ein kleines Paket von der Fürsorgerin. Postwendend bedankte sich Alice mit einem Brief.

Zürich, den 20. März 1930

Sehr geehrtes Fräulein!

Ich habe heute den Brief mit dem schönen Büchlein mit Freuden erhalten. (...) Ich bin seit dem neunten in der Absonderung im Zimmer 50. Ich bin dem Halsweh unterworfen, und es hat sich gezeigt, dass es Diphterie sei. Es ist fast unbegreiflich, aber wahr. Ich bin auf dem Wege der Besserung. Ich werde vielleicht erst an Ostern entlassen, denn mein Arm ist eben noch nicht ganz grad. Ich fühle mich ordentlich wohl und ich glaube, wenn ich aufstehen dürfte, wäre ich ganz gesund. Schwester Emilie lässt Sie grüssen.

Entschuldigen Sie, dass ich die paar Worte mit einer Kohlenschrift auf das Papier gesetzt habe, denn mein Bleistift ist eben nicht gut gespitzt. Ich danke Ihnen vielmal für Ihre Mühe, die Sie mit mir haben.

Herzliche Grüsse von Alice Walliser

Endlich, der Frühling stand bereits in voller Blüte, durfte Alice zurück auf die Abteilung zu Schwester Emilie, und sogar wieder ins Zimmer 29. Einige der Frauen kannte sie noch, und es war fast ein vertrautes Heimkommen. Sie konnte mit dem eingegipsten Arm aufstehen, umhergehen und helfen, wo immer jemand etwas von ihr wollte. Bloss: Wenn die Frauen im Mehrbettenzimmer Besuch hatten, heftete sie erneut gebannt den Blick zur Tür, hoffte, einmal würde diese ihretwegen aufgehen. Vielleicht komme sogar der Vater. Oder eben die Stiefmutter mit dem Halbbrüderchen. Oder Paul mit dem kleinen Arthur. Vielleicht sogar jemand von den Pflegefamilien aus dem Baselbiet. Aber die wussten ja gar nichts von ihrem Spitalaufenthalt. Wussten überhaupt nichts mehr von ihr. Niemand kam. Einzig Fräulein Hohermuth. Sie war innerhalb des halben Jahres, das Alice im Spital verbrachte, die einzige Besucherin.

Immer wieder klagten die Frauen vom Krankenzimmer der Schwester besorgt, Alice sei des Nachts unruhig. «Sie schreit und weint.»

«Hast du Angstträume?», fragte Schwester Emilie. Aber sie wusste nichts davon. «Sollst im Burghölzli untersucht werden», fuhr die Schwester fort. «Im grossen Haus da unten?», fragte Alice erschrocken. «Musst keine Angst haben. Wird schon nichts Schlimmes passieren mit dir!», beruhigte die Krankenschwester. Alice fürchtete, es sei des nächtlichen Schreiens wegen, von dem die Frauen erzählten, von dem sie selber nichts merkte. Sie wusste nicht, dass das Jugendamt sie auf Drängen des Vaters angemeldet hatte. Holte man sie jetzt, wie die

Frauen es von Kranken erzählten, mit dem gelben Wägelchen ab? Alice hatte schon Schreie von dort unten gehört. «Aber ich darf doch heute wieder zurückkommen? Muss ich sicher nicht bleiben?», fragte sie angstvoll. «Nein, Alice, der Doktor will nur einfach mit dir reden, will gewiss sein, dass alles gut ist. Für mich gehörst du nicht dorthin. Hab keine Angst.»

Nun geht Alice neben Schwester Emilie her die Strasse hinunter zum grossen Gebäude, davor ein paar Stufen hinauf, zur Tür hinein und nochmals eine Treppe hoch. Die hier noch dunkleren Gänge als im Balgrist ängstigen das Mädchen. Aber die Schwester ermuntert: «Musst nicht Angst haben. Sie machen nur ein paar Tests mit dir.»

Schwester Emilie und Alice wurden in ein Zimmer geführt, wo ein Arzt im weissen Kittel sich als Doktor Braun vorstellte und ihnen die Hand zum Gruss reichte. Er wies Schwester Emilie einen Stuhl zu und wandte sich an Alice: «Du kannst dich zu mir an den Tisch setzen. Ich zeige dir Bilder und du erzählst mir, was du siehst.» Der Doktor blickte freundlich, nahm Tabellen zur Hand und zeigte sie dem Mädchen. Die Bilder sahen aus wie verdoppelte Farbkleckse, ähnlich Flecken, die man im Spiegelbild betrachtet, oder wie sie entstehen, wenn ein mit Wasserfarbe bemaltes Papier gefaltet wird. Ich werde nur Schönes sagen, dachte Alice. Und wie sie es im Leben auch sonst machte, versuchte sie, das Gute, das Schöne zu sehen, damit der Arzt auf keinen Fall auf die Idee kommen könnte, mit ihr stimme etwas nicht.

Wenig später ging sie erleichtert mit Schwester Emilie die Strasse hinauf zurück ins Spital, in dem sie in wenigen Monaten so viel Liebe erhalten hatte wie nie zuvor in ihrem Leben.

An das Wohlfahrtsamt der Stadt Zürich
Jugendamt III, Büro 1
Zürich

Mit Schreiben vom 4. Februar 1930 ersuchten Sie uns den geistigen Zustand der

Walliser Alice,

geb. 13. VI. 1913, von Reigoldswil (Baselland) zu untersuchen und Ihnen ein Gutachten darüber abzugeben.

Eigene Beobachtung.

Körperlich handelt es sich um ein kleines, aber sehr kräftig entwickeltes Mädchen. Die Gesichtsfarbe ist blass. (…) Über dem rechten Handrücken, unmittelbar vor dem Handgelenk, alte querlaufende Operationsnarbe. (…)

Die Untersuchung der intellektuellen Anlagen ergibt keine Störung im Sinne einer minderwertigen Entwicklung. Es ist geistig regsam. Unterschiedsfragen von Begriffen löst es ganz gut und man sieht auch, dass es eine grosse Menge von Vorstellungen hat. (…)

Über ihre Angehörigen sagt sie: dass ihre rechte Mutter in Liestal halbseitig gelähmt im Spital liege, krank sei sie seit ihrer Geburt. Ihr rechter Bruder sei ein Jahr älter als Alice selbst, mache in Altingen eine Schneiderlehre durch. Zu ihrem Vater möchte sie nicht zurückkehren, weil im elterlichen Hause viel Streit herrsche, und er die Mutter schlage. (…)

Zu den Delikten sagt sie Folgendes: Einer Mitschülerin in der Sekundarschule habe sie 5 Fr. genommen, weil sie bei den Pflegeeltern zu wenig zu essen bekommen habe. Die Briefmarken, die sie in einem Geschäft in Zürich entwendete, wollte sie verkaufen, um sich daraus Wolle für Strümpfe anzuschaffen. Diese Delikte gibt sie nicht etwa in gleichgültiger Art und Weise zu, sondern ist sichtlich erschrocken, als davon gesprochen wurde und kommt dabei ins Weinen hinein. Sie macht dabei einen hilflosen Eindruck. Sie erzählt dann auch, dass sie von jeher Angst gehabt habe, schon als Kind, weil sie vom Pflegevater H. jeweils mit dem Riemen Schläge bekommen habe. (...)

Dass Alice an zahlreichen Hemmungen und Angstzuständen leidet, geht besonders deutlich aus dem Assoziationsversuch hervor, wo sie über viele für sie komplexbetonte Worte kaum hinwegkommt. (...)

Die sie begleitende Schwester, Emilie Meier vom Balgrist, sagte uns über Alice, dass sie im Ganzen beliebt gewesen sei, sie habe mitgeholfen, sei willig bei der Arbeit.

Alice selbst war gern im Balgrist. Jetzt wünscht sie, an eine Stelle als Kindermädchen oder als Schneiderin zu kommen.

Gutachten

Alice Walliser, geb. am 13. Juni 1913 hat in den Jahren ihrer Kindheitsentwicklung eine unglückliche Zeit durchgemacht. Die Mutter erkrankte bei der Geburt ihrer Tochter an einer halbseitigen Lähmung, ist seither bettlägerig, und als wir Alice fragten, worüber sie am meisten traurig sei, so sagte sie spontan, dass ihre Mutter krank in Liestal liegen müsse. Das Kind wurde deshalb an vielen Pflegeorten untergebracht. (...) In den Jahren vom 9. bis 14. Altersjahr entwickelten sich dann die Angstzustände, mit nächtlichem Aufstehen, Sprechen, unter denen Alice jetzt noch z.T. leidet. Zu jener Zeit machte sie auch die ersten erzieherischen Schwierigkeiten. Heute erweckt es den Eindruck, dass ihr Nachtwandeln auf Angst- und Trotzreaktionen zurückzuführen ist. Diese wiederum haben ihre Ursache sehr wahrscheinlich zum Teil in der strengen Behandlung des Kindes, zum Teil darin, dass es in seiner seelischen Entwicklung von den Pfle-

gefamilien wenig Verständnis fand. Als intelligentes, geistig lebhaftes Kind bedurfte es ganz besonderer Aufmerksamkeit; dass es in vielen Dingen mit seinem Gefühlsleben nicht fertig wurde, beweisen uns die zahlreichen Hemmungen, die es hat. Seine Diebstähle und Lügereien führen wir auf eine Verwahrlosung des Mädchens zurück. (…) Heute haben wir jedenfalls keine Anhaltspunkte dafür, dass bei Alice tiefere geistige Störungen vorliegen. Für sie ist es notwendig, dass sie in ein Milieu gebracht wird, wo man ihr mit Liebe und trotzdem fester Autorität entgegenkommt. (…) Zu schweren Arbeiten kann sie nicht herangezogen werden, sie ist auch nicht fähig, wegen der Steifheit ihres Armes, allein einen Haushalt als Dienstmädchen zu führen. (…) Die Schneiderlehre, die das Mädchen machen will, sollte nach unserer Meinung möglich gemacht werden, da viele andere Berufe für sie wegen des steifen Armes nicht in Frage kommen.

Zürich, den 8. Mai 1930 *Dr. F. Braun*

Zurück zum Vater und zur Stiefmutter wollte Alice auf keinen Fall. Seit anfangs Jahr Grossmutter Walliser aus Birsfelden im Utohofhäuschen wohnte, war ihr Bett ohnehin vergeben.

Es war an einem hellen Frühlingstag, als alle, die gehen konnten oder in Rollstühlen sassen, auf die Terrasse des Spitals eilten und zum Himmel emporschauten. Über Zürich schwebte das Luftschiff *Graf Zeppelin.* Wie ein Wunder kam es Alice vor, dass das unförmige lange Ding am Himmel fliegen konnte. Die mit Erlebnissen wenig verwöhnten Kranken staunten, und Alice kommentierte: «Wie ein grosser langer Fisch im Meer!» Am Bauch des Luftschiffes erkannte sie so etwas wie ein gläsernes Haus. Hier sassen wohl die Leute, die es steuerten. Alice war erfüllt von Freude, ja, ihr Gemüt war so durcheinander, dass sie ein Blatt Papier und einen Bleistift zur Hand nahm und darauf einen Vers festhielt:

Graf Zeppelin so stolz und hehr,
erfreust uns Balgristkinder sehr.
Wir sprangen alle auf den Balkon und jubelten laut,
es lebe hoch Graf Zeppelin.

Als sie die Zeilen Schwester Emilie zeigte, gab sie ihr eine Postkarte und half, die Adresse herauszufinden, wo das Luftschiff gebaut worden war. Nun schrieb Alice den Vers mit zierlicher Schrift auf die Karte und schickte sie nach Friedrichshafen. Nach ein paar Tagen erhielt sie Post: Als Antwort bekam sie ein Foto mit dem Luftschiff Graf Zeppelins. Das erfüllte sie mit grossem Stolz.

Die Zeit im Balgrist wurde für Alice zur seelischen ‹Nachnährung›. Die Wertschätzung und Zuwendung stärkten sie, und sie konnte ihre innere Schatztruhe weiter auffüllen.

Der Monat Mai brachte blühende Forsythien und den Tag des Austritts aus dem Spital. Fräulein Hohermuth holte Alice auf der Station ab. Der Abschied von den Frauen und besonders von Schwester Emilie fiel dem Mädchen nicht leicht.

«Wohin gehen wir jetzt?», fragte Alice, als sie vom Balgrist hinüber zur Forchstrasse schritten. «Ich bringe dich an deine neue Stelle.» – «Wohin?» – «Nach Egg aufs Land.» – «Ich möchte in der Stadt bleiben», bat Alice. «In Egg wird es dir gefallen, und die Landluft wird dir gut tun.» Alice schwieg. Schickte sich ins offenbar Unvermeidliche.

Wieder zur Nonna

Fräulein Hohermuth war mit Alice auf dem Weg nach Egg zur Bauernfamilie, wo das Mädchen untergebracht werden sollte. Sie hatte den Platz für ihren Schützling sorgfältig ausgesucht. Die Bäuerin dort war auch Lehrerin und würde dem Wissensdurst und der Liebe zur Musik des Mädchens sicher Rechnung tragen. Aber ach, schon bei der ersten Begegnung erschrak Alice zutiefst. Die Frau ähnelte der Pflegemutter aus Tenniken, und auf der Wiese ums Haus herum grasten Geissen und Kühe. Erinnerungen kamen hoch, und wiewohl Alice im Kopf wusste, dass dies nicht Frau Hersberger war, hielt sie es nicht aus. Kaum hatte sich Fräulein Hohermuth verabschiedet, nutzte sie die erste Gelegenheit zur Flucht.

Ohne Geld, das wusste sie, kam sie nicht weit. Also zuerst zum Haus an den Utohof. Vielleicht hatte sie ja Glück und es war niemand daheim. Heimlich schlich sie heran. Tatsächlich schien gerade niemand im Haus zu sein. So huschte sie hinein, entwendete etwas Kleingeld aus der Küchenkasse. Für ein Billett ins Baselbiet müsste es reichen. Und noch am selben Tag suchte sie einmal mehr Zuflucht in Birsfelden.

«Oh, mia Cara», rief die Nonna, als sie die Tür öffnete und ihre Enkelin vor ihr stand. «Vieni, vieni!»

«Aber uns sind die Hände gebunden, Alice», sagte Tante Käthi und erklärte: «Jetzt ist das Jugendamt von Zürich für dich zuständig. Du musst zurück zum Fräulein Hohermuth.»

Wohin gehörte sie eigentlich? Wohin durfte sie? Wo konnte sie zu Hause sein? Die Verlorenheit war wieder da. Das Gefühl des ‹Niemandem-zugehörig-Seins›. Der Schmerz. Zusätzlich nagte das schlechte

Gewissen, denn sie wusste, dass die Fürsorgerin es gut mit ihr meinte. Und dennoch war sie einfach davongelaufen.

Bevor sie von Basel zurück nach Zürich fuhr, schrieb sie Fräulein Hohermuth einen Brief.

Den 2. Juni 1930

Sehr geehrtes Fräulein!

Ich kann es wirklich nicht sagen, wie unbesonnen ich das getan habe. Ich habe auch viele Gründe. Erstens, weil ich so weit von Zürich gewesen wäre, und meine lieben Patienten u. Schwester Emilie nicht hätte besuchen können. Es behagt mir auch nicht zu heuen u. was alles damit zusammenhängt, denn ich hatte bei Bauersleuten im Baselbiet so streng arbeiten müssen, dass ich fast alltäglich sehr spät ins Bett kam. Darum mag ich nicht mehr zu Bauersleuten. Ich habe mir ausgedacht, wenn ich in Basel wäre, könnte ich meine gute Mutter mehr besuchen. Aber weil es nicht möglich ist, möchte ich in der Stadt Zürich an Stellung zu einer Familie mit Kindern. Gelt Fräulein Hohermuth ich muss nicht in eine Anstalt. Ich will an dieser Stelle recht tun und nie mehr ausreissen, und wenn ich etwas zu klagen hätte, würde ich Ihnen berichten. Sie können darauf zählen dass ich das nie mehr tue. Ich würde Ihnen sehr dankbar sein. Wenn Sie Schwester Emilie sehen, möchten Sie so gut sein und ihr einen Gruss ausrichten. Nun wäre die Geschichte fertig.

Herzliche Grüsse sendet eure
dankschuldige Alice.

Als Fräulein Hohermuth sie am Hauptbahnhof in Zürich abholte, war Alice erleichtert, dass ihr das Fräulein nicht böse war. «Ich bringe dich jetzt ins Jugendheim an der Rötelstrasse. Da darfst du vier Wochen bleiben. Bis dann suche ich dir eine neue Stelle.»

Im Jugendheim traf Alice mit andern Mädchen zusammen. Ein kleines Stück Kinderzeit wurde ihr hier geschenkt, Kinderzeit, die sie all die Jahre so sehr entbehren musste. Statt harter Arbeit gab es Ämtchen, die Alice mit Enthusiasmus erledigte.

Bei schönem Wetter ging die Gruppe in den Wald. Die Mädchen zogen einen Leiterwagen, darin ein Kessel voll Birchermüesli und Essensgeschirr. Alice durfte mit den andern spielen und wünschte sich, die Zeit im Jugendheim möge nie zu Ende gehen. Aber sie wusste, dass sie wieder fortmusste. Mit ihren bald siebzehn Jahren war sie zu alt für diesen Ort, der nur eine Notlösung war und dessen Kosten über längere Zeit niemand übernehmen würde. Sie wusste auch, dass sie wieder arbeiten musste, dass ihr Ernst des Lebens weiterging, weil sie anders war als die übrigen Kinder und Jugendlichen hier.

Am 1. Juli nahm Alice die Arbeit als Dienstmädchen bei Familie Beier auf. Die Familie wohnte im Seefeld, in der Nähe des Bahnhofs Tiefenbrunnen. Da, wo die Hauptstrasse links nach Zollikon abzweigte, fand Alice das Einfamilienhaus, in dem das Ehepaar mit seinen zwei Buben wohnte. Beim Blick über den Gartenzaun erschrak sie: Ein Boxerhund bellte ihr entgegen. Als dieser zurückgehalten und sie von der Familie freundlich begrüsst wurde, überwand sie die Angst und folgte der Einladung, in den Vorgarten und ins Haus einzutreten. «Du bist Alice?» – «Ja», antwortete sie, scheu umherblickend. Im Erdgeschoss vor dem Haus erblickte sie eine Benzintankstelle. «Die wird von meinem Mann bedient», erklärte Frau Beier. Im Haus drin lernte sie die Buben kennen. Der Neunjährige blickte kritisch. Den Einjährigen schloss sie sofort ins Herz. Aber ach, auch hier war ihre erste Aufgabe nicht die, Kinder zu hüten, sondern in erster Linie zu putzen. Alice kam es vor, als würde überall, wo sie hinkam, geputzt, als wäre es ganz allein ihre Aufgabe, diese Welt zu reinigen und sauber zu halten, sauberer, als es ihr Ellbogen – auch nach der Operation – eigentlich erlauben würde.

Im Sommer wurden die Fensterläden ausgehängt, hinausgetragen, wo Alice sie wusch und ölte, bevor sie blitzblank wieder hinaufgetragen und eingehängt wurden.

Vom Treppenhaus führte eine Tür in ihr Zimmer. Ausgestattet war es mit den ihr gewohnten Möbelstücken: Bett, Schrank, Tisch und Stuhl. Alice lebte sich ein. Ohne Murren putzte sie, schrubbte, kochte, wusch Geschirr ab, machte die Wäsche, bügelte, kaufte ein und erledigte auch sonst alles, was ihr aufgetragen wurde.

Die Familie hatte oft Besuch. Dann durfte Alice bei schönem Wetter nachmittags mit dem kleinen Bub spazieren gehen. Dieses Vertrauen tat ihr gut. Der Hund, der sie als Familienmitglied akzeptiert zu haben schien, ging mit, aber er war es nicht gewohnt, an einer Leine zu laufen, rannte frei herum und sprang Radfahrern nach. Jedes Mal, wenn einer von ihnen schimpfte, ärgerte sich auch Alice über das ungezogene Tier. Manchmal spazierte sie mit dem Bub hinauf zum Waldrand von Zollikon. «Das ist gut», lobte Frau Beier, «es ist wichtig, dass das Kind gute Luft bekommt.»

Am Sonntag schlenderte sie gern mit dem Kleinen im Kinderwagen nach Zürich zum Bürkliplatz. Da gab es viel zu sehen. Beim Restaurant neben der Tonhalle sah sie die Eisenstäbe, welche die Gäste auf dem Trottoir vor den Spaziergängern schützten. Als Grenze dienten zusätzlich Topfpflanzen in grossen Kesseln. Alice zog es magisch hierher, hatte sie doch manchmal das Glück, zwei oder drei Musiker mit Geige, Klavier und Gesang Wienermusik spielen zu hören. Hie und da fuhr ein Auto über die Strasse. Aber sonst störte kein Lärm die Klänge aus der Tonhalle.

Alice hatte sich gut eingelebt bei Familie Beier. Dies auch zur Freude von Fräulein Hohermuth. Dass sie an dieser Stelle täglich genug zu essen bekam, war für Alice wunderbar. Auch die Freizeit wusste sie zu nutzen. Und wie erwähnt: Wenn auch nur andeutungsweise von irgendwoher ein Musikklang zu vernehmen war, zog es die junge Frau mit dem ihr anvertrauten Bübchen dorthin.

Einmal traf sie am See beim Bellevue auf eine Singgruppe. Eine Frau stand mit Kindern da, die Schweizer Lieder sangen. Sie schien die Leiterin der Kindersinggruppe zu sein und begleitete den Gesang auf einer Gitarre. Alice musste das Weinen unterdrücken, denn wer weinte schon in der Öffentlichkeit. Obwohl: Es war nicht Traurigkeit, die sie spürte, nein, es waren Freudentränen! Um die singenden Kinder bildete sich eine Menschentraube, und eine Zuhörerin fragte die Frau, woher sie kämen. «Aus Werdenberg», antwortete diese, und schon sangen die Kinder ein neues Lied.

Manchmal traf sich Alice mit ihrem Bruder Paul. Ihm ging es nicht gut zu Hause. Er litt. Alice hätte ihm so gerne geholfen. Aber sie konnte nichts anderes tun, als ihn verstehen, ein Stück mit ihm leiden. War es verwunderlich, dass sie froh war, nicht mehr beim Vater und der Stiefmutter sein zu müssen?

Ans Jugendamt gelangten immer wieder Klagen über das Verhalten des Vaters Walliser. Auch Paul sprach öfters bei Fräulein Hohermuth vor.

Zürich, den 15. Oktober 1930

Walliser Paul

Paul kommt aufs Büro und klagt seine Stiefmutter an, da diese ihn nicht verstehe und schlecht behandle. Schon im ersten Lehrjahr habe es zwischen ihm und der Stiefmutter Reibereien gegeben. Damals habe er nie geklagt, da er der Ansicht war, es werde mit der Zeit sicher wieder besser werden. (…) Schon zu Anfang dieses Jahres habe er einmal auf unserem Amte Schutz gesucht, da ihm der Vater auch immer Schwierigkeiten machte wegen dem Taschengeld, das Paul benötigte. (…)
Am Neujahrstag der Israeliten war Paul zu Hause, er reinigte sein Velo, ohne die Hemdärmel zurück zu schlagen, die Stiefmutter sah dies und machte Paul Vorwürfe, und um ihn zu strafen, machte sie ihm auf den folgenden Sonntag kein Hemd bereit, sodass er genötigt war, das alte Hemd zu tragen. Von diesem Tage an gab es konstant Reibereien, wobei der Vater die Stiefmutter konstant unterstützte und Paul verschiedentlich züchtigte. Heute sei wegen eines schmutzigen Hemdkragens ein neuer Krach entflammt. Der Vater habe ihn von zu Hause fortgeschickt; auf eine Bemerkung von Paul, er lasse sich nicht traktieren, holte der Vater hinter dem Ofen den Feuerhaken und versuchte, Paul mit diesem Eisenstück zu schlagen. Herr Walliser verfolgte den flüchtenden Sohn bis in den Garten, als er hier sah, dass er Paul nicht mehr erreichen konnte, nahm er den Veloständer zu sich und warf ihn dem Jungen nach, ohne ihn jedoch zu treffen.
Dies sei nun aber nicht das erste Mal, dass ihn der Vater auf eine solche Art und Weise zu züchtigen suche, sondern dies sei schon öfters vorgekommen, und aus diesem Grunde wolle er nun unter keinen Umständen mehr nach Hause. Bei jeder Gelegenheit halte ihm der Vater wie die Stiefmutter vor, er verdiene nichts und solle nur endlich einmal gehen. Er solle selbst für sein «Fressen» besorgt sein.

Der Erkundigungsdienst des Wohlfahrtsamtes der Stadt Zürich wurde nun eingeschaltet. Und der Beamte hielt in seinem Bericht fest:

Die Auskunft gebenden Nachbarn erklären, es sei nicht möglich, aus den bei den Eheleuten Walliser herrschenden Verhältnissen klug zu werden. Obwohl keine Woche ohne hässlichen Skandal vergehe, meist verbunden mit einer Prügelei, würden doch fast jeden andern Abend gemeinsame Kinobesuche gemacht und auch an den Sonntagen reise das Ehepaar vergnüglich aus. Paul aber habe nie mitgehen dürfen; oft sei sein Sonntagsvergnügen die Betreuung des Brüderchens Arthur gewesen, welche Aufgabe er auch untadelig besorgt habe.
Walliser gilt als ein merkwürdiger, leicht reizbarer, zur Nörgelsucht neigender, im Jähzorn brutaler, handkehrum aber wieder gemütsweicher Mensch, der offenbar im Kopfe nicht ganz normal sei. Als Maler in der Brauerei Hürlimann stehe ihm verbilligtes Bier zur Verfügung, von welcher Gelegenheit Walliser wahrscheinlich ausgiebig Gebrauch mache, denn er komme nicht selten ‹angestochen› heim. Er sei dann streitsüchtig und mache wegen der kleinsten Unebenheit Skandal. Frau Walliser, ohnehin mit einem geläufigen Mundwerk versehen, könne dann nicht schweigen und der Erfolg sei jeweilen eine solenne Prügelei. Es sei schon vorgekommen, dass die Eheleute sich gegenseitig mit Bierflaschen, Schuhen, Bürsten und andern Utensilien traktiert hätten. Letztes Jahr sei es einmal mitten in der Nacht derart «ruch» zugegangen, dass Paul die Polizei habe holen müssen. (Über den Vorfall bestehen Akten beim städt. Polizei-Inspektorat.)
Eine ganz böse Geschichte ereignete sich vor etwa einem Vierteljahr. Der Mann sei nachts spät heimgekommen und zwar in stark angetrunkenem Zustande. Natürlich habe es bald Krach gegeben, wobei die Frau dem Manne eine Ohrfeige appliziert haben soll. In der Wut habe dieser die Frau die Treppe hinunter aus dem Hause geworfen. Frau Walliser zog sich dabei eine Gehirnerschütterung, nach anderer Version einen leichten

Schädelbruch zu; sie musste nachts 3 Uhr durch den herbeigerufenen Arzt in den Kantonsspital überführt werden, wo sie erst nach drei Wochen wieder habe entlassen werden können. Bei diesem Vorfall hätten sich die guten Charaktereigenschaften Pauls deutlich gezeigt. Er habe umsichtig alle Anordnungen für die rasche ärztliche Hilfe getroffen und nach der Abtransportierung der Mutter den in der Gegend umherirrenden Vater gesucht und ihn heimgeführt. Man hätte erwarten sollen, dass jenes Ereignis ernüchternd und vorbeugend auf die Eheleute einwirken würde. Dies sei jedoch nicht der Fall, denn auch heute noch seien Streit und Tätlichkeiten an der Tagesordnung. Der häusliche Unfriede sei auch der Grund gewesen, dass die Mutter Wallisers, die ungefähr während eines halben Jahres im Haushalte lebte, wieder auszog und sich nun als alte Frau mit Waschen und Putzen kümmerlich durchschlagen müsse.

Von Paul wissen die Auskunftgeber nur Günstiges zu berichten. Obwohl ihm eigentlich kein Heim geboten war, habe er sich im Haushalt wie ein Dienstmädchen betätigt und zum Beispiel an den Samstagen die ganzen Reinigungsarbeiten besorgt. Weit und breit würde man keinen Burschen finden, der sich so in die Verhältnisse fügen und die Erniedrigungen dulden würde, die ihm besonders der Vater habe zuteil werden lassen. Aber auch seitens der Stiefmutter habe Paul manches erdulden müssen. Letzten Sommer zum Beispiel sei selten gekocht gewesen, wenn er abends 8 Uhr hungrig und müde vom Geschäfte heimgekommen war. Die Eltern seien fast jeden Abend in die Sihl baden gegangen und hätten den Burschen einfach warten lassen. Überhaupt habe man das Empfinden, man vergönne dem Jüngling alles, besonders aber das Essen. Immerhin dürfe nicht verschwiegen werden, dass Frau Walliser ihrem Manne gelegentlich Vorwürfe machte, wenn er Paul herabwürdigend behandelte oder gar tätlich traktierte. Es gehe nicht zu weit, wenn man sage, Paul habe im Elternhaus ein bedauernswertes Los gehabt; allen ist es verständlich, wenn der Junge nach dem empörenden Vorfall von Mitte Oktober nicht mehr zurückkehren wolle. (…)

Dem Fürsorgezentralregister gemeldet von der Vormundschaftsbehörde (1928), vom Jugendamt und von der Lungenfürsorge (1929, Alice).

Der Erkundigungsbeamte

Für Paul änderte sich aber nichts. Er musste bis zum Ende der Lehre ausharren.

Noch nie war Alice so lange an ein und derselben Stelle. Sie fühlte sich freier, seit sie bei dieser Familie war. Den jüngeren Bub hüten, das war ihre Freude. Sonntags mit dem Kinderwagen den Weg vom Bahnhof Stadelhofen zum Bellevue spazieren, über die Quaibrücke, wo manchmal Autos drüber fuhren, bis zum Restaurant bei der Tonhalle. Plakate hatten sie darauf aufmerksam gemacht: Der vierzehnjährige Yehudi Menuhin spielte dort. Wie gern möchte sie ihn hören. Für dieses Konzert in dieser heiligen Halle sitzen und seinem Geigenspiel zuhören. Aber das kostete.

Sie begann zu sparen, und Fräulein Hohermuth unterstützte sie dabei, eine Eintrittskarte zu ergattern.

Wie staunte sie über diesen wunderbaren Raum, die Leuchter, den Buben, der vor dem Publikum stand, als würde er nichts anderes tun, als seinem Instrument virtuos die schönsten Melodien zu entlocken. Was für eine Welt! Beglückt machte sich Alice auf den Heimweg. Und in den kommenden Tagen schnitt sie alle Fotos aus Zeitungen und Zeitschriften aus, die vom Wunderkind berichteten.

Eine Geige für Alice

Herr Beier hatte eine Geige. Alice war sie im Wandschrank aufgefallen. Einmal vertraute sie ihm an, dass es ihr grosser Wunsch wäre, ein Instrument spielen zu lernen. Da holte der Hausherr die längst zum Schweigen gebrachte Geige aus dem Kasten, stimmte die Saiten und hielt sie Alice hin. «Schau, so musst du sie halten: Legst sie leicht auf die linke Schulter. Das Handgelenk musst du locker halten, denn die Finger da müssen die Saiten drücken. Den Bogen nimmst du in die rechte Hand. Kannst, wenn du willst, versuchen, ob es geht. Ich leihe sie dir.»

Voller Freude ging Alice in ihr Zimmer und probierte, mit dem Bogen Töne zu machen. Bei der nächsten Gelegenheit erzählte sie Fräulein Hohermuth davon. «Dann will ich dafür sorgen, dass du einen Geigenlehrer bekommst», meinte diese. Und immer wieder schickte die Fürsorgerin ihr auch Konzertbilletts und die zugehörigen Programme.

Zürich, den 12. November 1930

Sehr geehrtes Fräulein!

Ich habe das Programm erhalten, wofür ich Ihnen herzlich danke. Leider konnte ich das Konzert nicht besuchen. Ich färbte nämlich am Samstag Mittag meinen Mantel, da ich keinen andern besitze, musste ich halt zu Hause bleiben. Ich habe das Programm einer Autowäscherin von der Iva geschenkt. Sie hatte eine grosse Freude daran, denn sie kann sonst auch nie ein Konzert besuchen. Das Konzert von Yehudi Menuhin in der Tonhalle

durfte ich hören. Das war etwas für meine durstige Seele. Es ist gar nicht zu sagen, wie wunderbar dieser junge Knabe spielte. Man kann eine grosse Lehre aus einem einzigen Konzert ziehen. Ich werde seine Lieder nie vergessen. Meine Stiefmutter schrieb mir, dass ich meine Kleider holen solle. Ich mag dieses alte Zeug nicht mehr holen, überhaupt gehe ich nicht mehr nach Hause, diese griesgrämigen Gesichter sind nicht für mich gewachsen. Mein Bruder Paul tut mir sehr leid, dass er immer um den geldgierigen Vater sein muss. In dieser Zeit, da ich zu Hause war, hatte er nichts Gutes, er war das reinste Dienstmädchen, jetzt vielleicht noch mehr. Zu essen bekamen wir überhaupt nicht genug, da ja jedes mit Streit gesalzen wurde. Ich wäre froh, er bekäme es auch einmal schön, wie ich es jetzt habe, ich möchte es ihm herzlich gönnen. Nicht einmal seiner eigenen Mutter darf er schreiben, es wurde auch mir verboten, als ich im Balgrist und zu Hause war.
Ich danke Ihnen nochmals für das Programm, hauptsächlich für Ihre Güte, dass ich an einem guten Ort bin. Nun will ich schliessen, der Brief könnte noch viel länger werden.

Tausendfachen Dank und herzliche Grüsse sendet
Alice Walliser

Im Dreizimmer-Einfamilienhaus beim Utohof gab es endgültig keinen Platz mehr für Alice. Nicht Grossmutter Walliser wegen. Ihr Gastspiel anfangs Jahr war kurz gewesen. Sie hatte die Streitereien der Eheleute so schlecht ertragen, dass sie bald wieder nach Birsfelden zurückgereist war. Der Platz wurde anderweitig und dauerhaft vergeben, als am 18. Dezember ein weiterer Halbbruder von Paul und Alice zur Welt kam: Arthurs Bruder Heinz. Alice überliess ihm den Platz gern. Sie störte es nicht, dass sie nicht mehr da wohnen konnte. Keinen einzigen Moment von dort vermisste sie. Und sie hatte ihr Zimmerchen ja jetzt bei Beiers.

Fräulein Hohermuth hatte für Alice einen Geigenlehrer gefunden. Jede Woche durfte sie einmal zu Herrn Kremel in die Stunde. Sie lernte schnell, wiewohl zum Üben wenig Zeit blieb. Eines Tages jedoch kam der Lehrer unabgemeldet nicht in die Stunde, und auch die folgenden Stunden kam er nicht mehr, sodass Alice keine Ahnung hatte, ob und wie es mit den Musikstunden weitergehen würde. Deshalb schrieb sie einen Brief an Fräulein Hohermuth.

Zürich, den 6. Januar 1931

Sehr geehrtes Fräulein Hohermuth!

Ich danke Ihnen vielmal für das schöne Weihnachtsgeschenk, das Sie mir geschickt haben. Ich habe eine grosse Freude daran. Ich bekam noch nie so viel, einen Mantel, ein paar Schuhe, Strümpfe, Kappe, Handschuhe, Schürze, Kralle, Haarbürste, Zahnpasta und noch viele Sachen, die ich gar nicht mehr weiss! Ich habe noch nie eine so schöne Weihnacht gehabt. Jetzt ist noch etwas passiert. Ich muss nämlich bei meinem Lehrer eine Stunde bezahlen, welche ich schon bezahlt habe; und zweitens: Spielt mir mein Lehrer nie vor. Er nimmt die Geige gar nie in die Hand. Das verleidet mir natürlich auch. Nun möchte ich mir einen Lehrer suchen, der einem vorspielt. Das Schönste wäre, wenn ich viel mehr lernen könnte. Ich komme abends manchmal sehr spät hinauf, dann bin ich auch zu müd, als dass ich zwei drei Stunden üben könnte. Wenn ich eine Heimat hätte, wo jemand mir helfen könnte, mich lernen bessern würde. Ich spüre, dass ich fortkommen kann, doch es fehlt mir die Zeit. Ich will jetzt schliessen, denn es ist schon spät. Nochmals vielen Dank. Ich wünsche Ihnen noch ein gutes neues Jahr und gute Gesundheit.

Dies wünscht Ihnen Alice Walliser

Alice wartete auf Antwort und hoffte, bald einen neuen Geigenlehrer zu bekommen. Derweil übte sie jede freie Minute, oft bis der Ellbogen schmerzte. Am 24. Januar 1931 schrieb Fräulein Hohermuth an die Direktion des Konservatoriums einen Brief:

In Erledigung unseres heutigen tel. Gespräches danken wir Ihnen nochmals für Ihr freundliches Entgegenkommen, uns Geigenstunden bei einem Ihrer Schüler zu vermitteln für unseren Schützling Alice Walliser, 17 j. Das Mädchen hatte bereits etliche Stunden, der betr. Lehrer spielte aber nie vor, was Alice nicht recht befriedigen wollte. Es wurde uns aber versichert, Alice sei ordentlich talentiert, so dass es sich schon lohnen würde, weiter zu lernen. Alice ist Hausangestellte und verdient nur sehr wenig. Sie will aber gerne Opfer bringen, wenn ihr nur die Stunden ermöglicht werden. Sollte Ihnen daher jemand bekannt sein, der sich mit einem kleinen Honorar begnügen würde, wären wir Ihnen sehr zu Dank verpflichtet. Wir sehen gerne Ihrem Bericht betr. einem entsprechenden Lehrer entgegen und danken Ihnen für Ihre Bemühungen.

Mit Hochachtung
B. Hohermuth

Die Lösung zog sich hin, und so fasste sich Alice ein Herz und wagte es, der Fürsorgerin nochmals zu schreiben:

Zürich, den 21. Juni 1931

Liebe Fräulein Hohermuth!

Da ich annehme, dass sie mich ein wenig vergessen haben, schreibe ich Ihnen einen Brief. Ich bin jetzt schon einige Wochen ohne Lehrer, was mir sehr Heimweh nach richtigem Spielen macht. Herr Kremel hat mir gar nichts gesagt, dass er fortgehe. Er spielt jetzt in Winterthur in einem Hotel. Er ist jetzt Professor. Ich erhielt einen Brief von ihm, worin er mich anfragte, was ich weiteres tun wolle. Ich erklärte ihm kurz, dass ich das Spielen nicht aufgeben wolle, dass ich aber gerne billigere Stunden oder eine Stipendie erhalten möchte, da ich ja nicht so viel verdiene. Nach einigen Tagen erhielt ich einen Brief, in welchem er mitteilte, dass er, wenn er dies alles gewusst hätte, mir die Stunden gratis gegeben hätte. Ich solle fleissig sein und werde es schon noch zu etwas bringen, da ich ja noch jung sei. Liebes Fräulein, würde es unmöglich sein, dass ich Stipendie erhalten könnte, möchte ich gerne die Stunden gleich wieder fortsetzen. Am liebsten bei einem jüngeren Lehrer, die ja mehr Energie und Takt haben als ein älterer. Unter keinen Umständen höre ich auf, und wenn ich auch ein wenig Ruhe dafür opfern muss. Ich kann die Geige einfach nicht entbehren, ich würde sonst zugrunde gehen.

Ich bin am ersten Juli ein Jahr da. Ich hoffe dass Sie mir bald berichten können. Ich wünsche Ihnen noch viel Gesundheit und Geduld bei Ihrer Arbeit. Wenn ich denn einmal sehr schön Geigenspielen kann, was ich ja erziele, bekommen Sie für die viele Arbeit, die Sie wegen mir haben, einen Lohn, den ich Ihnen jetzt nicht mitteile.

Viele Grüsse und Küsse sendet
Alice Walliser

Alice war also nicht ungern Hausangestellte bei Familie Beier. Ihre Arbeit wurde dort geschätzt. «Schön, wie du die belegten Brote machst», lobte Frau Beier, «fantasievoll und fein.» Der grössere Bub aber suchte sich beim Dienstmädchen seinen Spass. Immer wieder fand er Gelegenheiten, Alice zu ärgern. Einmal, Alice hatte soeben den Küchenboden im Parterre gereinigt, sprang er zum Fenster herein und warf den Wasserkessel um. In ihrer Wut gab sie dem Jungen eine Ohrfeige. Dieser erzählte es dem Vater. Den Grund dafür unterschlug er. So sorgte Herr Beier dafür, dass Alice ebenfalls eine Ohrfeige einstecken musste. Und obwohl sie es im Übrigen in diesem Haus besser hatte als irgendwo bisher, ersehnte sie doch den Tag, an welchem das Jugendamt sie in die Freiheit entlassen würde.

Paul war diesbezüglich nun einen Schritt weiter. Er hatte die Schneiderlehre beendet. Zwar musste auch er bis zur Volljährigkeit noch mehr als ein Jahr warten, doch der Meister gab ihm ein gutes Zeugnis mit auf den Weg, und so reiste er nach Lehrabschluss nach Auvergnier. Für Alice war sein Weggehen schmerzhaft, stand ihr der Bruder doch am nächsten.

Sie lief weiterhin überallhin, wo sie Töne und Lieder wähnte, sammelte weiterhin innere und äussere Schätze, schnitt Bilder vom Geiger Adolf Busch aus Zeitschriften, und nicht nur von ihm, nein, überhaupt von allen Musikern, die sie fand. Das war die Welt, die sie Glückseligkeit spüren liess.

Alice bekam, seit sie bei Familie Beier arbeitete, monatlich ihren Lohn. Obwohl sie die dreissig Franken einteilen musste, gelang es ihr doch, etwas auf die Seite zu legen, um sich etwas Kleines zu gönnen. Zuerst aber musste sie die Krankenkasse bezahlen. Für ihre Kleider besorgt sein. Einen Beitrag an die Geigenstunden geben. Auf ein Konzert sparen. So reichte es für eine Reise zur Mutter dann nur noch selten.

Aus dem Pfrundhaus in Liestal kam über Reigoldswil eine andere Forderung: Die Mutter bräuchte dringend dritte Zähne, deren Anschaffung zu bezahlen sich die Heimatgemeinde trotz deutlicher Worte des behandelnden Arztes Doktor Selig weigerte. So erhielt Alice von der Gemeinde Reigoldswil einen Brief: Neunzig Franken sollte die Tochter beitragen, um die dritten Zähne der Mutter zu bezahlen. Drei Monatslöhne. Jetzt setzte sich Fräulein Hohermuth für sie ein. So viel durfte man dem Mädchen nicht abverlangen. Zwanzig Franken wären genug. Damit hätte sie noch immer zwei Drittel eines ganzen Lohnes gegeben. Alice nahm diese zwanzig Franken vom Ersparten, das sie für Konzertbesuche einsetzen wollte. Es war ja für die Mutter.

Spitalpflegeamt
Baselland
Telephon Nr. 19
Postcheck-Konto V 8259

Liestal, den 11. Februar 1932

An das
Jugendamt III
der Stadt Zürich
Zürich 4
Wengistrasse 1, Postfach Aussersihl

Betrifft Walliser-Eghetz

Wir besitzen Ihr sehr geehrtes Schreiben von gestern betreffend Ihres Schützlings Alice Walliser.
Im Auftrage ihrer Mutter haben wir ihr mit Brief vom 20. Januar die missliche Angelegenheit wegen der Gebiss-Anschaffung mitgeteilt und sie angefragt, ob es ihr möglich wäre, an den Fehlbetrag von Fr. 90.– einen

Beitrag zu leisten, worauf Alice am 31. Januar antwortete und sogar das Versprechen abgab, den ganzen Betrag zu bezahlen in monatlichen Raten von Fr. 5.–.
Wir hatten natürlich sofort das Gefühl, dass das Mädchen wohl aus Liebe zur Mutter mehr versprach, als ihr wirklich möglich ist, und es war auch gar nicht unsere Absicht auf diesem Versprechen zu bestehen, sondern sind froh, die in Ihrem Schreiben von gestern angeführte Beitragsleistung von Fr. 20.– zu erhalten. Wir können nicht anders als nur die ausserordentliche Opferwilligkeit dieses Kindes zu bewundern, wieder einmal eine Ausnahme von der Regel.
Es soll natürlich vollständig Ihnen überlassen sein, den Zeitpunkt der Ratenzahlungen nach Möglichkeit zu wählen.

Zum Voraus verbindlichsten Dank.
Hochachtungsvoll
Spitalpflegeamt Baselland
Der Spitalpfleger

Seit kurzem hatte Alice einen neuen Geigenlehrer. Einmal wöchentlich ging sie für sechs Franken die Stunde zu Herrn Spotti. Der neue Geigenlehrer spielte ihr vor. «Schau, so, Alice, und die Geige hier lockerer halten, auch wenn es mit deinem linken Ellbogen schwierig ist. Die linke Hand ist zum Glück unversehrt. Bei dieser müssen sich die Finger leicht bewegen lassen. Das Halten des Bogens geht ja. Bist begabt, Alice.»

Als Herr Beier merkte, wie eifrig das Dienstmädchen übte, wie rasch es Fortschritte machte, sagte er eines Tages zu ihr: «Darfst die Geige behalten. Ich schenke sie dir.» Ab diesem Tag übte Alice auf ihrem eigenen Instrument, auf der Geige, die ihr allein gehörte.

«Wir haben für dich einen Nähkurs organisiert», sagte Fräulein Hohermuth im Sommer zu Alice, «sollst dort das Weissnähen erlernen.» Nun bekam sie jeden Montagnachmittag frei, um an die Frauenfachschule an der Kreuzstrasse 68 zu gehen. Erstmals war Alice wieder in einem Klassenverband, wo sie andere Mädchen traf. Manchmal erinnerte sie sich an die Zeit, als sie die Sekundarschule in Sissach besuchen durfte. Eine Wehmut kam auf und sie fragte sich: Hätte ich wohl Lehrerin werden können, wenn ich nicht zurückgeschickt worden wäre?

Zürich, den 6. August 1932

Liebe Fräulein Hohermuth!

Endlich komme ich dazu, Ihnen einige Zeilen zu schreiben. Im Schreiben bin ich eben nicht zu fleissig, dann geht es manchmal sehr lang.
Ich hoffe, Sie genossen auf Ihrer Reise sehr viel Schönes und Angenehmes, und hoffe auch, dass Sie gesund sind.
Mir geht es sehr gut. Meinen Nähkurs habe ich jetzt bald fertig, viel habe ich allerdings nicht gelernt, denn ich habe viermal gefehlt.
Ich will hier die Wahrheit gestehen und hoffe, dass Sie mir nicht sehr böse sind.
Das erste Mal ging ich in das Kino, wo der Film «Solang noch ein Walzer von Strauss erklingt» gespielt wurde. Das war natürlich viel schöner als in der Nähschule, wo ich noch nicht richtig Maschinennähen konnte, und zugleich war es noch zum Weinen.
Das zweite Mal war mir nicht wohl.
Das dritte Mal ging ich baden. Es war mir einfach nicht mehr wohl. Denn diese zwei Jahre, wo ich hier bin, konnte ich nur zweimal in der Badewanne baden. Sie können begreifen, dass ich die Zeit zum Baden irgendwoher nehmen musste. Dann habe ich eben gefehlt.

Viertens hatte ich keine Zeit, weil Frau Beier verabredet war.
Bei Herrn Spotti ist es sehr angenehm zu lernen. Er hat auch viel Geduld mit mir, denn ich muss umlernen, weil er eine ganz andere Schul hat.

Liebe Fräulein Hohermuth, Sie dürfen mir nicht zürnen, dass ich keine Kinderfräulein werden will. Ich habe in letzter Zeit viel über diesen Beruf erfahren, dass ich gar keine Freude mehr daran habe. Überhaupt habe ich meine ganze Schulzeit bis jetzt nichts getan als vier so kleine Kinder betreut. Ich habe einen einfachen Beruf gewählt, nämlich Zimmermädchen. Sie werden mir ihn gewiss gewähren lassen. Ich möchte in einen Haushalt, wo es wieder anders aussieht, wo mehr Pünktlichkeit und Ordnung ist, und hauptsächlich Friede. Ich habe mich immer nach einem solchen Ort gesehnt, aber immer komme ich mir verlassen und verstossen vor. Ich bin schliesslich schon älter und muss dies überwinden können.

Ich will jetzt schliessen, denn es ist beinahe Mitternacht.
Zürnen Sie mir bitte nicht.

Freundliche Grüsse sendet Ihnen
Alice Walliser
Auf Wiedersehn.

Zu Herrn Spotti ging Alice gern in den Unterricht. Aber auch hier hatte sie lange verschwiegen, dass der linke Arm beim Geigenspiel so wehtat, dass sie es manchmal fast nicht aushielt. Wie Alice die Geige auch in die Hand nahm, der verkrüppelte Arm schmerzte mehr und mehr, er liess sich trotz der Operation einfach nicht ganz strecken. Verzweifelt versuchte sie, die Geige in umgekehrter Weise zu halten, nahm das Instrument in die rechte Hand und führte mit der linken den Bogen. Herr Spotti liess sie gewähren. Hauptsache, das Mädchen blieb dran. Aber die Finger der rechten Hand waren nicht geeignet, die Saiten genügend zu drücken, dass die Töne sauber tönten. Die Unreinheit des Klanges hatte sie schon vorher gestört. Darum hatte sie bei einem Geigenbauer den Wirbel korrigieren lassen, und der Ton wurde rein. Also blieb sie trotz Schmerzen im Ellbogen weiter am Geigenspiel dran.

Pension Schmid und eine Silbertonorgel

Als der Sommer vorüber war, spürte Alice, dass sie nun doch etwas Neues wollte. Wenn sie schon nicht Lehrerin werden durfte, sollte auch das Dienstmädchen-Dasein nicht ihre Lebensbestimmung sein. Mehr als zwei Jahre wohnte und arbeitete sie nun schon bei der Familie Beier. Sie war jetzt eine jungerwachsene Frau, und doch noch ein ganzes Jahr nicht volljährig und noch immer abhängig vom Wohlwollen der Amtsvormundschaft.

Eines Tages las sie ein Inserat in der Zeitung. An einer andern Stelle gäbe es einen Monatslohn von sechzig Franken. Doppelt so viel wie jetzt. Sie sprach bei Fräulein Hohermuth vor, erklärte ihr, dass sie eine neue Herausforderung brauche. Die ausgeschriebene Stelle in der *Pension Schmid* an der Werdstrasse 31, nah beim Stauffacher, im Herzen der Stadt, schien ihr die richtige zu sein. «Sechzig Franken, Fräulein Hohermuth, das wäre viel Geld für mich. Und ich hätte eine Abwechslung.»

«Gut, Alice, aber bevor du kündigst, bewirbst du dich am neuen Ort.»

Wenig später stellte sich Alice bei Herrn Schmid vor, bekam eine Zusage und kündigte die Stelle bei Familie Beier.

Sie erklärte, warum sie fortwolle, dankte für alles und konnte sich so im Guten verabschieden.

Im Herbst nahm sie die Arbeit in der Pension auf. Der Inhaber wohnte allein. Seine noch junge Frau lag schwer krank im Spital. Ein Umstand, der Alice berührte, sie an die Mutter erinnerte.

Die Köchin Lucy, mit der sie eine Mansarde teilte, war wenig älter als sie. Die beiden jungen Frauen verstanden sich gut. Alice half ihr in der

1 Eltern von Alice an der Hochzeit 1913 – Maria-Antonia Eghetz und Otto Walliser
2 Maria-Antonia überlebt die Spanische Grippe 1918
3 Alices Mutter Maria-Antonia ca. 1924

1

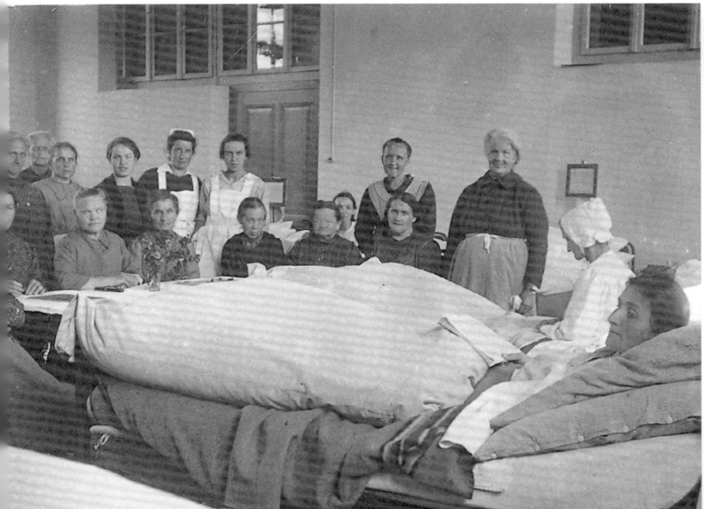

2

3

4 Alice mit der Silbertonorgel 1931

5 Brief der jugendlichen Alice 1930

4

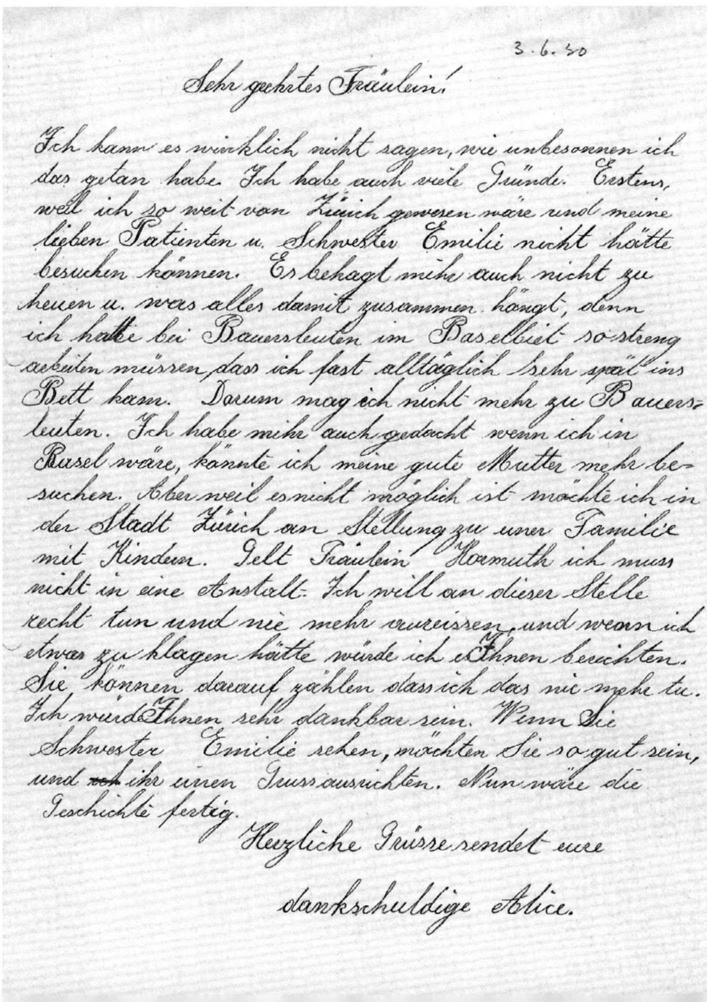

3.6.30

Sehr geehrtes Fräulein!

Ich kann es wirklich nicht sagen, wie unbesonnen ich das getan habe. Ich habe auch viele Gründe. Erstens, weil ich so weit von Zürich gewesen wäre und meine lieben Patienten u. Schwester Emilie nicht hätte besuchen können. Es behagt mir auch nicht zu heuen u. was alles damit zusammen hängt, denn ich hatte bei Bauersleuten im Baselbiet so streng arbeiten müssen, dass ich fast alltäglich sehr spät ins Bett kam. Darum mag ich nicht mehr zu Bauersleuten. Ich habe mir auch gedacht wenn ich in Basel wäre, könnte ich meine gute Mutter mehr besuchen. Aber weil es nicht möglich ist möchte ich in der Stadt Zürich an Stellung zu einer Familie mit Kindern. Gelt Fräulein Harmuth ich muss nicht in eine Anstalt. Ich will an dieser Stelle recht tun und nie mehr ausreissen, und wenn ich etwas zu klagen hätte würde ich Ihnen berichten. Sie können darauf zählen dass ich das nie mehr tu. Ich würde Ihnen sehr dankbar sein. Wenn Sie Schwester Emilie sehen, möchten Sie so gut sein, und ihr einen Gruss ausrichten. Nun wäre die Geschichte fertig.

Herzliche Grüsse sendet eure

dankschuldige Alice.

5

6 Landesausstellung 1939 – Alice, Ueli und Bruno auf dem Schifflibach
7 Alice und Ueli (Ende Dreissigerjahre)
8 Alice in der Herrenkleiderfabrik 1940

6

7

8

9

10

11

9 Ueli als Soldat während dem 2. Weltkrieg im Aktivdienst

10 Ueli mit Bruno und Robert ca. 1944

11 Erholungswoche in Brissago 1945

12 Weihnachten (Fünfzigerjahre)
13 Alice mit Joggeli (Fünfzigerjahre)
14 Besuch bei der Mutter im Pfrundhaus Liestal 1960

12

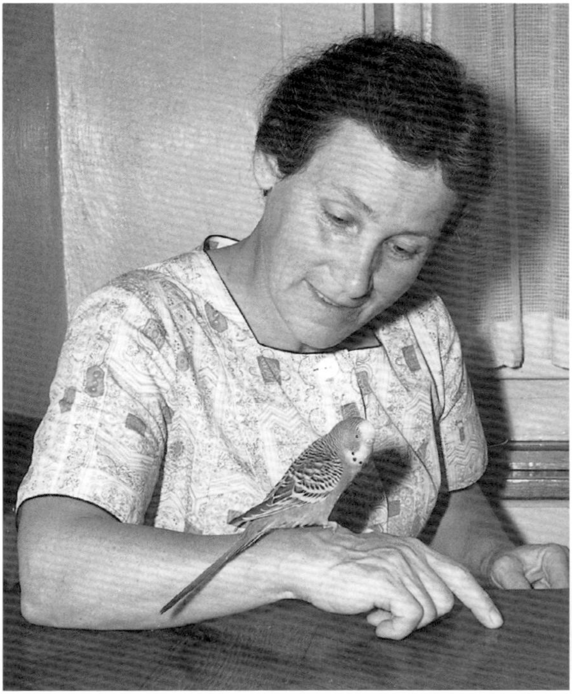

13

14

15

15 Söhne: Bruno, Hansueli und Robert (Anfang Sechzigerjahre)

16 Alice bei der Seegfrörni auf dem Zürichsee 1962/1963

17 Der Kirchenchor vom Zürcher Kreis 5 besucht Alices Mutter in Liestal 1960

16

17

18

19

18 Alice mit einem Flötenensemble (in den Siebziger- und Achtzigerjahren)
19 Alice mit der Wandergruppe unterwegs (Ende Achtziger-, Anfang Neunzigerjahre)
20 Alice als Flötenlehrerin in Urdorf (in den Siebziger- und Achtzigerjahren)

20

21 Alice mit Handörgeli als 75-Jährige

22 Handschriftliche Notiz der fast 98-jährigen Alice

21

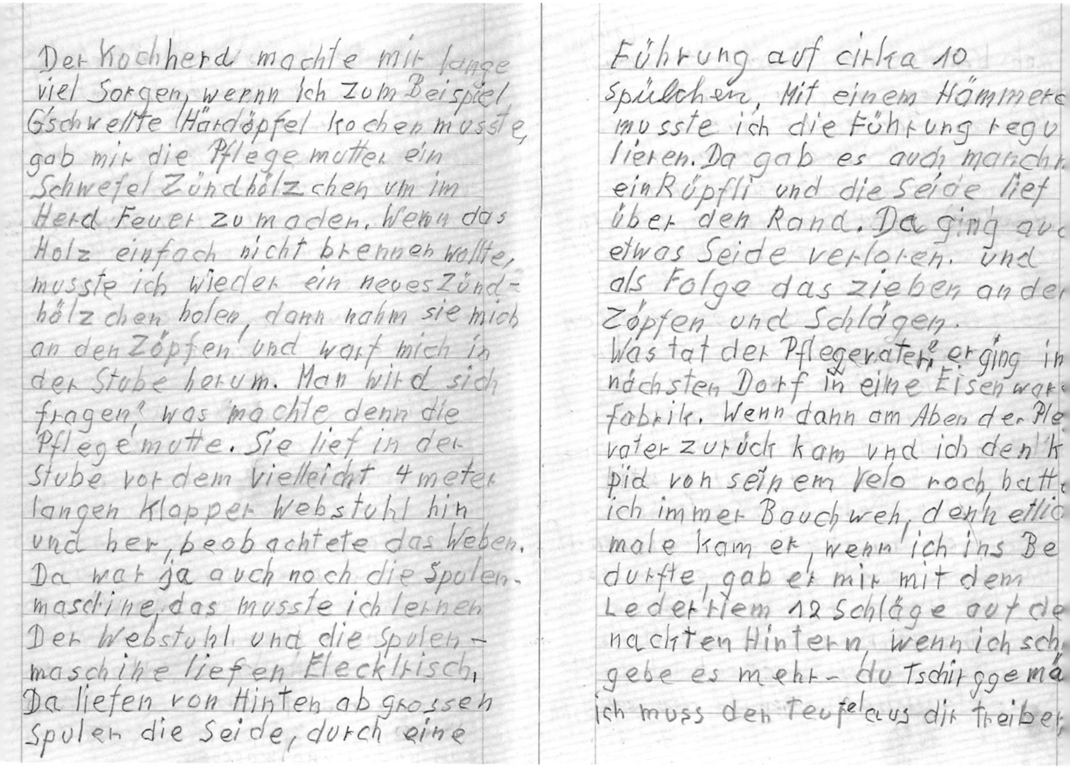

Der Kochherd machte mir lange
viel Sorgen, wenn ich zum Beispiel
Gschwellte Härdöpfel kochen musste,
gab mir die Pflege mutter ein
Schwefel Zündhölzchen um im
Herd Feuer zu machen. Wenn das
Holz einfach nicht brennen wollte,
musste ich wieder ein neues Zünd-
hölzchen holen, dann nahm sie mich
an den Zöpfen und warf mich in
der Stube herum. Man wird sich
fragen, was machte denn die
Pflegemutter. Sie lief in der
Stube vor dem vielleicht 4 meter
langen Klapper Webstuhl hin
und her, beobachtete das Weben.
Da war ja auch noch die Spulen-
maschine, das musste ich lernen
Der Webstuhl und die Spulen-
maschine liefen Elecktrisch,
Da liefen von Hinten ab grossen
Spulen die Seide, durch eine

Führung auf cirka 10
Spülchen, Mit einem Hämmerc
musste ich die Führung regu
lieren. Da gab es auch manch
ein Rüpfli und die Seide lief
über den Rand. Da ging au
etwas Seide verloren. und
als Folge das ziehen an de
Zöpfen und Schlägen.
Was tat der Pflegevater? er ging in
nächsten Dorf in eine Eisenwar
fabrik. Wenn dann am Abend der Pfle
vater zurück kam und ich den K
pid von seinem Velo roch hatt
ich immer Bauchweh, denn etlic
male kam er, wenn ich ins Be
durfte, gab er mir mit dem
Lederriem 12 Schläge auf de
nackten Hintern, wenn ich sch
gebe es mehr - du Tschirggemä
ich muss den Teufel aus dir treiben

22

Alle Fotos aus Privatbesitz von Alice Walli

Küche. Die Pensionäre – alles Männer, die während der Woche in Zürich wohnten, weil sie hier Arbeit hatten – nahmen im Speiseraum das von Lucy und Alice vorbereitete Mittagessen ein. Manchmal baten sie Alice, ihnen eine kleine Näharbeit zu erledigen. Dann bekam sie einen zusätzlichen Batzen. Auserdem musste sie die Zimmer sauber machen.

Das Zimmer eines Pensionärs, von Beruf Fotograf, war vollgestopft mit Fotogeräten, was das Reinigen erschwerte. Als Gegenleistung für die zusätzliche Arbeit machte er von Alice ein Porträt-Foto.

Das Haus hatte genügend Zimmer, sodass manchmal zu den Pensionären weitere Gäste aufgenommen wurden. Einmal waren die ‹Singmädel von Wien› Gast in der Pension. Schöne, rassige Mädchen, die sangen und tanzten. Zwei Wochen blieben sie in Zürich, bevor sie weiterreisten. Sie traten im ‹Schäfli› im Niederdorf auf. Von ihnen bekam Alice ein Trinkgeld, wie sie es nicht gewohnt war.

Dieses Leben gefiel ihr. Sie hatte mehr Freiheit und abends rechtzeitig Feierabend. Manchmal ging sie mit der Köchin in den Ausgang und sie spazierten in der Stadt herum, um die verschiedenen Quartiere zu entdecken. So konnte Alice als nunmehr Neunzehnjährige erstmals das Jungsein geniessen.

Und immer wieder dachte sie auch an die Mutter in Liestal, schickte ihr kleine Pakete mit feinen Esswaren. Einmal steckte sie Geld in ein Couvert und schrieb dazu: «Damit du von dir ein Foto machen lassen kannst.» Wenig später bekam sie Post. Im Brief steckte ein wunderschönes Bild von der Mutter, das Alice sogleich auf die Kommode stellte.

Auch von Männern einer Tänzergruppe wurde Alice gebeten, Näharbeiten zu erledigen. Einer von ihnen schlug ihr vor: «Fräulein Alice, kommen Sie doch mit uns nach Paris. Sie können so gut nähen. Sie könnten uns nützlich sein.» Aber Alice fand den Mut dazu nicht.

Eines Tages, Alice war eben daran, die Gästezimmer zu reinigen, kam Frau Beier vom Seefeld in die Pension Schmid. Als Geschenk brachte sie Alice ein neues Nachthemd. «Komm doch wieder zu uns zurück, Alice. Wir würden dir den Lohn anheben.» Irgendwie, dachte Alice, scheinen sich Dinge im Leben zu wiederholen. Aber auch diesmal war ihre Antwort klar: «Nein, ich möchte da bleiben.»

Zürich, den 17. März 1933

Liebe Fräulein Hohermuth!

Ich danke Ihnen vielmal für den Brief, den Sie mir geschickt haben. Sie sind wirklich sehr nett zu mir, wie Sie sich um mich bekümmern. Der Arm tut mir in letzter Zeit viel weh. Es hindert mich sehr im Violinspiel. Ich glaube es macht den Frühling aus.
Ich muss Ihnen noch etwas mitteilen wegen dem Geld. Ich habe diesen Monat meinen ganzen Lohn verloren. Als ich das Geld bekam, tat ich es in die Manteltasche. Als ich es wieder nehmen wollte, war es nicht mehr drin. Vielleicht habe ich es auf einem Kommissionengang verloren. Es war sehr leichtsinnig von mir. Ich konnte daher die Stunde auch nicht bezahlen. Auch sonst habe ich Verpflichtungen, Krankenkasse, Steuer und Lebensversicherung.
Ich komme dadurch natürlich in Rückstand. Ich werde aber mein Möglichstes tun, um Ihnen das Geld zuzuschicken.
Bitte seien Sie mir nicht böse. Die nächste Woche haben wir Züglete, da gibt es sehr viel zu tun. Aber ich freue mich schon auf die neue schöne Wohnung. Die neue Adresse lautet: Stauffacherquai 40.

Vielen Dank und auf Wiedersehen
Herzliche Grüsse Alice

Alice war also mit dem Geigenspiel an den Grenzen des Möglichen angekommen. Die Behinderung, auch die der rechten Hand, machte ihr endgültig einen Strich durch die Rechnung. Und sie spürte, dass sie auf Dauer nicht mehr würde spielen können. Das bedrückte sie. Wie sollte sie das all den gütigen Menschen erklären? Herrn und Frau Beier, die ihr das Instrument geschenkt hatten? Fräulein Hohermuth, die sich um einen guten Geigenlehrer bemüht hatte. Und erst recht dem Lehrer, Herrn Spotti, der an sie glaubte. Aber zu stark schmerzten Ellbogen und rechte Hand. Traurig machte sie sich auf den Weg vom Stauffacher ins Seefeld und brachte die Geige dem Ehepaar Beier zurück.

Nun, da Alice nicht mehr Geige spielen konnte, suchte sie noch mehr Musik anderweitig, ging Klängen nach, wo immer sie konnte, besuchte auch die Platzkonzerte beim Landesmuseum oder in der Bäckeranlage.

An einem Sonntag sah sie einen Umzug mit jungen Menschen, vor allem Mädchen, gekleidet in schmucken blau-weissen Uniformen, mit Handorgeln musizierend. Alice folgte ihnen durch die Stadt, die Bahnhofstrasse entlang. Wie schön es aus den hellen, fast weissen Orgeln klang! So spielen, das möchte sie auch können. Da möchte sie mitmachen. Dazugehören. Sie fasste sich ein Herz und sprach den Leiter an. «Könnte ich das auch lernen?» – «Aber klar!», ermunterte sie dieser. Sein Name sei Helbling, er habe einen kleinen Laden in der Nähe des Stauffachers, nahe bei der Pension Schmid. Da zeige er ihr gern, wie das mit diesen diatonischen Silbertonorgeln gehe. Schon der Name klang in Alices Ohr wie Musik: *Silbertonorgel.* Gut!, dachte Alice, ich probiere es. Vielleicht geht das mit dem Ellbogen ja besser als mit der Geige.

Bei der nächstmöglichen Gelegenheit stand sie im Geschäft. Herr Helbling hinter dem Ladentisch erkannte sie sofort. Im Hintergrund hörte sie jemanden üben. «Könnte ich eine mieten?» – «Ja, sicher. Für sechs Franken im Monat kannst du diese braune Handorgel mitnehmen. Dann kommst du einmal die Woche zu mir und ich bringe dir bei, wie man sie spielt.» Seine Familie wohne im ersten Stock über dem Laden. Er habe zwei Töchter, die würde sie dann kennen lernen. Alice konnte es kaum fassen. Jetzt würde sie doch ein Instrument spielen können. Wiewohl ihr die Geige besonders zugesagt hatte und die braune Handorgel keine Silbertonorgel war, konnten diesem Instrument doch auch wunderbare Klänge entlockt werden. Schmerzfrei Musik machen. Dies war noch immer ihr grösster Wunsch.

Wieder teilte sie ihr Geld ein, sparte, bis es reichte und sie sich die ersten Stunden leisten konnte. Und schon bald sah man sie sonntags mitlaufen auf dem Weg durch die Bahnhofstrasse, musizierend, eine von allen. Die andern waren fast alle noch im Schulalter. Aber sie war nie gross gewesen von Körpergestalt und fiel von daher nicht auf.

Zwischen ihr und den Töchtern des Musiklehrers entwickelte sich eine Freundschaft, und Alice genoss es, mit ihnen und all den andern Mädchen im Handorgelclub zusammen zu sein.

Dann war es so weit: Alice konnte sich eine einfache Handorgel auf Abzahlung kaufen. Und sparte weiter. Sparte sich am Mund ab, bis sie sich endlich Helblings Silbertonorgel auf Abzahlung leisten konnte. Auch die Stunden bei Helbling sparte sie sich am Essen ab. Aber sie war gelehrig. «Du lernst schnell!», sagte Herr Helbling anerkennend. Fürs Erste übte sie das Spielen nach Griffakkord. Mit Zahlen. Diatonisch. Später würde sie die Noten anders lesen lernen. Sie war verrückt vor Freude.

So manches wäre jetzt einfach gut gewesen, und Alice auf dem Weg zu sich selbst. Doch wiewohl ihr die Arbeit in der Pension gefiel, merkte sie auch hier, dass das nicht ihre Lebensstelle sein konnte. Dafür gab es verschiedene Gründe. Zum einen schmerzten der linke

Ellbogen und die rechte Hand vom vielen Putzen und Bettenmachen auch hier immer mehr. Zum andern wurde kürzlich ein zweites Hausmädchen eingestellt, das Alice schikanierte. Nein, sie wollte sich nicht mehr unterordnen. Wenn sie schwieg, ging es, aber wenn sie sich wehrte, nahmen die Streitigkeiten ein Mass an, das sie nicht ertrug. Und sich so richtig für sich selber wehren, hatte sie ja nie recht gelernt. Sie wollte nur eines: Frieden.

Endlich volljährig

Noch knappe drei Monate, dann würde sie frei sein. Volljährig. Müsste niemandem mehr Rechenschaft abgeben über das, was sie tun wollte. Und vielleicht würde sie das Autofahren erlernen. Es gab Frauen, die das machten, obwohl es eher als Männersache angeschaut wurde. Und auch eine andere Stelle suchen wollte sie. Aber wie das alles anpacken? Sie durfte Fräulein Hohermuth nicht wieder enttäuschen. Noch zwei Monate und wenige Tage. Alice zählte die Wochen. Die Tage.

Wieder einmal wurde sie vom neuen Dienstmädchen geplagt. Richtig schikaniert und gehänselt. Niemand hörte und sah es. Sie fühlte sich allein, zog sich zurück ins Mansardenzimmerchen. Mit Fräulein Hohermuth darüber sprechen? Nein, sie durfte unmöglich schon wieder Ansprüche stellen. Hastig packte sie ihre Habseligkeiten in ein Köfferchen, nahm Mantel und Mütze und schlich davon. Wohin, wusste sie noch nicht. Ihr war nur eines klar: Weg von hier! Die Gefühle, die sie empfand, glichen jenen anderer Fluchten. Viel mochte sie jedoch nicht denken. Nur eines: Weg! Die Köchin Lucy, mit der sie viele schöne Stunden verbringen durfte, würde sie vermissen. Doch dem Unfrieden zu entkommen, war ihr in diesem Moment der Not wichtiger. Vorsichtig, damit niemand sie sah, huschte sie zum Haus hinaus, eilte vom Stauffacher zum Sihlquai und hinunter zum Bahnhof.Noch am selben Tag meldete das Jugendamt der Kantonspolizei Alice als vermisst. Die Polizei sollte nach einem kleinen, kräftig entwickelten Mädchen mit kurz geschnittenem dunkelbraunem Haar suchen, das etwas blass sei, einen dunkelblauen Mantel und ein Mützchen trage und einen kleinen Koffer bei sich habe. *‹Wir bitten Sie›*, schrieb Fräulein Hohermuth an das Fahndungsbüro in Zürich, *‹Alice unserem Amt zuzuführen. Der Kindsvater hat sich nie mehr um das Mädchen gekümmert.›*

Zürich, den 10. April 1933

Liebe Fräulein Hohermuth!

Sie dürfen nicht schlecht von mir denken. Ich habe auch nichts getrieben. Das wegen dem Autofahren kam so plötzlich über mich. Ich habe mir gedacht, ich könne dann mehr verdienen und meine Schulden schneller bezahlen. Ich denke dabei immer an die Musik. Das andere Mädchen mit dem ich arbeitete war so schlecht mit mir, dass ich es nicht mehr aushalten konnte. Es tut mir leid, dass ich Sie so enttäuscht habe. Liebe Fräulein Hohermuth ich möchte mein Vertrauen Ihnen gegenüber wieder zurück gewinnen. Ich möchte so bald als möglich an eine Stelle. Am liebsten in eine Buchhandlung oder Papeterie. Vielleicht an einen Ort, wo ich Büroarbeiten verrichten könnte, was ich sehr gerne tue.
Liebe Fräulein Hohermuth, würden Sie so gut sein und mich verstehen. Ich wäre Ihnen so dankbar und würde Sie auch nie mehr enttäuschen.
Liebe Fräulein Hohermuth, würden Sie schauen, dass ich meine Noten, Bücher und Wäsche von Schmid wieder bekomme. Ich danke Ihnen zum voraus für alles.

Herzliche Grüsse und ein baldiges Wiedersehen
Alice

Bevor Alice den Brief mit der feinen Schrift und dem säuberlich untereinander gesetzten Gruss an Fräulein Hohermuth zuklebte, entschloss sie sich, ein weiteres Blatt zu schreiben. Sie wollte ihrer Fürsorgerin einmal alles aus ihrem bisherigen Leben erzählen. Alles, was sie bewegte.

Ich kann mich entsinnen wo ich vom Spital zu den zweiten Pflegeeltern kam. Meine ersten waren die, welche mich fallen liessen und wo ich dann den Arm und die Hand gebrochen habe. Die zweiten waren sehr gut mit mir. Sie wollten mich adoptieren. Mein Vater wollte aber nichts davon wissen. Bei diesen Eltern ging ich in die Schule bis zur zweiten Klasse. Dann kam ich in die Heimatsgemeinde. Dort war ich zwei Jahre. Nachher war ich fünf Jahre bei Pflegeeltern in Tenniken. Die hatten zwei Kinder. Es gab sehr viel Arbeit, die Frau posamentete und der Mann musste in die Fabrik. Ausserdem hatten wir Land und zwei Geissen. Ich hatte nie für meine Schulaufgaben Zeit. Nachher war ich ein Jahr bei Grossbauern, wo ich dann konfirmiert wurde. Hier hatte ich es nicht schön. Vor vier Jahren kam ich nach Zürich. War zuerst bei meinem Vater, dann war ich ein halbes Jahr im Balgrist. Bald darauf kam ich zu Beiers, wo ich drei Jahre war. Weil es mir nicht mehr gefiel, suchte ich mir eine Stelle in einer Pension. Hier gefiel es mir sehr gut, ausser dem Mädchen. Ich durfte ihr in nichts widerstehen, sonst machte sie tagelang einen Kopf, was ich nicht leiden konnte. Ich gab ihr nach, damit es keinen Streit gab. Ich musste vieles auf mich nehmen, was ich gar nicht getan hatte. Es ging so weit, bis ich es nicht mehr aushielt, und lief einfach davon, ohne darüber nachzudenken. Liebe Fräulein Hohermuth, ich habe nicht im Bösen gehandelt, sondern weil ich gar keinen Ausweg mehr wusste. Ich werde an einer andern Stelle wieder gut tun, wie wenn nichts gewesen wäre. Seien Sie mir bitte nicht mehr böse und vertrauen Sie mir.

Mit herzlichem Gruss
Alice

Jetzt faltete sie auch das zweite Blatt, legte es in den Briefumschlag, netzte mit der Zunge den gummierten Rand, klebte den Brief zu und brachte ihn zur Post.

Den zwanzigsten Geburtstag, den Alice so ersehnt hatte, den Tag, der ihr eine neue Freiheit bringen sollte, verbrachte sie im Krankenhaus. Einer vermuteten Hauttuberkulose am Unterschenkel wegen lag sie im Kantonsspital Zürich. Sollte die böse Krankheit aus der frühen Kinderzeit wieder ausgebrochen sein? Der Bericht von Doktor Brunner an das Jugendamt III zuhanden der Fürsorgerin Fräulein Hohermuth entwarnte teilweise. Zwar handle es sich um eine Hauttuberkulose am Unterschenkel, jedoch sei diese prognostisch günstig und nicht infektiös. Die Patientin werde voraussichtlich noch einen Monat im Spital bleiben müssen. Eine Erholungskur danach sei nicht notwendig, sodass sie nach der Spitalentlassung wieder arbeitsfähig sei.

Die Krankenschwestern gratulierten Alice zur Volljährigkeit und brachten ihr ein kleines Geschenk, das die Fürsorgerin geschickt hatte. Im Begleitbrief machte das Fräulein Alice auf ihre neuen Rechte und Pflichten aufmerksam. ‹*Denken Sie daran, den Heimatschein an jeden Wohnort mitzunehmen, wo Sie hinziehen.*› Auf einen Besuch hoffte Alice vergebens.

Zürich, den 27. Juni 1933

Liebe Fräulein Hohermuth!

Ich danke noch vielmal für das Geburtstagsgeschenk. Es hat mich sehr gefreut. Den Heimatschein habe ich nicht hier. Ich habe ihn Schwester Lina im Artergut abgegeben. Wann ich hier austrete, weiss ich noch nicht, es geht schon noch einige Wochen.

Viele Grüsse
Alice

Vier Wochen musste Alice nach dem Geburtstag noch im Spital bleiben, bis sie im Sommer nicht nur aus dem Spital, sondern endlich in die lang ersehnte Freiheit entlassen wurde. Noch vom Spital aus hatte sie mit Hilfe der Spitalfürsorgerin eine Arbeit in einem Milchladen an der Militärstrasse finden und für dreissig Franken im Monat ein Mansardenzimmerchen an der Bäckerstrasse 20 mieten können. Einfach war ihr erstes eigenständiges Zuhause, und es unterschied sich hinsichtlich Möblierung nicht von jener vergangener Orte: ein Bett, ein Schrank, ein kleiner Tisch. Doch konnte sie das Zimmer ausschmücken mit Bildern, mit dem Foto der Mutter, der Handorgel, die sie auf ein Tuch in eine Ecke legte, sodass es richtig wohnlich aussah.

Die Toilette auf der Etage und ein Lavabo mit kaltem Wasser im Gang wurden von allen Mietern benutzt. Der Drang nach Freiheit wog die Einfachheit auf, Genügsamkeit war Alice gewohnt.

Insgesamt gab es vier Mansardenzimmer. Im grössten, dem Eckzimmer, wohnte ein älteres Ehepaar. Die Frau fuhr jeden Morgen früh mit einem Handwagen in die Gemüsezentrale, wo sie Gemüse auflud, um es in der Bäckeranlage zu verkaufen. Von Alices Zimmer aus ging ein kleines Fenster zum Kasernenplatz hin. In der Früh hörte sie die Rekruten in schweren Schuhen die Kletterwand hinaufturnen.

Manchmal traf sie den einen oder andern Mieter auf der Etage. Dann fragte sie sich, wie diese Menschen hier oben in ihren Zimmern wohl so lebten. Neben ihr wohnten zwei Männer, gegenüber hatte ein junger Bursche sein Zimmer. Als er Alice ansprach und versuchte, sich ihr anzunähern, wehrte sie ab. Zu lieb war ihr das Alleinsein, das Auf-niemanden-Rücksicht-nehmen-Müssen. Eine junge Frau im Haus fragte, ob Alice abends ihr Kind hüte, da sie manchmal fort sei, um mit Servieren etwas Geld zu verdienen. Da sagte sie gern zu. Während das Kind schlief, durfte Alice in der Wohnung ihre Handwäsche besorgen. Ausserdem bekam sie pro Hüteabend ein Nachtessen.

An der neuen Stelle war ein Bübchen zu betreuen. Doch auch hier, wie bislang überall, genügte eine Aufgabe den Leuten nicht. Alice musste putzen, Haushaltarbeiten verrichten, im Laden helfen und wurde überhaupt überall eingesetzt, wo Arbeit darauf wartete, getan zu werden. Einzig Milch ausschöpfen konnte sie nicht. Der linke Ellbogen verhinderte das. Manchmal wurde sie an Verwandte der Molkereibesitzer nach Wil im Sankt Gallischen ausgeliehen. Auch diese Familie betrieb eine Molkerei, etwas grösser als die in Zürich. Und auch da wartete Putzarbeit. Ach, dachte Alice, eigentlich möchte ich nicht mehr putzen. Nie mehr! Aber noch war sie am Schrubben und Reinigen aller Zimmer im Chalet. Die Holzwände mussten gewaschen und mit einem Schutzmittel eingerieben werden. Einmal lief sie durch die grosse Molkerei und sah, wie Rahm aus dem Hahn der grossen Kanne floss. Was für eine Verschwendung, ging es ihr durch den Kopf. Niemand sah sie. Sie bückte sich, formte die Hände zu einem Auffangbehälter und nahm ein paar Schlucke. Dann ging sie zurück an die Putzarbeit.

Endlich war die Ausleihzeit vorbei und Alice durfte zurück nach Zürich, zum Kind und in ihr Mansardenzimmerchen.

So flossen die Tage und Wochen dahin, der Bub wurde grösser, und als er keine spezielle Betreuung mehr brauchte, reifte der Plan in ihr, eine andere Stelle zu suchen, eine, an der sie weder putzen noch waschen, bügeln und der Hausarbeiten mehr verrichten musste. Eine Arbeit wollte sie finden, bei der keine körperliche Anstrengung nötig war, weder die Hand noch der Arm schmerzten.

Bei Charles Bollag

Und wirklich: Für einmal winkte ihr das Glück, und ein Wunsch ging in Erfüllung: Sie fand eine Stelle als Handnäherin im Herrenkleidergeschäft Charles Bollag. Schluss mit Putzarbeit! Das Nähatelier war in einem Hinterhaus an der Löwenstrasse untergebracht. Samstags hatte sie frei, weil die Besitzer des Geschäfts jüdischen Glaubens waren und an diesem Tag Sabbat feierten. Ihr gefiel, dass die Mitarbeitenden verschiedenen Nationalitäten angehörten. Immerhin war sie vom Blut her ja halbe Italienerin. Obwohl sie diese Identität nie spürte, fühlte sie sich Menschen aus anderen Kulturen aus diesem Grund zugehörig.

Nun arbeitete sie als Näherin in der Massschneiderei.

Im offenen Raum gab es verschiedene Abteile. Im ersten wirkten drei deutsche Männer an langen Tischen als Zuschneider. Sie erhielten den besten Lohn. Ein Schneider, dem Alice zudiente, sass im Schneidersitz auf dem Tisch und machte bei den Kleidungsstücken den Fadenschlag. Alice dünkte, er sei bereits ein alter Mann. Der zweite Schneider dämpfte die fertig geschneiderten Kleider. Hinten arbeitete in einem eigenen Verschlag die Änderungsschneiderin. Ihr brachten Leute Kleider zum Flicken. Alice sass im grossen Raum in einem winzigen Abteil an einem langen Tisch und nähte mit grossen Stichen Stoffe mit einem Fadenschlag zusammen. Es waren die Stoffe, auf welchen die Zuschneider den Fadenlauf auf der doppelten Stofflage eingezeichnet hatten und Alice dieser Spur nachnähen konnte. Dann teilte sie die zwei Lagen sachte und schnitt mit der Schere mitten durch die Fäden, sodass die zwei Teile zur weiteren Bearbeitung bereit waren. «Vorsichtig! Nicht in den Stoff schneiden!», mahnte der alte Schneider. Aber da musste er nichts befürchten. Die Arbeit entsprach ihr, und an

Sorgfalt liess sie es nicht fehlen. Um neun Uhr wurde für eine Pause unterbrochen. Die meisten hatten ein Brot oder eine Frucht mit dabei. Der Schneider, der fürs Bügeln zuständig war, reichte Alice sein Mettwurstbrot. «Iss ruhig, ich habe keinen Hunger.» Sie nahm es dankbar, hatte selber nie etwas dabei. Lieber hungerte sie, um für ihr Liebstes, die Musik, zu sparen.

Die Zeiten waren schwierig und in Deutschland brenzelte es gewaltig. Ein gewisser Adolf Hitler wollte an die Spitze der Regierung. Die drei deutschen Zuschneider reisten extra in ihr Heimatland, um ihm ihre Stimme zu geben. Dann kamen sie zurück und erzählten fröhlich, wie der ihr Land mit starker Hand aus der Misere der Arbeitslosigkeit und Armut führen werde. Auch die anliegenden Länder würden irgendwann davon profitieren. Noch bewegten Alice politische Fragen wenig. Das Bewusstsein dafür war dadurch verdrängt, dass sie erstmals ihr Leben führen konnte, wie sie es wollte. Es war ihre kleine Welt, auf die sie Einfluss hatte und die sie gestaltete.

Der Lohn war nicht üppig. Pro Woche bekam sie 28 Franken. Damit kam sie auf ein monatliches Einkommen von 112 Franken, was mehr war, als sie je verdient hatte.

Im Schrank in ihrem Zimmer hütete sie verschiedene kleine Schachteln. Darin verteilte sie den Lohn: In eine legte sie dreissig Franken für die Miete, in eine andere den Betrag für die Krankenkasse, in eine weitere etwas fürs Essen. Die ihr liebste Schachtel war die mit dem Geld für die Handorgelstunden bei Helbling.

Zum Einkaufen ging sie auf den Markt, und fürs Nachtessen holte sie im Milchladen mit der Kanne einen Liter Milch und beim Bäcker ein Kilogramm Brot. Was sie abends nicht aufass, behielt sie fürs Frühstück auf. So reichte das Geld.

Im Winter schlüpfte sie früh ins Bett, weil das Zimmer nicht geheizt wurde. Wenn es nicht allzu kalt war, strickte sie. Oder sie las im Bett.

Die Bücher fand sie in einer privaten Bibliothek auf der oberen Seite der Langstrasse.

Eine Familie stellte dafür zwei Zimmer bereit. Dass man hier günstig Bücher ausleihen konnte, hatte sie in der Zeitung gelesen. Um sich ihr Leben angenehm zu gestalten, holte sie regelmässig Traumbücher und Hefte von der Reihe ‹Wahre Geschichten› und tauchte ein in eine Welt voller Träume.

Eines Tages war das Geld aus dem Schrank weg. Alle Schachteln leer. Die Polizei untersuchte den Kasten, die leeren Schachteln und markierte die Stelle, wo diese standen, mit weisser Kreide. Mehr konnte sie nicht tun. Das Geld blieb verschwunden. Wer es gestohlen hatte, würde sie nie erfahren.

Nachdem Alice wieder einmal – wie oft in letzter Zeit – schlecht geschlafen hatte, weil ein Juckreiz ihr keine Ruhe gönnte, kam sie morgens ins Geschäft und erzählte den Schneidern, sie vermute, sie sei krank. Die Schneider betrachteten sie eindringlich und sagten: «Liebe Alice, du bist nicht krank. Das sind Wanzenstiche. Du musst in der Nacht auf Wanzenjagd.» – «Du hast süsses Blut, die wollen dein Blut», witzelte einer, und ein anderer: «Musst halt einen Mann mit ins Bett nehmen, dann kommen sie nicht.» Beschämt wandte sie sich ab. Sie genierte sich über die Sprüche der Schneider so sehr, dass sie am liebsten geweint hätte.

Als sie in der kommenden Nacht wieder diesen unerträglichen Juckreiz spürte, sprang sie auf, zündete das Licht an, sah, wie Tierchen davonsprangen, nahm ein Papier in die Hand und traute sich, ein paar zu zerdrücken. Sie schauderte. Nein! Diese Töterei will ich nicht, dachte sie. Ich muss eine andere Lösung finden.

Um rechtzeitig an der Arbeit zu sein, machte sie sich früh am Morgen auf den Weg zur Polizei und meldete ihre Not. «Gehen Sie zur Arbeit, wir regeln das!», antwortete freundlich der Polizist auf dem

Posten. Als sie abends heimkam, erfüllte ein übler Chemiegeruch das Haus. An der Zimmertür hing ein Zettel:

Sie können ruhig schlafen. Bei offenem Fenster ist die Luft bald wieder gut.

Trotz des gestohlenen Geldes und dem Erlebnis mit den Tierchen gefiel es Alice immer besser in diesem Haus. Sie liebte ihr Zimmer, von wo aus sie den Kirchturm der St.-Jakobskirche sehen konnte. Und wie alle Töne drang auch hier der Glockenschlag als Wohlklang und das Läuten wie eine Melodie in ihre Seele.

Der Sommer brachte warmes Wetter und für Alice drei Tage Ferien. Diese nutzte sie, um im Strandbad zu liegen. So viel Zeit für sich zu haben war ungewohnt für sie. Ungewohnt auch die ungeschützte Sonneneinstrahlung auf ihre Haut. Abends konnte sie sich nicht mehr drehen und wenden. Der Rücken erlitt einen so starken Sonnenbrand, dass sie drei Tage bäuchlings im Bett liegen musste. Einer der Schneider kam vorbei, um sich zu erkundigen, weshalb sie nicht zur Arbeit komme. Als er die Verbrennung sah, besorgte er Olivenöl und rieb ihr den schmerzenden Rücken ein. Wie wohl das tat, dass sich jemand so um sie kümmerte. Zwar war der Sonnenbrand nach drei Tagen nicht verheilt, aber der Schmerz war erträglich geworden.

Wenn Alice an Mittwochabenden und an den Wochenenden die Platzspitz-Konzerte besuchte, setzte sie sich immer auf die Bank, die am nächsten bei den Musizierenden stand. Irgendeine Musik war immer zu finden. Beim Bürkliplatz spielte sonntags die Heilsarmee. Wo immer Musik unentgeltlich zu haben war, fand man Alice, und wie ein ausgehungertes Kind gierig eine ihm dargereichte Tasse Milch die Kehle hinunterleert, so sog sie die Töne und Harmonien in sich auf.

Als die junge Frau mit dem kleinen Kind auszog, fiel für Alice eine regelmässige Mahlzeit weg. So gönnte sie sich nun manchmal ein

Mittagessen im alkoholfreien Restaurant Seidenhof. Für sechzig Rappen gab es eine nahrhafte Suppe, Mais und Zwetschgen oder Apfelmus. Das Restaurant wurde vom Frauenverein geleitet. Frauen in blauweiss gestreiften Kleidern bedienten die meist einfachen Gäste. Wiewohl Alice oft an die vollen Teller und Schüsseln dachte, die sie an den letzten zwei Stellen geniessen konnte, wollte sie nicht zurück. Noch nie in ihrem Leben fühlte sie sich so frei.

Ueli

Wieder einmal sass Alice auf ihrer Bank am Platzspitz, lauschte mit weit offenen Ohren der Musik einer Kapelle. Es war an einem Mittwoch, als sich ein junger Mann auf den Rand der Bank setzte, mit einem freundlichen Abstand zu ihr. Alice nahm ihn kurz zur Kenntnis. Weiter nichts. Als sich das an den nächsten Mittwochen wiederholte, liess sie sich auf ein Gespräch ein. Er heisse Ueli und wohne an der Dienerstrasse im Langstrassenquartier. Dort teile er ein Zimmer mit einem Freund. Das Gespräch verlief von beiden Seiten her stockend und scheu. Alice beschäftigte nur ein Gedanke: Ich will keine Bekanntschaft. Mir geht es gut. Ich will keinen Mann. Ich bin jetzt frei! Doch der junge Kerl war immer da. Mittwoch für Mittwoch. Er war anständig angezogen. Dennoch: Mehr, als ihn mittwochs hier zu treffen, würde Alice belasten.

Irgendwie entlockte er ihr, wo sie arbeitete, und eines Abends stand er an der Löwenstrasse auf der andern Strassenseite des Herrenschneidergeschäfts Bollag auf dem Trottoir. Wartete, bis Alice Feierabend hatte. Die Schneider hänselten: «Musst jetzt mit so einem gehen, der keine Arbeit hat?» Damit meinten sie: «Wir dagegen haben Arbeit! Wir sind besser!» Ueli beharrte darauf, sie heimzubegleiten. Eigentlich wollte er unbedingt erfahren, wo sie wohnte. Und so stand er am nächsten Wochenende auch an der Bäckerstrasse auf der andern Strassenseite und blickte zu ihrem Fenster hoch. Winkte. Sie soll kurz herunterkommen. Sie aber wollte, dass er geht. «Lass mich doch kurz dein Zimmer anschauen.» – «Nein! Ich will nicht!» Dann sah sie das Loch in seinem Kittel. «Ich kann, wenn du willst, den Kittel flicken.» So begann es. Sie hatte Mitleid mit ihm. Und eigentlich war er ja ein Anständiger. Zuerst war es Erbarmen. Dann dachte sie: Ich glaube, er hat mich gern. Während sie den Anzug flickte, erzählte er mehr über sich.

Ueli stammte aus einer grossen Familie. Sein Vater war Pferdemetzger. Die vier Schwestern arbeiteten in einer Spinnerei in Wattwil. «Du gefällst mir eben so gut. Kommst einmal zu uns an die Dienerstrasse zum Nachtessen?» – «Gern!», antwortete Alice. So könnte sie ihn besser kennen lernen. Ein wenig lockte auch die Neugier, zu erfahren, wie die beiden Männer wohnten und zusammen hausten. Also nahm sie die Einladung an. Sie gaben sich Mühe, kochten Kartoffeln und Fleisch. Alice hatte keine Ahnung, was das für ein Fleisch war. Der Geschmack war ihr fremd. Später erfuhr sie, dass es Katzenfleisch gewesen war, und beim Gedanken daran ekelte es sie gründlich. Woher die Männer die Katze hatten, wollte sie nicht wissen.

Seit einiger Zeit herrschte grosse Arbeitslosigkeit. Männer aus kleineren Kantonen suchten Arbeit in Zürich, so wie Ueli, als er sich entschieden hatte, aus dem Kanton Appenzell nach Zürich in die Stadt zu kommen. Weil er keinen Beruf erlernen konnte, musste er auf dem Bau arbeiten und Gelegenheitsarbeiten annehmen.

«Lass uns zusammen wohnen!», schlug Ueli vor. «Wenn wir dein Zimmer teilen, kann ich mehr Geld fürs gemeinsame Essen beisteuern.»

So kam es, dass Ueli zu Alice zog und sie ihre Mansarde mit ihm teilte. Aber nicht nur auf einen Teil des Zimmers musste sie verzichten, nein, Ueli konnte wenig an den Haushalt beisteuern, und es blieb kein Geld für die Musik übrig. Das Mittagessen im Seidenhof kam ebenfalls nicht mehr in Frage. Auf einem Spritkocher brodelte deshalb das von ihr zubereitete gemeinsame Essen. Vormittags ging Ueli beizeiten mit dem Übergewand unter dem Arm auf Arbeitssuche. Bei der Tramhaltestelle Güterbahnhof standen allmorgendlich zehn bis zwanzig Männer auf dem Gehsteig. Sie wollten Kurzarbeit von der SBB, beim

Güterwagenausladen helfen. Ein Angestellter der Bahn rief von einer Rampe herunter die Anzahl Männer, die er brauchte. Die vordersten bekamen den Auftrag, und die Arbeit wurde sofort ausbezahlt. An solchen Tagen kam Ueli beladen mit Lebensmitteln ins Zimmer. Er liebte den Chiantiwein aus den mit Bast umwickelten runden Flaschen, dazu Salami und Brot. Alice sagte der Wein nicht zu, doch das gemeinsame Speisen war auch für sie schön, und manchmal kamen sich die beiden näher, und so geschah es, dass Alice in die Hoffnung kam. Sie trug ein Kindlein in sich.

Einmal, früh am Morgen um sechs, klopfte ein Polizist an die Kammertür und rief, es sei eine Klage von jemandem im Haus gekommen, dass ein Mann bei Alice wohne. Das Zusammenleben war unverheirateten Paaren verboten. Alice zog rasch einen Rock über und öffnete die Tür. Nun tönte es vom Bett her: «Wir heiraten!» Der Polizist trat ein und verlangte die Schriften von Ueli zu sehen. In Unterhose und Leibchen stand er auf, kramte seinen Ausweis aus dem Portemonnaie und zeigte ihn vor. Daraufhin wünschte der Polizist dem jungen Paar viel Glück und zog weiter. Für Alice war das zwar kein romantischer, aber doch ein spezieller Heiratsantrag. Sie war überglücklich über Uelis Worte, denn ein paar Tage zuvor hatte sie ihm gestanden, dass sie sich in anderen Umständen befinde, ihm aber gesagt, er müsse sie deswegen nicht heiraten, sie komme mit dem Kind auch allein zurecht. Er hatte nichts geantwortet. Sich vielleicht der feurigen Italienerin erinnert, die Alice als Freundin vorausgegangen, dann aber zurück nach Italien gereist war. Zugleich hatte er den Tatsachen in die Augen geschaut und jetzt diesen Satz zum Polizisten gesagt!

Noch am selben Tag machte sich Alice auf den Weg ins Musikgeschäft Helbling und brachte die Silbertonorgel zurück. «Ich muss die Abzahlung abbrechen. Das Geld reicht nicht.» Schweren Herzens legte sie die schöne weisse Orgel auf den Ladentisch. Was sie nicht sagte, war der

Grund, der sie zu diesem Schritt bewogen hatte, nämlich: Ich will mich für Mann und Kind entscheiden. Dann reicht es nicht mehr für die Handorgel. Herr Helbling blickte verständnisvoll und sagte: «Schade, schade!»

«Das nächste Jahr ist ein Schaltjahr», hatte Alice im Spätherbst des letzten Jahres zu Ueli gesagt, «lass uns an diesem Tag heiraten.» Der 29. Februar war auf dem Standesamt jedoch so früh ausgebucht, dass sie sich entschlossen, sich eine Woche später, am 7. März 1936, zu vermählen. Standesamtlich. Für eine kirchliche Trauung reichte das Geld nicht. Vordem arbeitete Alice bis zum achten Monat ihrer Schwangerschaft und suchte zusammen mit Ueli eine kleine Wohnung. Zahlbar waren zwei Zimmer in einer Vierzimmerwohnung, die ihnen angeboten wurden. Die Küche mussten sie mit einer Frau teilen. Aber sie hatten keine andere Wahl. Wenn das Kind ankam, brauchten sie mehr Platz.

Alice hatte ausser der Familie am Utohof keine Verwandten in der Nähe. Paul wohnte zu weit weg, und für die Familie von Ueli war eine Reise nach Zürich nicht erschwinglich. So bat sie den Vater und die Stiefmutter, als Trauzeugen zu wirken, obwohl sie sonst kaum Kontakt zu ihnen hatte. Die beiden sagten zu und kamen pflichtschuldig, ihre Zeugenschaft zu unterschreiben. Für eine Feier war weder Geld noch irgendeine Initiative des Vaters vorhanden. Aber es gab Menschen, die an die beiden dachten: Familie Helbling schenkte dem Paar zur Hochzeit zwei Bettdecken, und ein Schneider der Firma Charles Bollag durfte für Ueli einen Anzug schneidern, an dem Alice die Handarbeit mit lieben Gedanken verrichtete. Sie selber bekam einen Jupe mit Jacke und Küchentücher. So viel Gutes war ungewohnt für Alice. Sie freute sich von Herzen, dass sie sich in den Jahren der Arbeit und Musiksuche doch einen kleinen Freundeskreis geschaffen hatte.

Jetzt hiess sie Alice Alder-Walliser.

Viereinhalb Monate nach der Heirat, am 25. Juli, kam Bruno zur Welt, ein gesunder Bub. Der Einfachheit halber und um zu sparen, wurde er in der Frauenklinik getauft. Als Paten halfen Angestellte des Spitals aus. Damit bekam Bruno nur auf dem Papier Paten, was Alice recht war. Sie wollte ihr Kind mit niemandem teilen. Doch bald war sie gezwungen, wieder zu arbeiten, weil das Geld nirgends hinreichte. So brachte sie den Kleinen in die Kinderkrippe. Beim ersten Mal meinte sie, es zerreisse ihr das Herz, sie musste inniglich weinen, weil sie den Bub nicht hergeben wollte. Aber es blieb ihr nichts anderes übrig, solange Ueli Gelegenheitsarbeiter beim Güterbahnhof blieb.

Einmal brachte er auf seinem Rücken tragend eine Singernähmaschine nach Hause, die er im Brockenhaus gefunden hatte. Alice hatte sich eine solche gewünscht, denn sie wollte etwas Heimarbeit machen und so das Haushaltbudget aufbessern. Für eine Wäschefirma konnte sie Nachthemden zu sechzig Rappen das Stück nähen. So war sie häufiger zu Hause, das Bübchen war betreut und sie half dennoch beim Verdienen mit.

Wenn Alice an der Maschine sass, diese mit Treten zum Summen und Nähen brachte, nahm sie den Ton auf und sang im Trettakt mit, und Bruno gurgelte, plauderte oder krähte aus dem Stubenwagen sein eigenes Lied dazu. Auch den Stubenwagen hatten sie im Brockenhaus an der Neugasse gefunden. Mit farbigem Stoff verzauberte sie den Korbwagen in ein schönes Nestlein.

In einem ausgeliehenen Kinderwagen führte sie den Kleinen nachmittags der Limmat entlang spazieren und hoffte, jede und jeder möge das Kind sehen. Ihr Glück war unbeschreiblich.

Wenn Alice nachmittags bei Bollag arbeitete, holte Ueli, der meist keine Arbeit hatte, Bruno abends von der Krippe ab. Wie freute sie sich, wenn sie heimkam und der Bub seine Ärmchen nach ihr ausstreckte. Sie hatte endlich, was sie nie zuvor gekannt hatte: eine eigene Familie. Sie gehörte dazu, war Teil von dieser.

Aber als dürfte ein Glück nie zu lange dauern, traf die grosse Welle der Kinderlähmung auch Ueli, der seit kurzem im Notspital am Sihlquai im Kreis 5 lag.

Wenn in einem Haus ein Fall auftrat, durfte von der betroffenen Familie niemand mehr zur Arbeit. Also musste Alice daheim bleiben. Womit sollte sie nun für sich und das Kind Essen kaufen? Das Pfarramt half aus und gab ihr Lebensmittel-Gutscheine. Die Krankheit erforderte Geduld, und die Angst, Ueli könnte, wie andere von der Krankheit Betroffene, behindert bleiben, war gross. Doch diesmal nahm das Schicksal eine gnädige Wende: Es wurde gut mit Ueli, und endlich war es so weit, dass er das Spital, wiewohl noch geschwächt, gesund und ohne Behinderung verlassen durfte.

Jetzt sollten die zwei Zimmer endlich etwas wohnlicher eingerichtet werden. Dafür sparten die beiden. In einem Möbelgeschäft beim Stauffacher erstanden sie auf Abzahlung für zwanzig Franken im Monat einen Ausziehtisch aus Nussbaum, vier Stühle und einen Teppich.

Bald jedoch gab sich Alice mit den zwei kleinen Räumen und der halben Küche nicht mehr zufrieden. Sie suchte weiter, las die Tageszeitung nach Wohnungen durch. An der Josefstrasse 130 fand sie für siebzig Franken im Monat eine sonnige Wohnung im dritten Stock eines Hauses. Genauer gesagt war es nur ein Zimmer, aber ihnen gehörte eine eigene Küche. Ein zweites Zimmer diente den Hausbesitzern als Schlafzimmer. Das Haus gehörte einem Coiffeur, der im Parterre sein Geschäft hatte. Obwohl die Vermieter in der Wohnung von Alice und Ueli ihr Schlafzimmer hatten, fühlte sich das junge, vom Leben wenig verwöhnte Paar hier wohl. Das Haus war gepflegter als an ihrem ersten Wohnort.

Einmal, in Zürich feierten die Zünfter Sechseläuten, durfte Alice nachmittags unerwartet früher von der Arbeit heim. Auch Ueli hatte Bruno in der Krippe früher abholen müssen, weil die Angestellten an diesem Tag nachmittags frei hatten.

Als Alice um vier Uhr heimkam, fand sie Bruno in der Küche im Kinderstühlchen angebunden, den Kopf auf die Ärmchen gelegt, schlafend. Ueli hatte ihn heimgebracht, ins Stühlchen gesetzt, angebunden und war gegangen. Hatte den Bub allein gelassen. Alice weinte bitterlich und fragte sich: Was ist das für ein Vater?

Von diesem Moment an wusste sie: Ich muss selber schauen, dass nichts passiert. Dass es dem Bub gut geht.

Die Frau des Vermieters erwartete ein Kind und wollte nun die ganze Wohnung. Für Alice und Ueli hiess das erneut umziehen. Ein Glück, dass in dieser schwierigen Zeit viele Wohnungen leer standen. An der Konradstrasse fanden sie zwei Zimmer in einer Vierzimmerwohnung. Zwei Zimmer sind besser als eines!, dachte Alice und organisierte den Umzug.

Ein Neuanfang! Aber: Wohl fühlte sie sich hier nicht. Da sie tagsüber arbeitete, konnte sie gewisse Hausarbeiten nur in der Mittagspause erledigen. Einmal klopfte sie mittags den Stubenteppich. Plötzlich stand ein Polizist neben ihr: «Ja wissen Sie denn nicht, dass das verboten ist!»

«Hier will ich nicht bleiben», sagte sie zu Ueli, «hier ist man eingeengt und wird kontrolliert.»

Veränderungen

In der Firma Bollag schaute Alice der Näherin, die an Kleidern Änderungen anbrachte, auf die Finger. Sie wusste, dass diese pro Woche zwölf Franken mehr verdiente als sie. Gerne wäre sie zu gleichen Bedingungen angestellt gewesen, aber sie war ja nicht einmal angelehrt. So behielt sie die Augen offen, sowohl was das Abschauen bei der Näherin anbelangte als auch was das Lesen der Zeitungsinserate betraf. Und sie fand eine neue Ausschreibung: In der Firma Teblitz am Stauffacher wurde eine Mitarbeiterin für Änderungen gesucht. Sie bewarb sich. Wurde eingeladen, sich vorzustellen. Zitterte, weil sie verschwiegen hatte, dass sie keine Ausbildung als Näherin hatte. Doch sie wurde tatsächlich eingestellt, und so nahm sie Abschied vom Geschäft, in dem sie gern gearbeitet und das sie durch schwierige Zeiten getragen hatte. Sie musste es tun, weil die junge Familie auf ihren Verdienst angewiesen war.

Es muss gehen – ich muss es können!, nahm sie sich vor. Und es klappte. Alles, was sie der Schneiderin abgeschaut hatte, wendete sie nun an, und niemand merkte, dass sie dieses Handwerk lediglich durch ihre Aufmerksamkeit und Tüchtigkeit erlernt hatte.

An der Limmatstrasse standen zwei städtische Wohnblöcke, und Alice schaffte auch das: Für fünfundsiebzig Franken monatlich konnte die Familie in der Nummer 161 eine Dreizimmerwohnung mieten. Wieder war zusätzliche Arbeit mit dem Umzug angesagt, diesmal mit Uelis Hilfe. Bloss beim Putzen der alten Wohnung mochte er sie nicht unterstützen. Das erledigte Alice neben der Arbeit als Näherin.

Trotz der noch wenigen Möbel wurde ihr die neue Wohnung in kurzer Zeit lieb. Vom Eingang führte eine Tür in die Stube mit dem grünen Kachelofen. Das Elternschlafzimmer hatte das Fenster auf die Strassenseite, wo die Trams der Linien 4 und 13 vorbeifuhren. Auf der Seite zum Hof war ein kleines Zimmer für das Kind. In grossen Wandschränken liess sich manches verstauen. Die schöne Küche war gross genug, um es sich gemütlich zu machen. Auch um Näharbeiten hier zu erledigen. Der Stubenboden war mit Latten belegt, die einen dunkelroten samtenen Farbton abgaben. Auch die anderen Böden waren aus weichem Holz.

Im Hof standen grosse Bäume, ein Brunnen und Sitzbänke und zum Klopfen der Teppiche zwei Teppichstangen. Für die Wohnblöcke dieser Siedlung war eigens ein Hausabwart angestellt. Er sorgte dafür, dass alles in Ordnung gehalten wurde. Das Treppenhaus wurde im Turnus mit der Nachbarin mit Stahlspänen gereinigt.

Auf dem Naturboden im Keller stand eine Hurde für Äpfel und Kartoffeln bereit. Im dritten Stock befand sich die Waschküche mit Holzheizung und einer Badewanne, die allen Familien zur Verfügung stand. Die Mieter hatten drei Tage Zeit, ihre Wäsche zu besorgen, dann wurde der Schlüssel der blitzblank gereinigten Waschküche der Nachbarin übergeben. Eine Treppe führte von der Waschküche in den Trocknungsraum und von da aus eine schmale Stiege zur Dachterrasse, die durch eine Schiebetür erreicht werden konnte.

Oben auf dem Dach schaute sie sich oft um, blickte auf die Häuser und über die Dächer zu den Kirchtürmen. Nicht nur die Türme der Kirche ihres Stadtkreises und der St.-Jakobskirche, nein, wenn sie sich umdrehte, sah sie bis zu den Türmen des Sankt Peter mit dem grossen Zifferblatt und zur Fraumünsterkirche, knapp konnte sie sogar die beiden Türme des Grossmünsters erkennen. Sie liess den Blick über die Stadt schweifen, in der sie jetzt doch schon fast zehn Jahre lebte und in der sie sich wohl fühlte. In solchen Momenten war sie meilenweit entfernt von allen Erlebnissen der Kindheit.

Im Sommer wurde die Wäsche bei schönem Wetter hier aufgehängt. Brach ein Gewitter los, rannte Alice die Treppen wieder hinauf, nahm hurtig die Wäsche von der Leine, kletterte die Stiege hinunter, schloss eilig die Dachtür und genoss unten in der Wohnung die wohlriechende Wäsche als Lohn für die Mühsal.

Der Weg von zuhause im Kreis 5 zur neuen Arbeitsstelle beim Stauffacherplatz erlaubte es Alice nicht, über Mittag heimzugehen. Das war der einzige Wermutstropfen, und so blieb sie weiter auf der Suche nach einer ebenbürtigen Arbeit in der Nähe. Ihr Handwerk hatte sie so verfeinern können, dass sie sich zutraute, sich andernorts zu bewerben.

Nach wenigen Monaten fand sie schliesslich eine Stelle, beim Viadukt an der Limmatstrasse, in einer Herrenkleiderfabrik. Jetzt war es zeitlich wieder möglich, über Mittag heimzugehen, um für sich und Ueli zu kochen. Eine Stunde später war sie erneut im Geschäft. Manchmal aber war sie so müde, dass sie beim Handnähen kurz einschlief, ohne dass jemand es merkte.

In der Welt kriselte es, die Leute sprachen davon, dass ein Krieg ausbrechen könnte. Alice wollte sich ihre Welt nicht verderben lassen. Der Bub war bereits zweijährig, und sie konnte an den freien Samstagnachmittagen und sonntags mit ihm Spaziergänge in den Wald oberhalb von Höngg machen, wo er mittlerweile mit seinen kurzen Beinchen neben ihr her trippelte.

Im Frühling wurde die Landesausstellung in Zürich eröffnet. Was für eine Freude für Alice, diese ‹Landi› so nah erleben zu dürfen. Wenn sie diese besuchen konnte, ging sie am liebsten auf den Schifflibach. An den Sonntagen waren an der Bahnhofstrasse prachtvolle Umzüge der Kantone zu sehen. Alle waren vertreten, jede Woche ein anderer.

Als der Kanton Appenzell an der Reihe war, kam auch Ueli mit, um sie und den Kleinen zu begleiten. Bruno freute sich an den Kindern, die im Umzug mitliefen, zeigte mit seinen Fingerchen auf die Geissen und jauchzte. Alice sah die mit vielen Blumen bekränzten Umzugswagen, lauschte der Volksmusik, schaute den Fahnenschwingern zu.

So ging der Sommer vorüber, und Alice genoss ihn in vollen Zügen. Doch bevor der Herbst ins Land zog, waren die Wirren in der Welt auch für sie nicht mehr zu überhören. Radio Beromünster berichtete darüber, und sie begann, die abonnierte Tageszeitung gründlicher zu lesen. Die Landesausstellung wurde vorübergehend geschlossen.

Eines Tages musste sie feststellen, dass Ueli bei der Nationalen Front mitmachte. «Wie kannst du bloss? Die Leute dort sind Landesverräter. Die hängen sich an die faschistische Partei von Deutschland und laufen mit einer Fahne umher, auf der das Schweizerkreuz bis zum Rand gezogen ist.» Sie wusste, dass es auch in Zürich Hitleranhänger gab. Meist waren es Arbeitslose, und von diesen gab es viele. «Nein, nein», rechtfertigte sich Ueli, «das ist wie eine Partei.» Er erhoffte sich, wie damals die deutschen Schneidergesellen, der Hitler bringe irgendwann auch in die Schweiz genügend Arbeit. Wiewohl Alice den Grund seiner Anhängerschaft zu verstehen suchte, bedrückte es sie doch.

Es erfolgte die Mobilmachung für alle diensttauglichen Schweizer Männer, und auch Ueli wurde in den Dienst gerufen.

Alice half ihm beim Einpacken. Sie kniete auf den Boden und rollte gemeinsam mit ihm den Militärmantel ein. Dann begleitete sie ihn mit dem inzwischen dreijährigen Bruno auf den Bahnhof, winkte zusammen mit andern Frauen und Kindern, bis der Zug verschwunden war.

Für viele Familien und vor allem für viele Frauen folgte eine schwierige Zeit. Alice sparte, wo sie konnte, oder es gab Hafersuppe zum Mittagessen. Kartoffeln und Salat. Für mehr reichte das Geld nicht. Die Lebensmittel wurden mit Hilfe von Marken rationiert. Alice verschenkte ihre Butter- und Zuckermarken. Womit hätte sie solchen Luxus bezahlen sollen?

Als die Landesausstellung ihre Tore wieder öffnete, Ueli auf Urlaub kam und die kleine Familie auf eine Zürichsee-Schifffahrt durfte, ohne dafür bezahlen zu müssen, war ein Teil ihres Glücks zurück. Die Uniform ermöglichte den Soldaten diesen Bonus.

Kriegszeit

Weltkrieg nannte man diesen Krieg, und in Deutschland wurden Gerüchte über Konzentrationslager laut, wohin Menschen mit jüdischer Religion und Behinderte gebracht würden. Was dort mit ihnen geschah, wusste niemand genau, aber man ahnte das Schlimmste. Alice hielt ihre Ohren offen, hörte regelmässig die Nachrichten auf Radio Beromünster. Als sie vernahm, dass eine Kommission des Roten Kreuzes nach Deutschland delegiert werde, um zu prüfen, was an den Gerüchten wahr sei, was in diesen Konzentrationslagern tatsächlich geschehe, und als diese zurückkam und berichtete, es sei nicht so schlimm, wie man befürchtet habe, war Alice beruhigt, ja regelrecht erleichtert.

Einmal klopfte ein alter Mann an ihre Tür. Er komme aus dem Kanton Glarus. Mache dort Zigerstöckli, sei ein Zigermannli. Und hungrig sei er. Da er sich nicht abweisen liess und ihr leid tat, fragte sie, ober er mit ihr und dem Bub einen Teller Suppe essen wolle. Der Mann nahm dankbar an. So sassen die drei, Alice, der kleine Bruno und der alte Mann, gemeinsam am Tisch, löffelten Hafersuppe, und Alice erzählte ihm über das Leben in Zürich. Beim Abschied schenkte er ihr ein Zigerstöckli.

An einem Samstag, als Ueli auf Urlaub nach Hause kam, sagte er mit traurigem Blick: «Ich will nicht mehr in den Militärdienst.» Er machte einen resignierten Eindruck, und Alice spürte eine Verzweiflung bei ihm, die sie so nicht kannte. Zugleich war sie sich der Ausweglosigkeit bewusst: Diensttaugliche Männer hatten keine Wahl, auch Ueli nicht. Er musste wieder einrücken. Alice fühlte sich hilflos. Am Sonntagmorgen, Ueli schien bereits aufgestanden zu sein, nahm sie einen Gasgeruch wahr. Sofort stand sie auf, wollte in die Küche. Die Tür war abgeschlossen. Sie hörte das zischende Geräusch des offenen Gashahns. In Panik rannte sie auf den Polizeiposten des nahen Kreisbüros. Die Polizisten eilten herbei, hasteten die Treppe hinauf in die Wohnung. Vom Gang zur Küche war ein Glasfenster. Das schlugen sie ein. Ueli lag bewusstlos am Boden. Nun wurde er mit der Ambulanz ins Spital gebracht.

Für Alice folgten bange Stunden. Eine Angst war in ihr, allein zurückbleiben zu müssen. Und sie merkte, dass sie ihren Ueli gern hatte.

Die Erleichterung war gross, als die Nachricht kam, dass er gerettet sei.

Nach der Entlassung aus dem Spital erhielt Ueli ärztliche Hilfe, um seine Not zu besprechen. Alice wusste, dass vieles in seinem Leben nicht gradlinig verlaufen war. Mit acht Geschwistern aufgewachsen, musste er als junger Bub einem Viehhändler bei der Arbeit helfen und mit vierzehn bei einem Bauern hart arbeiten. Ausser der Mutter und einigen Geschwistern hatte er keine Verwandten mehr, und der Kontakt zur Familie war sehr minim. Uelis Vater hatte Alice nie kennen gelernt.

Von diesem Sonntag an verliess Alice die Angst um ihn nie mehr ganz.

Nach seiner Genesung musste er wieder einrücken. Zurück in den Aktivdienst. Aber man berücksichtigte seinen seelischen Zustand, und er bekam eine neue Aufgabe: Er wurde zunächst bei einem Rebwiesenbau eingesetzt und dann nach Andermatt versetzt, wo Festungen gebaut wurden. Alice schrieb ihm oft. Schickte ihm zur Ermunterung kleine Pakete. Meistens schrieb er eine Karte zurück. Bedankte sich.

Als er einmal längere Zeit nichts von sich hören liess, überkam Alice erneut grosse Sorge. Tat er sich sicher nichts an? War er den Aufgaben, die ihm das Militär stellte, gewachsen? Als er beim nächsten Urlaub heimkam, atmete sie auf.

So vergingen Wochen und Monate. Bruno wuchs und gedieh und sah seinen Vater manchmal an den Wochenenden. Alice nähte und sang, kochte und sang, führte den Kleinen spazieren, richtete für die Urlaube von Ueli, den sie vermisste, alles schön her, sparte, kochte Fleisch, wenn er heimkam, meisterte alles allein und souverän. Auch die Musik fehlte ihr. Aber tapfer wie stets packte sie jeden Tag an. Aus den Monaten wurde ein Jahr, und zu Beginn des zweiten Kriegsjahres spürte sie, dass erneut ein Kindlein in ihr wuchs.

Eines Tages, am Morgen vor Heiligabend 1940, herrschte im Geschäft eine grosse Unruhe. «Was ist los?», fragte sie. «Hast du den Bombenabwurf in der Nacht beim Viadukt nicht gehört?» Nein, sie hatte nichts bemerkt. Hatte tief geschlafen. Sie wurde aufgeklärt: Britische Flieger hatten Sprengbomben über dem Industriequartier abgeworfen. Eine Person war dabei ums Leben gekommen. Mehrere wurden verletzt. Vermutet wurde, der Eisenbahnviadukt sei Ziel des Anschlags gewesen. Sicher wissen tat es niemand. Der Viadukt war auf der Seite der Josef- und der Ottostrasse beschädigt. Weitere Bomben hatten Häuser an der Josefstrasse zerstört.

Überhaupt gab es immer wieder Bombenalarm. Wenn die Sirenen mit dem giftigen an- und abschwellenden Ton losgingen, nahm Alice Bruno bei der Hand und flüchtete mit ihm und anderen Bewohnern in den Luftschutzkeller. Dort verharrten sie, bis ein langgezogener Ton Entwarnung gab. Dann atmeten alle auf und verliessen den fensterlosen Raum. Als Alice im achten Monat der Schwangerschaft war, wollte sie, wenn Ueli daheim war, nicht mehr in den Luftschutzkeller. «Ich bleibe oben», sagte sie bestimmt. Dann ging er mit dem Bub allein hinunter.

Am 20. August 1941, an einem Mittwoch, war es so weit: Die Wehen setzten ein, und Alice spürte, dass das Kind auf die Welt kommen wollte. Aber da war niemand, der sie ins Spital begleiten konnte. So vertraute sie Bruno einer Familie der Kirchgemeinde an, die ihn anderntags ins Kinderheim Neumünsterallee brachte, wo er während ihrer Wochenbettzeit gut aufgehoben sein würde.

Noch war Krieg, und nachts mussten die Fenster verdunkelt werden. Auch die Strassenlampen brannten nicht. Kein die Schweiz überfliegender Feind durfte die Stadt sehen.

Als die Wehen zunahmen, machte sich Alice zu Fuss auf den Weg und fand trotz der Dunkelheit die Frauenklinik. Tags darauf kam Robert zur Welt. Auch er wurde im Spital getauft, womit einerseits Geld gespart werden konnte, musste so doch kein Tauf-Fest organisiert werden. Dies erleichterte einiges, zumal Ueli nicht da war. Anderseits standen wieder Leute vom Personal Pate, sodass Alice auch ihr zweites Kind mit niemandem ausserhalb der Familie teilen müsste. Das war ihr wichtig. Die Kleinen und Ueli, das war ihre Familie.

Im Spital gab man Alice Leber zu essen. «Sie haben viel zu wenig Blut!», sagten der Arzt und die Krankenschwestern. «In den Leberli hat es Eisen drin. Das wird Ihnen gut tun.»

Nach einer Woche wollte man sie zur Erholung schicken. Aber Alice mochte nicht. Sie zog es heim, sie sehnte sich nach Bruno, wollte mit ihren Buben zusammen sein. Ganz allein meisterte sie zu Hause den Start mit Bruno und dem Neugeborenen. Nachbarinnen kamen vorbei, wollten den Säugling sehen, sagten: «So ein Herziger! Die schwarzen Augen!»

Als Ueli am nächsten Wochenende auf Urlaub kam, sah er seinen zweiten Sohn zum ersten Mal.

Dass sie Robert nun auch in die Krippe bringen sollte, weil sie wieder Geld verdienen musste, tat ihr weh, und sie überlegte hin und her, wie sie es anstellen könnte, um zu Hause zu arbeiten. Denn alles kostete. Auch die Kinderkrippe. Mit der Nähmaschine aus der Brockenstube nähte sie weiterhin Nachthemden. Der Stoff dafür wurde ihr zugeschnitten geliefert. Den Faden musste sie selber kaufen. Wenn sie nachts der Sorgen wegen nicht schlafen konnte, stand sie auf und nähte und flickte, weil sie dachte: Es hat keinen Sinn, mich im Bett zu wälzen. Lieber nutze ich die schlaflose Zeit fürs Nähen, bis ich so müde bin, dass der Schlaf die Sorgen überdeckt. Dann verdiene ich wenigstens am Wachsein. Doch trotz ihrem Fleiss fehlte es an vielem. Noch immer konnten sie sich keine richtigen Schlafzimmermöbel leisten.

Einmal erzählte sie Pfarrer Imobersteg davon. Und wieder half die Kirchgemeinde und bezahlte den beiden die nötigen Möbel für ein Schlafzimmer. Alice empfand Stolz und Freude, als sie Ueli beim nächsten Urlaub diese Nachricht überbringen konnte.

Am Sonntag, wenn Ueli keinen Urlaub hatte, ging Alice mit den Buben zur Spielwiese im Kreis 5. Die Lindenbäume blühten, und man konnte ihren Duft in weitem Umkreis geniessen. Alice sammelte Blüten und kochte daraus Tee. Jeden Tag tranken sie davon.

Was die Lebensmittelknappheit im ganzen Land anbelangte, so riet der Professor für Pflanzenbau von der ETH Zürich, Friedrich Traugott Wahlen, den Politikern zu einer ‹Anbauschlacht›. Jeder Flecken freie Erde sollte bepflanzt werden. An manchen Orten wurde dies bereits seit einem Jahr getan. Nun auch auf der Spielwiese.

Während rings um die Schweiz Länder besetzt und viele Städte zerbombt wurden, fragte sich Alice immer wieder: Wann sind wir dran? Wann kommt dieser Hitler in die Schweiz? Sie hörte Leute sagen: Die Schweiz nimmt der am Schluss in der Hosentasche mit.

«Sie sind blutarm, Frau Walliser», das sagte nun auch der Hausarzt, den sie wegen ihrer Erschöpfung aufsuchte. «Sie müssen zur Erholung aufs Land. Da gibt es Geissenmilch. Die wird Ihnen gut tun.» – «Nein!», antwortete Alice bestimmt, «das kommt für mich nicht in

Frage. Die Buben brauchen mich.» Dass Geissenmilch sie an die Pflegeeltern in Tenniken erinnern würde, behielt sie für sich.

Ungeachtet der Müdigkeit, die sie mehr und mehr spürte, begann sie, Zeitungen auszutragen. Zuerst die ‹TAT› von der Migros. Ihre Tour zu den Abonnenten führte vom Paradeplatz zum Waffenplatz. Sie hoffte, durch das viele Laufen Kraft zu gewinnen. Aber das Gegenteil war der Fall. Sie gab sich zu sehr aus.

Einmal sollte der kleine Bruno helfen. Da merkte sie, dass der Bub die Zeitungen durch die Ritzen eines Dolendeckels geworfen hatte, sodass diese in einem Schacht gelandet waren. Aus seinem Verhalten schloss Alice, dass der Fünfjährige, wenn Robert in der Krippe weilte und sie allein auf Zeitungstour ging, wohl zu oft allein war. Das schlechte Gewissen plagte sie. Sie schimpfte nicht, sondern tröstete den Bub und nahm ihn weiterhin mit auf die Tour.

Ueli monierte: «Du hast eine Affenliebe zu diesem Bub.» Aber Alice wusste, dass sie ihren Kindern das geben wollte, was ihr in der ganzen Kinderzeit gefehlt hatte: so viel Liebe und Zuwendung wie möglich. Das Mutterwerden hatte etwas in ihr verändert.

Das schien für Ueli nicht einfach zu sein. Ihn plagte oft eine Eifersucht.

Alices Tage begannen früh. Um sechs Uhr schon hörte man den Milchmann. Das Scheppern der Milchkannen, die er mit seinem Litermass füllte, gehörte zu den vertrauten Morgengeräuschen. Auch das Quietschen der fahrenden Trams. Gelegentlich fuhr ein Auto der Strasse entlang. So erwachte der Morgen im Quartier. Auch Anwohner hatten sich bereits ein solches Mobil angeschafft und es gab eine Diskussion, ob Leute, die ein Auto besassen, überhaupt in der städtischen Liegenschaft wohnen bleiben dürften. Wer sich ein Auto leisten konnte, wäre doch in der Lage, sich eine Wohnung zu einem teureren Zins zu mieten, und bräuchte keine Sozialwohnung der Stadt.

In der Wohnung, in der die kleine Familie daheim war, gab es einen Rediffusions-Anschluss, der einen störungsfreien Radioempfang ermöglichte. Dieser bot drei Stationen, wovon Radio Beromünster für Alice der wichtigste Sender war. Für sechzig Rappen in der Woche konnte sie zu bestimmten Zeiten Musik und Nachrichten hören. Wenn sie am Nähen war, ging ihr dabei die Arbeit leichter von der Hand.

Nachmittags um zwei, wenn Bruno im Kindergarten und Robert in der Krippe war, fand sie Zeit, sich etwas hinzulegen, auszuruhen und den Geschichten zu lauschen. Wenn gesungen wurde, sang sie mit. Vor allem wenn Otto Schreiber Soldatenlieder vortrug. Sie sang überhaupt überall, wo sie war, und bei allem, was sie tat.

Einmal hörte eine Frau im Treppenhaus, die jemanden besuchen wollte, wie es aus der Wohnung heraus tönte. Sie läutete und fragte, ob Alice nicht in den Kirchenchor kommen möchte. Auch der Pfarrer hatte sie schon eingeladen. «Eigentlich möchte ich schon», antwortete sie. So ging sie nun, wenn jemand für die Buben da war, eine Nachbarin zu ihnen schaute, in den Chor.

Am liebsten mochte sie die fröhlichen Wanderlieder, *An einem Sommermorgen, da nimm den Wanderstab,* das zu einer Volksweise vertonte Gedicht von Theodor Fontane, aber auch alle Lieder, zur Laute gesungen von Hans Rölli. So lernte sie Lied um Lied. Doch wenn der Dirigent, Otto Schreiber den Chormitgliedern die Melodien auf dem Klavier einzuhämmern versuchte, Lieder, die Alice vom Notenblatt lesen konnte, tat es ihr in den Ohren weh. Unreine Töne schmerzten.

Die Blockflötenmusik hatte für sie den angenehmsten Klang. Auch Harfe und Orgel, wie überhaupt alle Instrumente, die auf Feinheit gestimmt werden können. Beim Klavier störte sie, dass der Chorleiter so kräftig auf die Tasten schlug. Aber sie machte jetzt mit im Chor und freute sich an allem, was sie an Musik und Gesang ergattern konnte. Otto Schreiber ehrte mit seiner kräftigen Stimme auch die Schweizer

Soldatenfrauen, wenn er mit ihnen Soldatenlieder einstudierte. Beim Lied über die Rosen am Wegesrand sang Alice voller Inbrunst mit:

Alle Rosen, sie blühen am Wege rot,
wir marschieren, marschieren vorbei.
Vielleicht sind wir morgen schon bleich und tot,
du und ich und die ganze Reih.

Doch wenn sie den Text am Radio hörte und sich des Inhalts bewusst wurde, schauderte es sie. Die Frauen zu Hause sollten sich freuen, wie tapfer ihre Männer im Aktivdienst waren?

Um nicht frieren zu müssen, holte Alice beim Migros-Laden leere Gemüsekistchen, die sie unentgeltlich bekam. Damit konnte sie den kleinen Zylinderofen in der Küche heizen. Oben nahm sie den Deckel mit einem Eisenstab weg und stellte eine Pfanne auf die Öffnung. So gab es für die Familie im Winter warmes Wasser. Das geliebte Radio stand auf dem Pfannengestell.

Manchmal, wenn Alice in der Küche herumwerkte, horchte sie den Hitlerreden zu. Kluges konnte sie daraus nicht hören. Das Brüllen dieser Stimme schmerzte sie gleich wie die unreinen Töne.

Anfangs der Vierzigerjahre hielt der Telefonrundspruch in Haushalten vermehrt Einzug. Damit bekam die Rediffusion Konkurrenz, und der Preis stieg auf einen Franken und zehn Rappen pro Woche. Schweren Herzens kündigte Alice den Anschluss. Jetzt hatte sie keine Musik und keine Nachrichten mehr. Auch den ‹Tages-Anzeiger› bestellte sie ab. Radio und Zeitung waren für sie zu Luxusgütern geworden, die sie sich nicht mehr leisten konnte. Der kleine Sold, den Ueli heimbrachte, reichte nirgends hin. Alice war schon dankbar, wenn sie den Zins bezahlen konnte und nicht bei der Fürsorge betteln musste.

Eine karge Zeit folgte.

Irgendwann reichte das Geld auch nicht mehr, um den Zins zu bezahlen. Alice schrieb dem Vermieter einen Brief, erklärte ihre bittere Lage. Sie erhielt keine Antwort und wusste nicht, wie sie das verstehen sollte. Doch sie arbeitete weiterhin hart, um über die Runden zu kommen, sparte sich manches am Mund ab, um Ueli und der Mutter weiterhin Pakete schicken zu können. Wochen nach einem Urlaub von Ueli – er war noch immer in Andermatt stationiert – fühlte sie, dass sie erneut schwanger war. Bruno war jetzt neunjährig, Robert vier. Monat für Monat rundete sich ihr Bauch, und sie spürte, wie das Kleine sich in ihr bewegte.

Am 4. März 1945 fielen sonntags früh beim Strickhof nahe dem Waldrand in Oerlikon englische Bomben. Eine grosse Aufregung ging durch die Schweiz. Fünf Todesopfer und fünfzehn Verletzte waren zu beklagen. Ausserdem waren Häuser zerstört. Alice wollte hingehen und sehen, was genau passiert war. Überall lagen Scherben. An den Bäumen beim Strickhof hingen Hakenkreuzfahnen. Von Schweizer Nazi-Anhängern, vermutete sie.

Endlich stellte sich für die Schweiz die Kriegslage nicht mehr so bedrohlich dar wie zu Beginn des Krieges, und viele Soldaten wurden entlassen. Unter ihnen auch Ueli. Er hatte, wie vor Kriegsbeginn, noch immer keine feste Anstellung.

Für Männer mit kleinem Lohn gab es einen Lohnausgleich. Nicht so für Arbeitslose. Ueli ging leer aus. Doch er konnte im Dienst der Armee etwas tun und wurde als Hilfe bei Bauern eingesetzt. Dafür bekam er weiterhin den Sold, und die Familie hatte so wiewohl ein kleines, doch ein sicheres Einkommen.

Eine der Bauernfamilien wohnte in Höngg, eine andere in Leimbach. Ueli schlief und ass bei den Bauern. Alice musste also noch immer weitgehend allein für sich und die Buben sorgen und war deshalb dankbar für jede Unterstützung. Einmal kam eine der Bäuerinnen zu Besuch und schenkte ihr Äpfel. Und als der Postbeamte einen Brief von der ‹Winterhilfe› mit einem Gutschein für Obst und Kartoffeln brachte, staunte sie freudig. Mit einem geliehenen Leiterwagen machte sie sich mit den Kindern auf den Weg zum Bahnhof Letten. Auf einem der Güterwagen stand Pfarrer Imobersteg. Um ihn rankte sich das Gerücht, er habe die Tochter des Baur-au-Lac-Besitzers geheiratet. Jetzt aber lud er einen Sack Kartoffeln und Äpfel auf Alices Leiterwagen. Sie würde im Winter Kartoffeln schwellen und Apfelmus kochen.

Der ersehnte Frieden ist da

Der Frühling kam, und die Friedensglocken läuteten. Weltweit atmeten die Menschen auf. Der Krieg war vorbei.

An diesem Tag des 8. Mai 1945 kam die Frau, die im Parterre wohnte, zu Alice und fragte: «Wissen Sie, wann die Rationierung aufgehoben wird?» Alice antwortete: «Dies kann unmöglich sofort erfolgen. Zuerst muss doch wieder angepflanzt werden.» Alice mochte nicht über solche Kleinigkeiten nachdenken. Nein, sie wollte sich einfach freuen, dass der Friede gekommen und der Weltkrieg zu Ende war.

Nun, da Kinder aus Europa zur Erholung in die Schweiz kamen, ins Klingenschulhaus zunächst, realisierte Alice, dass die Delegation des Roten Kreuzes damals angelogen worden war. Die Konzentrationslager hatte es gegeben. Jetzt drangen Nachrichten von unbeschreiblichem Morden und grossem Leiden aus Deutschland und anderen Ländern, die in den Krieg involviert gewesen waren, in die ganze Welt hinaus.

Für manche Familie herrschte noch immer eine grosse Lebensmittelknappheit. In Zürich, wie überhaupt in der ganzen Schweiz, wurden Lebensmittel gesammelt: Zucker, Mehl, alles, was begüterte Leute hergaben. Oft waren es Frauen aus Kirchgemeinden, die diese Sammelarbeit taten. Unter den Spenden gab es auch halb verschimmelte Säcke voller Nahrungsmittel. Die geben aus den eigenen alten Vorräten, was sie selber nicht mehr wollen, vermutete Alice. Zusammen mit andern Mitgliedern des Kirchenchors half sie im Schulhauskeller mit beim Verlesen der Gaben.

Auch für die ‹Winterhilfe› war sie unterwegs. Die Buben konnte sie zu diesen Hilfsaktionen mitnehmen. Einmal erschrak sie, als sie im Schulhaus einen ausgemergelten Bub sah, dem ein Arm fehlte. Viele

Kinder kamen ins Pestalozzidorf im Appenzellerland, wo sie gesunden und erstarken sollten. Es gab auch Kinder, die so schwach waren, dass sie starben. Alice wollte helfen, wo es möglich war, wollte etwas davon zurückgeben, was sie selber erhalten hatte, obwohl ihre Kraft oft kaum reichte, den übrigen Pflichten nachzugehen.

Sie war nicht die Einzige, die über die Kriegsjahre weit über ihre Kräfte geschafft hatte. Deshalb bot die Kirchgemeinde den Frauen, die Erholung nötig hatten, eine Woche Ferien in Brissago an. Alice fühlte sich so erschöpft, müde und krank, dass es für sie diesmal keine Frage war, ob sie das Angebot annehmen wollte oder nicht. So kam sie für eine Woche ins Haus Giabbolo. Bruno und Robert musste sie derweil fremdplatzieren. Bruno durfte zu einer Familie an die Fabrikstrasse, Robert weilte für diese Zeit im Kinderheim Paradies der Heilsarmee in Mettmenstetten.

Doch als sie vom Erholungsurlaub heimkam, ging es ihr nicht besser.

«Sie sitzen zu viel an der Nähmaschine!», rügte der Arzt.

Das allein kann doch nicht der Grund dieser unerträglichen Erschöpfung sein, dachte Alice, denn sie arbeitete ja schon ein Leben lang. Auch die Schwangerschaft konnte unmöglich Ursache der permanenten Müdigkeit sein.

Jemand riet ihr, den Arzt zu wechseln und den Doktor Wallertshauser oberhalb der Kornhausbrücke aufzusuchen. Dieser untersuchte sie gründlich, sagte dann besorgt: «Sie haben eine schwere Blutarmut: Man nennt das perniziöse Anämie.» Jetzt hatte die andauernde Erschöpfung einen Namen.

Der Arzt erklärte ihr, man wisse seit Jahren, dass das Vitamin B12 bei Menschen mit dieser Krankheit im Magen nicht aufgenommen werde und ein Mangel ohne Behandlung zum Tod führe, da das Vitamin bei der Bildung der roten Blutkörperchen eine wichtige Rolle spiele.

In den folgenden Wochen bekam Alice zunächst Calcium-Spritzen. Gut ging es ihr zwar noch nicht, aber etwas besser fühlte sie sich doch.

Als das Vitamin B12 isoliert wurde und als Medikament auf den Markt kam, konnte ihr der Arzt Hoffnung machen: «Es gibt jetzt eine Behandlung, bei der Ihr Körper das Vitamin B12 mit Spritzen bekommen kann. Zwar bezahlt die Krankenkasse die Therapie nicht. Aber ich will Ihnen das Medikament trotzdem geben. Sie brauchen es dringend. Es ist überlebenswichtig. Sie müssen es mir nicht bezahlen, wenn Sie das nicht können. Wenn Sie das Vitamin B12 regelmässig gespritzt bekommen, Frau Alder, können Sie hundertjährig werden!» Er sagte es halb im Spass, halb im Ernst und ergänzte: «Sie werden das fehlende Vitamin immer wieder benötigen, lebenslang.»

Ab nun erhielt Alice regelmässige Injektionen. Bald ging es ihr deutlich besser, sie fühlte sich wohler und bewältigte ihre Aufgaben immer besser.

Dass ihr Leiden erkannt wurde und ihr geholfen werden konnte, war ein grosser Trost. Erst viel später realisierte sie, dass ihr dieser Arzt durch seinen Grossmut das Leben gerettet hat.

Mutter sein

Ein Monat nach Kriegsende, am 25. Juni, kam Hansueli zur Welt. Alice war Mutter mit Leib und Seele. Sie hatte mit ihren drei Buben und ihrem Mann, was sie zuvor nie hatte: eine Familie. Diesen Kindern durfte sie Mutter sein. Teilen wollte sie die drei mit niemandem ausser mit Ueli. Die Buben gehörten ihr so sehr, dass sie ja selbst darauf verzichtet hatte, für Bruno und Robert Paten zu suchen. Hansueli war der Einzige, der in der Kirche getauft wurde. Für ihn rang sie sich durch, als Taufpaten zwei Mitglieder des Kirchenchors zu fragen. Aber pflegen wollte sie auch diese Beziehungen nicht.

Ueli wurde von den Bauernhöfen weg als Überwacher ins Pestalozzidorf nach Trogen versetzt, wo Ausländer-Kinder untergebracht wurden, die zur Erholung in die Schweiz gekommen waren. Er sah die mageren, vom Krieg gezeichneten Geschöpfe und war zutiefst betroffen von diesem Elend. Einmal brachte er Fotos heim und zeigte Alice, wie ausgemergelt diese Kinder waren. Dass ihn das so beschäftigte, berührte Alice, zumal er sonst wenig von seinem Innern verriet.

Alice vernahm, dass das statistische Amt Hausfrauen suche, welche ein Haushaltsbudget erstellen und alle Einnahmen und Ausgaben aufschrieben: Verdienst, Ausgaben für Lebensmittel, Kleider, Vergnügen und so fort. Ende Jahr sollte dafür ein kleines Entgelt ausgerichtet werden. Alice meldete sich. Immer wieder suchte sie neue Herausforderungen. Rechnen hatte sie mit der sorgfältigen Einteilung des Haushaltbudgets längst gelernt. Sie bekam diese Aufgabe.

Eines Tages kam ihr ein Gedanke, den umzusetzen sie Mut kostete: Sie bat um Vorschuss. Erklärte, sie habe drei Buben und noch bei keinem einen eigenen Kinderwagen gehabt. Sie würde so gern mit den Kindern grössere Spaziergänge machen. Der Kleinste könne noch nicht gehen. Ihr Wunsch ging in Erfüllung, der Vorschuss wurde bewilligt, und so erstand sie bei der Firma ‹Wehrli – Kinder- und Stubenwagen› für Hansueli einen blaugrünen Sportwagen. Sooft das Wetter es erlaubte, spazierte sie nun mit den Buben von der Limmatstrasse zum Hönggerwald. Die zwei grösseren liefen bereits zügig mit.

Lange dauerte Uelis Auftrag in Trogen nicht. So gab es auch keinen Sold mehr, und er war wieder arbeitslos.

Alice suchte erneut Wege, die finanzielle Lücke zu füllen. Die Anfrage einer Nachbarin, deren Mann beim Strasseninspektorat arbeitete, kam ihr gelegen: Ob sie eine von der Stadt gut bezahlte Näharbeit annehmen wolle? Es gäbe dafür einen Stundenlohn von einem Franken und fünfzig Rappen. «Oh gern! Gern!», antwortete Alice. In der Fabrik bekam sie für eine Woche Arbeit 35 Franken. Wenn sie zu Hause dreissig Stunden arbeiten würde, was weit weniger wäre als in der Fabrik, käme sie auf wöchentlich 45 Franken. Sie könnte mit dieser Heimarbeit auskommen, denn sie war am liebsten und in erster Linie Mutter und gab ihre Buben ungern in fremde Hände.

Bald wurde ihr eine elektrische Nähmaschine gebracht, dazu ein Sack voller Übergewänder, blauer Flickstoff und Wollsocken. Die Socken musste sie in Strickmaschen flicken. Den Kindern strickte und nähte sie alles selber. Für den Jüngsten schneiderte sie ein Farmerhöschen, wie sie eben in Mode gekommen waren, für die Grösseren Hosen ohne Träger. Jetzt konnte sie sich das Radioabonnement wieder leisten. So sass sie in der Küche an der Maschine, summte zum Surren des Motors oder lauschte den Klängen aus dem kleinen Kasten der Rediffusion.

Nachmittags hörte sie die Fortsetzungsgeschichten. Über Tage wurde der Roman ‹Rebecca› von Daphne du Maurier vorgelesen. Eine

Geschichte, halb Kriminal-, halb Liebesroman. Mit Spannung wartete sie täglich darauf, zu erfahren, wie es weiterging.

Einmal war sie so ins Hören vertieft, dass sie mit dem linken Daumen unter die Nähmaschinennadel geriet, die tief hineinstach und dabei abbrach. Um nichts zu verpassen, holte sie eine Zange, eilte zurück in die Küche, riss – der Geschichte zuhörend – die Nadel heraus und nähte weiter.

Abends, wenn die Kinder schliefen, lauschte sie den Hörspielen.

Alice sass fast den ganzen Tag an der Nähmaschine.

Als sie eines Tages einen Druck auf dem Magen spürte, merkte sie, dass sie es nicht ertrug, stundenlang zu sitzen, überhaupt so viel zu arbeiten. Sie überlegte, auf welch andere Art sie noch Geld verdienen könnte. Büros putzen!, ging es ihr durch den Kopf. Dann hätte ich mehr Bewegung! Wäre gezwungen, viel zu gehen.

Ungeachtet der Mehrbelastung begann sie mit dem Reinigen von Büros. Zuerst am Stampfenbachplatz. Bereits der Weg über den Platzspitz forderte Kraft. Dann putzte sie Geschäftsräume an der Bahnhofstrasse und der Augustinergasse. Dafür stand sie morgens um vier Uhr auf. So war sie zurück, wenn die Buben zur Schule mussten.

Doch Alice musste einsehen, dass beides zusammen nicht ging. Sie kündigte deshalb die Näharbeit an den Übergewändern. Erklärte, dass es gesundheitlich nicht mehr gehe. Die Verantwortliche bei der Stadt sagte: «Schade, dass Sie aufhören. Wir hatten noch nie eine so tüchtige Flickerin.» Die Wertschätzung stärkte sie in ihrem Selbstvertrauen und die guten Worte nahm sie als Teil des Lohnes.

Aber auch bei der Annahme von Putzaufträgen hatte sie übertrieben. Jetzt wusste sie: Ich muss mit meinen Kräften besser haushalten und das eine und andere Büro aufgeben. Zuerst das am Stampfenbachplatz. Es ist am weitesten entfernt. Dann jenes an der Bahnhofstrasse.

Da sie nun wieder weniger Geld verdiente, wollte sie wenigstens sparen, wo sie konnte. Beim Einkaufen gelang ihr das am besten.

Die Migros am Limmatplatz war Alices Lieblingsgeschäft. Dort konnte sie günstig einkaufen. Als sie bei Familie Beier im Seefeld gearbeitet hatte, war im Quartier regelmässig ein Verkaufswagen der Migros vorgefahren. Selbst Herrschaftsleute vom Zollikerberg waren heruntergekommen, um hier günstig einzukaufen. Eine grosse Auswahl hatte es noch nicht gegeben. Dann war ein Laden an der Ausstellungsstrasse eröffnet worden, ein einfaches Lokal ohne Ladentisch, wo vor allem Grosspackungen gekauft werden konnten. Später kam die Migros an die Limmatstrasse, und seit einiger Zeit befand sich eine Filiale am Limmatplatz, gegenüber dem Wohnort der Familie. Das Angebot hatte sich erweitert. Die Kunden bekamen eine beachtliche Auswahl. Alice schaute genau, was billig war und dennoch gut schmeckte. Sie kochte einfach, aber gesund. Die Buben mussten auch Haferbrei essen. Für Ueli gab es hin und wieder ein Stück Fleisch.

Während des Krieges und unmittelbar danach hatte grosse Arbeitslosigkeit geherrscht. Mit zunehmendem Wirtschaftsboom änderte das. Schwierig, eine adäquate Arbeit zu finden, blieb es jedoch für Männer ohne erlernten Beruf. Wann wird Ueli eine Stelle finden, die ihm zusagt?, fragte sich Alice.

Einmal stand sie am Küchenfenster und schaute aufs Trottoir hinunter, sah, wie Männer mit grossen Besen die Strasse kehrten. Während sie so hinausschaute und sinnierte, bat sie Gott um Kraft, Ueli einen Vorschlag zu machen. «Geh aufs Strasseninspektorat! Das wäre doch besser als nichts.» Im selben Block wohnte ja die Frau, deren Mann ebenfalls als Strassenwischer angestellt war. Ueli nahm den Vorschlag an, ging hin, sich zu bewerben, bekam eine Stelle und begann mit der Arbeit auf den Strassen im Niederdorf. Dass er dies tat, rechnete Alice ihm hoch an.

Jetzt war er Angestellter bei der Stadt und bekam einen regelmässigen Lohn. Seit die beiden zusammenlebten, war es die erste Festanstellung, die Ueli hatte. Langsam ging es ihm auch seelisch wieder besser. Er hatte seine Tiefs überwunden.

Das Familienleben spielte sich vorwiegend in der Küche ab. Dies hing damit zusammen, dass das Wohnzimmer, im Gegensatz zur Küche, auf die schattige Strassenseite ging. Für die Kinder, aber auch für Alice war es in der Stube winters zu kalt. Auch das Schlafzimmer lag auf der Schattenseite, doch fror man im Bett nicht gleichermassen. Alice füllte im Winter Wärmeflaschen mit dem heissen Wasser des Küchenofens. So konnte über Nacht jedes seine Wärme unter der Bettdecke bündeln. Das Kinderzimmer ging, wie die Küche, auf die Hofseite hin und war angenehmer, weil bei schönem Wetter die Sonne wärmte.

Wenn Alice in der Küche arbeitete, sang sie. Manchmal kam Ueli dazu, nicht zum Abtrocknen, nein, aber er spielte dann Mundharmonika, während sie kochte oder Geschirr spülte. Wie liebte Alice diese Stimmung! Da störte es sie überhaupt nicht, dass er sie im Haushalt so gar nicht unterstützte.

Alice hatte gelesen, dass die Migros in der neu eröffneten Klubschule günstige Sprachkurse anbot. Wenn sie das Geld zusammenbrachte, wollte sie sich genauer erkundigen und vielleicht einen Kurs mitmachen. Fürs Erste hatten sich aber statt der erwarteten fünfzig Interessierten weit über tausend Leute angemeldet, darunter vor allem Frauen. Alice musste sich gedulden und ihren Wissensdurst noch etwas zügeln.

Für sie war das Familienleben das Wichtigste. Sie sparte für Weihnachten. Jedes Jahr gelang es ihr, ein schönes Fest zu bereiten, einen Christbaum zu schmücken, für die Buben Geschenke zu kaufen. Für Ueli schien dies nicht so wichtig, doch da sie ihr Geld selber verdiente, konnte sie es auch selber verwalten und einen Teil davon fürs Fest ausgeben. Die Buben sollten an Heiligabend überrascht werden und Weihnachten feiern dürfen, mit allem, was das Fest für Kinder schön machte, ja mit allem, was Alice in ihrer Kinderzeit entbehren musste.

Als sie eine Occasion-Märklin-Eisenbahn fand, bekam sie erstmals Unterstützung von Ueli, der als Kind wie Alice wenig verwöhnt worden war, und für den dieses Geschenk an die Kinder auch ein wenig Geschenk bedeutete. Später wird Robert der sein, der Taschengeld spart, um neue Wagen dazuzukaufen.

Im Block, in dem die Familie in der Vierzimmerwohnung wohnte, schien Alice der Hof mit zwei Durchgängen zu den Strassen wenig kinderfreundlich. Doch die Kinder wohnten gern hier. Im Winter bereitete der Hausabwart mit dem Wasserschlauch ein Eisfeld, im Frühling suchten die Kleinen im Gebüsch mit viel Geschrei Marienkäferchen. Robert fuhr mit dem Tretauto rund um den Block.

Eines Tages kam Alice mit einer Frau des benachbarten Blocks ins Gespräch. «Ich wäre viel lieber in die Vierzimmerwohnung gezogen, die ihr bewohnt», sagte diese. Alice horchte auf. Ihr kam eine Idee: Warum nicht tauschen? Drei helle Zimmer im vierten Stock gegen die dunklen Zimmer der Vierzimmer-Parterrewohnung? Die kleinere Wohnung ging über ein abgerundetes Häusereck mit Fenstern auf drei Seiten. Zuunterst, in die Hausmauer eingebaut, war ein Brunnen. Über diesem eine Uhr. Eine edle Bauart für einen Häuserblock der städtischen Liegenschaftsverwaltung, fand Alice. Im Parterre war ein Kindergarten. Auf dem Trottoir standen japanische Kirschbäume. In der Blütezeit kamen viele Leute vorbei, um die Blütenpracht anzuschauen. Auf der Schattenseite lag nur die Küche.

Alice war stets darauf bedacht, die Situation für ihre Familie noch und noch zu verbessern. Die Buben könnten das grösste Zimmer teilen. Bruno, inzwischen in der Pubertät, würde wohl am meisten Widerstände aufbringen. Wie aber erklärte sie ihren Wunsch, die

Wohnung mit jener Familie zu tauschen, ihrem Mann? Der Umzug wäre ja erneut mit Arbeit verbunden: einpacken, putzen, schleppen, auspacken, einrichten. Und was würde er über den Wechsel vom Parterre in den vierten Stock halten? Seit er beim Strasseninspektorat arbeitete, kam er zum Mittagessen nach Hause. Er müsste also mehr Treppen steigen.

«Die andere Wohnung ist kleiner, aber sonniger», eröffnete Alice das Gespräch.

«Aber im vierten Stock!», wandte Ueli ein. «Das macht mir nichts aus.» – «Gut, ich muss ja nicht so oft Treppen steigen. Du musst mit den Kindern hinauf und mit den Einkaufstaschen rauf und runter.» Er war einverstanden.

Rasch teilte sie es der andern Frau mit, und die beiden leiteten den Umzug bei der Verwaltung in die Wege. Arbeit hatte Alice nie gescheut, zumal wenn diese der Lebensqualität für die Familie zugutekam. Sie freute sich auf den Umzug.

Die neue Wohnung war auf ihrer Etage die einzige. Die Waschküche war genau wie im Block bisher auch oben, und so würde sie die schwere Wäschezaine nicht mehr über die vielen Treppen schleppen müssen.

Hansueli war ein lustiger Bub. Vor allem reiselustig. Eines Tages, kurz vor dem Mittagessen, war der Vierjährige wie vom Erdboden verschluckt. Alice suchte ihn überall. Bruno und Robert halfen, zogen um die Häuserblocks herum, blickten in alle Höfe. Alice war in grosser Sorge, wurde seit dem 20. Mai doch der Hansli Eichenberger aus Zürich-Altstetten vermisst, von dem seither jede Spur fehlte. Die ganze Stadt war nach ihm durchkämmt worden, die Umgebung, die Wälder, alles ohne Erfolg. Auf Plakaten hatte der herzige Bub, der nur ein Jahr älter war als Hansueli, fragend heruntergeschaut, als wolle er die Leute bitten: Findet mich, den Hanseli, der von der Mutter nur kurz zur

Migros geschickt worden ist, um ein Kilogramm Zitronen einzukaufen. Von diesem Gang war er nie zurückgekehrt.

Was, wenn Hansueli ein gleiches Schicksal passiert wäre? Alice war verzweifelt. Unvorstellbar der Gedanke, dass … Jetzt half auch Ueli mit bei der Suche. Schliesslich gingen sie angstvoll auf den Polizeiposten und meldeten den Bub als vermisst. Ein Polizist beschwichtigte: «Schauen Sie, es ist Frühling, da laufen kleine Kinder gern weg.» Ungetröstet, ja besorgt machten sie sich auf den Heimweg.

Nach Stunden bangen Wartens kam endlich die Meldung von der Polizei: Hansueli sei wohlauf. Eine Frau hatte das Kind am Strassenrand sitzend und weinend gefunden und den ‹Findling› der Polizei gemeldet. «Er hat wohl vom Hof aus die neue Wohnung nicht finden können», sagte sie zu Ueli, der wie Alice erfüllt war von Dankbarkeit.

Dies war einer der Momente, wo Alice und Ueli ihre Zusammengehörigkeit trotz allen Unterschieden spürten: Es waren die Kinder, ihre drei Buben, die ihnen dieses Gefühl gaben.

Alice richtete die neue Wohnung ein. Die Rundung des Häuserecks setzte sich vom Brunnen am Boden bis zum vierten Stock fort. Eine mit Blech verkleidete Vertiefung zur Wohnung hin war wie ein kleiner Balkon, der allerdings nicht der Nutzung für die Bewohner diente. Auf ihn konnten Blumentöpfe oder sonst etwas abgestellt werden. Auf dieser Seite war das Wohnzimmer durch das Dach abgeschrägt.

Vom etwa acht Meter langen Korridor, der mit Täferholz ausgekleidet einen heimeligen Eindruck machte, führten Türen in die drei Zimmer und die Küche. Beim Fenster, das in einer Ausbuchtung lag, befand sich die Toilette. Den kleinen Ofen hatten sie mitgezügelt. Die in Zeitungspapier eingewickelten Briketts hielten die Küche warm. Mit Ueli zusammen ging Alice ins Brockenhaus und erstand ein Eichenbuffet mit einem Aufbau und ein niederes Schränklein aus Tannenholz, in dem die Schuhe versorgt werden konnten. An die Holzwand im Gang hängte sie Bilder von Albert Anker, die sie als Karten fand oder aus Zeitschriften ausschnitt.

In der Küche und im Wohnzimmer wurden Rediffusion-Lautsprecher angebracht. Das Radio war noch immer Alices liebster Begleiter bei Hausarbeiten und beim Nähen.

Regelmässig kam ein Mann von der Firma Rediffusion vorbei, um das Geld einzuziehen. Von ihm erfuhr sie, dass auch Frauen diese Arbeit tun. Ob das auch etwas für mich wäre?, fragte sie sich. Anstatt so viel zu Hause zu sitzen und zu nähen und anstelle des Putzens der vielen Büros? Den Jüngsten würde sie auf die Tour mitnehmen, während die beiden Grösseren für diese kurze Zeit zu sich selber schauen könnten. Sie entschloss sich, eine Postkarte an die Firma zu schreiben und zu fragen, ob man sie anstellen würde. Die Antwort liess nicht lange auf sich warten. Der Briefträger brachte ihr den Brief: «Kommen Sie bei uns vorbei, um sich vorzustellen.» Was man ihr nicht zweimal sagen musste.

Den bald fünfjährigen Hansueli an der Hand, einen guten Rock angezogen, säuberlich gekämmt, machte sie sich auf den Weg zum Büro beim Bahnhof Selnau an der Sihl. Eine Frau empfing sie, führte sie in ein Zimmer, stellte Fragen. Schliesslich meinte sie: «Wir möchten es mit Ihnen probieren.» Sie gab ihr ein Bündel Karten, erklärte, wo ihre Tour sei, was sie machen müsse und wo abgerechnet werde. Als Alice mit Hansueli wieder auf der Strasse stand, zerplatzte sie fast vor Freude. Zum Kleinen sagte sie: «Nun gehen wir in die EPA und essen etwas Süsses. Das können wir uns jetzt leisten.» Glückselig trippelte der Kleine neben ihr her.

Bei der Rediffusionsstelle wurde immer freitags abgerechnet, und Alice musste dort die Tasche mit dem während der Woche gesammelten Münzgeld abliefern. Doch das Tragen der schweren Tasche bescherte ihr Probleme bei der rechten Hand und dem linken Arm. Flink nähte sie eine Tasche mit zwei Reissverschlüssen und einem Trägerriemen, den sie über die linke Achsel hängen konnte. Das war wieder einer der Momente, in denen sich Alice ihrer Behinderung kurz bewusst wurde. Wenn sie dann von Tür zu Tür ging, die Treppen hinauf und hinunter, kam ihr das Sprichwort ‹Aller Anfang ist schwer› in den Sinn. Sie ergänzte für sich: ‹Auch wenn man etwas gern tut.›

Die Tour begann beim Limmatplatz und endete am Escher-Wyss-Platz. Haus für Haus klapperte sie ab, vom Parterre bis hoch zu den Mansarden. In keinem einzigen Haus gab es einen Lift. Oft, wenn sie nach dem Erklimmen der zehn Treppen im fünften Stock ankam, musste sie innehalten, bis das heftige Herzklopfen etwas nachliess und der Atem sich wieder beruhigte. Manchmal, nachdem sie an die Tür geklopft hatte, musste sie feststellen, dass niemand da war. Mit der Zeit lernte sie, wer wann zu Hause war. Die ersten Wochen waren hart. Oft betete sie auf dem halben Weg in die oberen Stockwerke: «Lieber Herrgott, gib mir Kraft, dass ich diese Arbeit weiterhin tun kann. Du weisst doch, wie nötig wir das Einkommen haben.»

Manchmal klappte sie vor Erschöpfung fast zusammen. Diese vielen Treppen! Die schlechte Kondition! Zu Hause die drei Buben! Aber es besserte von Woche zu Woche, die Kraft nahm zu, sie fühlte sich freier als je zuvor und genoss manch schöne Begegnung. Es gab Leute, die, sobald sie ihren Wohnort kannten, zu ihr nach Hause kamen, um zu bezahlen. Oder Alice erfuhr, dass der Zimmerherr, der im obersten Stock eines Blocks wohnte, im Wirtshaus zu finden war. Dahin schickte sie dann zum Einziehen des Geldes die Buben, vor allem Hansueli. Sie selber mochte nicht in die Wirtschaft gehen, wo sich gelegentlich auch Ueli aufhielt.

Eine Freude war für sie jedes Jahr, wenn die Rediffusion, die mit den Einzügern sehr grosszügig war, alle zum Essen in ein Restaurant einlud und den Angestellten etwas Kulturelles schenkte. Einmal war eine Theatergruppe aus Österreich zu Gast und spielte die Operette

‹Der fidele Bauer›. Die Wiener Tanzmädel aus der Pension Schmid kamen Alice in den Sinn.

«Der Herrgott», sagte sie zu Ueli, «hat mein Gebet erhört. Die Kraft reicht.» Bald schon würden die Buben mithelfen, irgendwann ihre eigenen Abonnenten haben, um auf diese Weise ein Taschengeld zu verdienen.

Ueli hatte eine Leidenschaft: Er spielte jede Woche Sport-Toto. Mit den Fussballclubs kannte er sich aus. Zweimal gewann er einen Betrag, der es ihm ermöglichte, einen dreiarmigen Leuchter für das Wohnzimmer zu kaufen. Vom Rest erstanden die Eltern für die Kinder einen Hamster und Meerschweinchen.

Als an einem Sonntag die Geburt junger Meerschweinchen anstand, erlaubte Alice den Buben, die Sonntagsschule und den Religionsunterricht zu schwänzen und der Ankunft der Tierchen zuzusehen. Was das Leben an Wissenswertem gab, wollte sie ihnen vermitteln.

Die Migros wuchs. Das Lebensmittelgeschäft am Limmatplatz vergrösserte sich und eröffnete auf der andern Strassenseite des Limmatplatzes eine noch grössere Filiale. Als der Gründer, Gottlieb Duttweiler, in den Ständerat gewählt werden wollte, wurde Alice angefragt, ob sie mit den Buben zusammen beim Hauptbahnhof an der Bahnhofstrasse Flugblätter verteilen würde. Als Lohn winkten vierzig Franken.

Jetzt war der Röbeli in seinem Element. Etwas unter die Leute bringen, das war seine Begabung, das konnte er, und er machte es gern.

Nach getaner Arbeit ging Alice mit dem verdienten Geld schnurstracks in die Metzgerei und kaufte einen Sonntagsbraten. Duttweiler wurde gewählt und die Buben waren überzeugt, dass sie und die Mutter einen Anteil daran hatten.

Menschen aus finanziell schwächeren Schichten schätzten den Mann, der eine eigene Partei gegründet hatte, und von dem man sagte, er sei einer, der sich für Wenigerbemittelte einsetze. Umso mehr staunten viele, als in der Zeitung zu lesen war, er habe nach einer Ratsversammlung, bei der ein Anliegen von ihm wieder einmal auf die lange Bank geschoben wurde, einen Pflasterstein durch ein Fenster aus dem Bundeshaus geworfen. Vorher aber sei einer von ihm auf die Strasse hinuntergeschickt worden, der dafür habe sorgen müssen, dass niemand verletzt würde bei seiner Aktion. Alice schätzte ihn wie viele andere genau wegen seines Kampfeswillens. Aber auch um seiner sozialen Einstellung willen.

Einmal beim Einkaufen erfuhr sie, dass die Kunden während einer Minute Lebensmittel einkaufen könnten, ohne bezahlen zu müssen, dass aber kein Lebensmittel doppelt im Einkaufswagen liegen dürfe. Was für eine Überraschung.

Mit vollem Einkaufswagen pilgerte sie wenig später auf dem Trottoir nach Hause. Unterwegs schenkte sie zwei ihr bekannten Frauen etwas aus dem Wagen. Zu Hause angekommen, stapelte sie im schönen holzgetäferten Korridor alles auf, damit ihre Lieben es sehen und sich freuen könnten, sobald sie heimkämen.

So erlebte Alice viel Schönes, und manch dunkle Stunde der Kinderzeit schien weit in die Vergangenheit gerückt.

Die Buben werden grösser

Die Zeit verging, in der Familie von Alice und Ueli wie andernorts. Die Buben wurden grösser. Hamster und Meerschweinchen starben, ein junger grüner Wellensittich namens Joggeli trat an ihre Stelle. Ueli hatte Arbeit, und Alice ging ihren vielfältigen Aufgaben nach. Manchmal wünschte sie sich, Ueli würde mehr mit den Buben unternehmen. Irgendetwas. Aber er konnte das nicht. Er war kein Vater, der sich mit Kindern abgab. Er hatte seine Jungen gern, aber es war nicht seine Begabung, ihnen das auf diese Weise zu zeigen. So blieb Alice die, welche die Dinge anpackte, organisierte, Atmosphäre schaffte.

Sie war jetzt eine junge, engagierte Mutter, gleich anderen jungen Frauen. Sie erlebte in Alltagsgeschichten Gleiches wie andere junge Mütter im Zürich der Fünfziger- und Sechzigerjahre, Frohes und Schwieriges.

So wurde von den Ärzten in der Augenklinik die Vermutung bestätigt, beim kleinen Robert stimme mit dem Sehen etwas nicht: Er war so stark kurzsichtig und nachtblind, dass die Sehbehinderung mit Brillengläsern nur teilweise korrigiert werden konnte. Die Angst und damit verbundene Schuldgefühle, es könnte die Höhensonne die Ursache gewesen sein, unter die sie sich während der Schwangerschaft ärztlich verordnet hatte legen müssen, bedrückten Alice.

Auch die andern Buben bereiteten den Eltern die eine und andere Sorge: Bruno, der sich als Ältester neben den zwei Jüngeren oft benachteiligt fühlte, was sich in seinem eigenwilligen Verhalten zeigte, Hansueli, der als Erstklässler am Limmatplatz von einem wegfahrenden Tram am Kopf gestreift wurde, ein Schrecken, den Alice nicht so schnell vergass. Dann die Not des Viertklässlers, dem der Lehrer die Linkshändigkeit abgewöhnen wollte.

Robert, der gern Fussball spielte und regelmässig eine zerschlagene Brille heimbrachte. Der wegen seiner Kurzsichtigkeit ins Schulhaus am Schanzengraben wechseln musste, wo es für Sehbehinderte angepasstes Schulmaterial gab und die Wandtafel grössere Linien aufwies. Alice litt besonders, als der Lehrer den Eltern mitteilte, Robert dürfe wegen der Sehbehinderung nicht in die Sekundarschule. Wie eine Mutter Courage wehrte sie sich, sagte zum Lehrer: «Aber er ist doch ein kluger Bub. Dieser Entscheid kann einen Einfluss auf die Berufswahl haben.» – «Machen Sie sich keine Sorgen, der wird seinen Weg schon machen», antwortete der Lehrer, der an ihr Kind glaubte und sie beruhigte, sodass sie den Entscheid akzeptieren konnte.

Sie nahm ihn mit zum Einkassieren. Das machte er gern: Kleingeld zählen und zusammenrechnen. Und Leuten begegnen. Auch Hansueli machte mit. Irgendwann hatten die beiden ihre eigenen Kunden. Bruno war bei alldem selten mit dabei. Er ging lieber in den Turnverein und war bei den Pfadfindern. Wenn Alice mit den zwei Jüngeren auf der Tour war, gingen die Buben manchmal etwas früher heim, und während die Mutter noch unterwegs war, wuschen sie zu Hause das Geschirr ab, um sie zu überraschen.

Auf die Weihnachtstour nahm Alice zum Einziehen der Rediffusionsgelder alle drei Buben mit. Nicht ganz ohne Berechnung, denn da bekamen sie üppig Trinkgelder, womit Alice die Steuern bezahlen und den Buben einen Wunsch gewähren konnte.

So gediehen die drei Buben zur Freude von Eltern und Lehrern und bekamen mehr und mehr Hausaufgaben, je weiter sie in den Schulklassen waren. Der Älteste besuchte bereits die Sekundarschule und war mit seinem Stimmbruch schon ein richtiger Jüngling. Und bei allen dreien stellte sich Alice immer wieder nur eine Frage: Mache ich alles richtig? Gebe ich genügend Acht auf alle drei? Fördere ich sie gemäss ihren Begabungen? Bekommt jedes unserer Kinder genügend Liebe?

Der lustige Joggeli hatte längst einen sicheren Platz in der Familie und in den Herzen von Alice und den Buben. Der kleine Vogel begleitete sie während ein paar Jahren und war für Alice besonders wichtig. Wie einst die Geissen in Tenniken, machte auch dieses Tierchen ihr Freude und gab manchmal Trost. Joggelis Käfig stand auf einem kleinen Schrank zwischen Gasherd und Schüttstein. Die Fensterscheiben, die durch Holzleisten unterbrochen waren, wurden bald zum Lieblingsort des Vogels, der sich gern dorthin setzte. Alice kaufte ein Glöckchen, ähnlich der Schelle auf der Jasskarte. Durch das Ringlein zog sie eine dünne Schnur und band es an einen Metallstab des Käfigdachs. Sobald Essenszeit war, rief sie: «Joggeli, komm!» Dazu läutete sie das Glöckchen. Sofort kam er angeflogen und tapste in den Käfig hinein. Damit er selber ein- und ausfliegen konnte, befestigte sie das Törchen mit einem Gummiband an den Stäbchen des Käfigs. Gern sass der Vogel auch auf dem glänzenden Wasserhahn, und wenn im Schüttsteinbecken Gemüse- oder Kopfsalatabfall im Wasser schwammen, badete er sich darin. Wusch Alice das Geschirr und mussten die Buben am Küchentisch das Besteck abtrocknen, kam Joggeli angeflogen, nahm Stück für Stück und warf jedes einzeln über den Tischrand zu Boden. Zwischendurch hockte er still, hielt das Köpfchen schräg und schaute hinunter auf sein Werk. Das Spiel gefiel den Kindern so gut wie dem Vogel.

Manchmal setzten sich Robert und Hansueli am Küchentisch gegenüber, während Joggeli in der Mitte des Tischs herumlief. Robert rief ihn mit schmeichelnder Stimme: «Joggeli, komm zu mir!» Dann lockte ihn Hansueli mit denselben Worten, und der Vogel bewegte sich zwischen den beiden hin und her. Irgendwann befahl Alice: «Genug! Ihr überfordert ihn.» Wenn es auch nur ein Vogel war, der hier herumgeschoben wurde, war die schützende Schicht über Alices Kindheitserinnerungen doch noch zu dünn, als dass sie das hätte ertragen können.

Manchmal pfiff Alice ein Lied vor sich hin. Eines Tages pfiff der Vogel die Melodie nach. Und weil alle mit dem Wellensittich sprachen, lernte er reden. Alles schwatzte er nach. Einmal hörten sie, wie Joggeli piepste: «Ich han dicki Bei. Ich han dicki Bei.» Robert hatte in der Küche seine Beine im Schüttstein gewaschen. Dabei hatte er diesen Satz offenbar vor sich hin gesagt.

Einmal stand das Fenster im Bubenzimmer offen. Joggeli sass auf Roberts Schulter. Plötzlich ein Flattern, und Joggeli war weg. Das gab Tränen. Als der Vogel bis zum Abend nicht zurückkam, gab Alice im Tagblatt ein Inserat auf. Tags darauf klingelte das Telefon. Am Apparat sprach eine freundliche Dame von der Firma ‹Sanitas› am Limmatplatz. «Wir geben ihn nicht gern her», sagte sie, «er erfreut das ganze Büro und pfeift eine Melodie.» Alice pfiff ihr Lied in den Telefonhörer, worauf die Frau lachte: «Das ist die Melodie. Es muss Ihr Vogel sein.» Alice nahm flugs den Käfig, eilte ins Geschäft und stellte ihn auf den Bürotisch. Sofort flog Joggeli herbei, läutete am Glöckchen und trippelte in seinen Käfig. Niemand wusste, wo der Vogel die erste Nacht auswärts verbracht hatte, aber alle waren froh, dass er das Abenteuer gut überstanden hatte.

Für die Familie folgte eine schöpferische Zeit. Auch was die Musik anbelangte. Noch immer spitzte Alice die Ohren, las Inserate, suchte Klänge und Töne. So hörte sie von einem Konzert im Konservatorium, wo eine Jenny Kosa mit einem Zitherchor spiele. Das wollte sie sich anhören! Hansueli begleitete die Mutter. Sie lauschten aufmerksam der zarten Musik, die ihre Seele berührte. Zur selben Zeit wurde am Radio regelmässig die Filmmusik ‹Der dritte Mann› gespielt. Der Solist, Manfred Harass, war ein begabter Zitherspieler. Hansueli war begeistert. «Das möchte ich lernen», sagte er zur Mutter. Alice scheute nichts, eine Lehrerin zu finden, und bald durfte er bei Frau Heule Zitherstunden nehmen. Acht Franken kostete die Stunde, und Alice war stolz, dass sie das Geld aufbringen konnte. Acht Jahre lang würde er mit dem Zitherkasten per Bus und Tram nach Oerlikon fahren.

An seinem Zitherspiel freute sich noch einer: Jeden Mittag nach dem Essen, wenn der Bub am Küchentisch sass und übte, setzte sich Joggeli auf seine Schulter und pfiff mit zurückgewandtem Köpfchen sein Liedchen.

Auch Robert nahm Musikstunden. Er spielte beim Stauffacherplatz im Handorgelclub mit, der jetzt von Helblings Töchtern geleitet wurde. Mit Stolz hörte Alice ihren Buben zu, wenn sie musizierten. Besonders liebte sie das Zitherspiel. Wie gern hätte sie es gelernt. Aber kein Instrument war bisher geeignet, dass sie es ohne Schmerzen über längere Zeit hätte spielen können. Umso mehr freute sie sich, dass sie ihren Kindern erfüllen konnte, was ihr selber verwehrt geblieben war.

Dem Ältesten, Bruno, der Gitarre spielen gelernt hatte, lag das Malen näher als das Musizieren. Seine Schulzeit ging zu Ende, und er begann eine Lehre als Carosseriespengler. Ihn drängte es, möglichst bald selbständig sein Brot zu verdienen.

In einer Sommernacht erwachte Alice. Sie nahm ein Schütteln wahr. Ein Erdbeben!, schoss es ihr durch den Kopf. Tatsächlich bebte die Erde! Ueli und die Kinder merkten nichts, schliefen tief. Alice stand auf und ging in die Küche. Das Schütteln war stark genug gewesen, Joggelis Käfig auf den Boden zu werfen. Darin lag der kleine Vogel auf dem Käfigboden. Der Anblick des hilflosen Wesens berührte Alice zutiefst. Sie nahm ein Taschentuch von Ueli, bastelte daraus eine kleine Hängematte und legte den Vogel hinein. Aber der Liebling der Familie starb am nächsten Tag. Mit den Buben ging Alice beim Milchbuck hinauf zum Waldrand und begrub ihn da mitsamt dem Glöckchen.

Robert fand im ‹Chäsbueb›-Laden an der Bahnhofstrasse eine Ausläuferstelle und konnte so sein Taschengeld aufbessern. Eines Tages fand er da eine Katze, die offenbar niemandem gehörte. Tiere zu halten war im städtischen Block verboten. Robert trug den grossen schönen Tiger dennoch heim. Heimlich wurde der Kater in der Wohnung gehalten und alle hatten Freude an ihm. Nach kurzer Zeit wurde er so anhänglich, dass er nicht mehr allein bleiben wollte. Er lernte Türen öffnen, indem er mit den Pfoten auf die Falle sprang. So begann er, die Tür aufs Vordach hinaus aufzumachen und in andere Wohnungen zu schleichen. Da musste Robert die Katze in ein Tierheim bringen.

Eines Tages klopfte es an die Tür. Alice öffnete. Ein Mann stand vor ihr, wenig jünger als sie. Die Augen kamen ihr bekannt vor. Der freundliche Blick. «Der Ernst!», sagte er und lachte. «Ernstli!», rief Alice freudig erstaunt. «Du kommst zu mir?» Die beiden setzten sich an den Küchentisch. Berichteten einander, erzählten, erinnerten sich. Dieser Besuch wühlte einiges auf bei Alice. Ihr kleiner Pflegebruder, der ihr Liebe geschenkt hatte, war jetzt ein erwachsener Mann. Aber er hatte noch immer denselben lieben Blick wie damals. Er hatte sie gesucht und gefunden.

Alice dachte oft an die Mutter. Immer wieder schickte sie ihr kleine Lebensmittelpakete. Dafür reichte das Geld jetzt längst. Nur für die Fahrt nach Liestal blieb nicht genügend übrig, und so blieb es bei den Postsendungen. Manchmal erzählte sie im Kirchenchor von ihr, berichtete, wo sie wohne, wie es ihr gehe und dass sie auf Lebenszeit im Pfrundhaus in Liestal bleiben müsse.

Als die Chorleitung beschloss, den jährlichen Ausflug mit dem Chor nach Liestal zu machen, war sie voller Freude. Endlich wieder einmal die Mutter sehen! Schauen, wie es ihr ging. Ihr zeigen, wie sie im Chor mitsang. Den Jüngsten vorstellen. Hansueli hatte schulfrei und durfte mit. Seit einiger Zeit hatte er einen eigenen Fotoapparat, mit dem er alles Mögliche festhielt. So knipste er auch die Grossmutter im Rollstuhl und den Chor. Ein reicher Sonntag wurde dieser Ausflug, ein Sonntag, den Alice zu den andern Schätzen in ihre innere Truhe legte, genau wie sie es auch mit der Wiederbegegnung mit Ernstli getan hatte.

Tage reihten sich zu Wochen, Wochen zu Monaten, ein Jahr folgte dem andern. So verging die Zeit, und in der Familie gab es Veränderungen: Bruno zog früh aus und gründete eine Familie. Vom Grossvater Walliser, den er allerdings kaum kannte, hatte er die Begabung zum Malen geerbt. Erfolgreich porträtierte er Zeitgenossen. Hie und da konnte er sogar eine Ausstellung machen.

So war die Familie nun etwas kleiner, und an den Samstagabenden war sie noch kleiner. Denn da zog es Ueli ins Wirtshaus zu Kollegen. Manchmal bat er Alice: «Komm doch mit. Andere Frauen kommen auch.» Aber diese wollte nicht, entschied sich, bei den Buben zu bleiben, Würfelspiele mit ihnen zu machen. Sie gestaltete die Abende mit den beiden Jüngeren schön. Am Radio waren Hörspiele zu hören: ‹Polizist Wäckerli› mit Schaggi Streuli oder die Geschichte von ‹Mias›, der Pfarrer wurde und später als Jeremias Gotthelf Berner Geschichten aufschrieb. Mit Coca-Cola und Bretzeli genossen sie zu dritt diese Hörspiele.

Eines Tages sagte Ueli zu Alice: «Du hast dich verändert.» – «Aber das ist doch normal, dass man sich im Laufe der Zeit verändert. Das muss doch nicht zum Schlechten sein.» Ob Ueli ausser dem Wirtshaus noch eine andere Absteige hatte, wusste Alice nicht. Sie hielt es für möglich, aber sie fragte nicht. Streit lag beiden nicht. Viel lieber schwiegen sie Konflikte weg.

Noch etwas wurde anders: Nach zwanzig Jahren kündigte die Firma Rediffusion ihren Mitarbeitern, welche die Abonnementsgelder einzogen. Die Gebühreneinkassierung wurde überflüssig, da die Einzahlungen ab nun per Post erfolgten. Damit verlor Alice eine ihr liebe Arbeit. Doch die Dankbarkeit für all die Jahre, in denen sie diese Aufgabe, die ihr so manches erleichterte, hatte tun dürfen, überwog. Es war eine gute Zeit gewesen.

Das Einkommen der Familie wurde wieder kleiner, und Alice suchte erneut eine Arbeit. Zunächst putzte sie den Kindergarten im Beckenhof beim Pestalozzianum. Das ermöglichte ihr, sich Weiterbildungskurse zu leisten. Denn als sie vernahm, dass beim Gaswerk Schlieren Kochkurse durchgeführt würden, meldete sie sich flugs an und nahm teil, probierte alles aus. Kochen, das konnte sie. Aber nun lernte sie auch backen: Schenkeli, Berliner und vieles mehr. Schon bald zog manch feiner Duft durch die Wohnung, und wenn sie zum Putzen ging, brachte sie den Leuten im Beckenhof von ihren Erzeugnissen mit. So war sie. Hatte stets Freude am Geben.

Es folgten Kleiderkurse, und Alice erinnerte sich an den Weissnähkurs, den sie dank Fräulein Hohermuth vom Jugendamt aus hatte besuchen dürfen.

Ging ein Nähnachmittag zu Ende und sass niemand mehr an der Maschine, weil alle noch etwas von Hand zu nähen hatten, las die Kursleiterin eine Geschichte vor. Alice fühlte sich wohl in diesem Frauenkreis. Die gute Stimmung nahm sie mit nach Hause, und sie hielt den ganzen Abend an.

Wenn sie Jahrzehnte später, mit fast 98 Jahren, die damals genähten Nachthemden in der Hand hält, wird sie über deren Dauerhaftigkeit staunen. Auch die Geschichten und die gute Stimmung werden dauerhaft in ihrer inneren Schatztruhe sein.

Eine neue Welt tut sich auf

Man schrieb das Jahr 1962. Ein Jahr vor Alices fünfzigstem Geburtstag.

Fünf Tage vor ihrem Geburtstag war der Gründer der Migros, Gottlieb Duttweiler, noch nicht 74-jährig verstorben. Das hatte ihr einen Stich ins Herz gegeben, war dieser Mann doch eine der Vaterfiguren gewesen, die sie sich im Laufe ihres Lebens zugelegt hatte. Aber Abschiede, auch von vermeintlichen Vätern, war sie sich ja gewohnt. So wandte sie sich nach dem Weglegen dieser Depesche wieder vollumfänglich dem Leben zu.

Die Buben entwickelten ihre eigene Selbständigkeit, und sie hatte Zeit für sich wie nie zuvor in ihrem Leben. Jeden Tag genoss sie.

Als in diesem kalten Winter der Zürichsee gefroren war, spazierte sie im Zürcher Seebecken mit Hunderten darauf herum. Dabei kam ihr die Erinnerung, wie sie sich bei der Familie in Tenniken zwischen Kochen und Rüsten einmal zum Schlitteln weggestohlen hatte, und sie lächelte. Auf Glatteis gehen, das hatte sie in ihrem Leben gelernt. Eingebrochen war sie nie.

Etwas hatte sich Alice bewahrt: Noch immer las sie jeden Tag im Tagblatt alle Inserate, prüfte, ob etwas Neues zu entdecken wäre. Und so wurde sie einmal mehr fündig. In der durch Gottlieb Duttweiler gegründeten Klubschule der Migros gab es neue Angebote:

Kurse für Erwachsene, Sprachen, Malen, Bildhauerei und Blockflöte spielen.

Blockflöte für Erwachsene?

Sie schnitt das Inserat aus, drehte und wendete es in den Händen, überlegte: Bis jetzt lernten die Kinder der ersten Schulklassen dieses Instrument, aber doch nicht Erwachsene. Als Bruno zur Schule kam, gab es das noch nicht. Robert war einer der Ersten. Ein Mann namens Rudolf Schoch hatte die Flötenstunden eingeführt und dafür gesorgt, dass Kinder aller Schichten auf diese Weise ein Instrument lernen konnten.

Alice suchte im Kinderzimmer nach Roberts Flöte. Probierte, ob sie diese überhaupt halten und blasen könnte. Nach ein paar quietschenden Misstönen gelangen ihr durchaus klare Töne. Nie hätte sie gedacht, dass sie selber einmal auf einem solchen Instrument spielen würde, ja dass das überhaupt etwas für Erwachsene wäre.

«Kinderliederzeug!», brummte Ueli, schüttelte den Kopf und schämte sich ein wenig für seine Frau. Aber Alice liess sich nicht abhalten und meldete sich für einen Blockflötenkurs an. Rudolf Schoch war auch hier der Lehrer.

Sie kannte die Noten vom Geigenspiel aus der Jugendzeit. Und lange davor hatte sie als Kind in der Sonntagsschule immer das Singbüchlein studiert, die schwarzen Bällchen zwischen und auf den Linien, wie sie einen Melodieweg hinauf- und hinabführten, ausgefüllt oder leer, mit Fähnchen und ohne, manchmal mit einem Punkt. Schon damals hatte sie dieses Verlangen gespürt. Später hatte sie deren Bedeutung genauer kennen gelernt, als sie mit Herrn Beiers Geige Unterrichtsstunden nehmen durfte. Jetzt war es für sie wie ein Geschenk, von den Noten eine Art Foto im Gehirn zu haben.

Am Kurs nahmen hauptsächlich ausgebildete Klavierlehrerinnen teil. Und ein paar Hausfrauen wie sie. Die Klavierlehrerinnen wollten ein wenig Flöte spielen lernen, um selber unterrichten zu können, und liessen sich deshalb in Kurz-Kursen ausbilden. Sie waren mit wenig zufrieden. Alice wollte mehr, und sie kam zügig voran. In kürzester Zeit spielte sie wie niemand sonst, fand zugleich: Auf diese Weise mache ich zu wenig Fortschritte. So fragte sie eine Kurskameradin: «Wollen wir nicht miteinander üben? Dann kämen wir rascher voran und könnten zweistimmig spielen.» Aber die Kollegin wollte nicht mehr Zeit investieren. Einige gaben auf, es war ihnen zu viel. Und bald hatten auch die meisten anderen eine Ausrede: «Ach, das Üben, und die Leute im Hause und …» Vielleicht erlauben es die familiären Verhältnisse nicht, vermutete Alice. Vielleicht dachten deren Männer genau wie Ueli, der immer wieder sagte: «Die Frauen spinnen. Blockflöte spielen ist gerade recht für ein Schulkind, und fertig! Und was lernen denn die Kinder dabei schon!»

Alice musste in der Küche üben. Sie tat dies, wenn niemand zu Hause war. Die Erfüllung des ungestillten Sehnens, ein Instrument wirklich gut lernen zu können, das sie seit Kind kannte, war wahr geworden. Sie wollte auf keinen Fall aufgeben. Gewiss, ihr Lieblingsinstrument wäre die Zither. Manchmal erinnerte sie sich, wie die Pflegemutter in Tenniken am Sonntag auf der Zither spielte und dazu sang. Wie gern hätte Alice damals einmal sachte mit den Fingern über die Saiten gestrichen, aber sie durfte das Instrument nie berühren. Jetzt hatte sie den Spatz in der Hand und begehrte die Taube auf dem Dach nicht mehr. Die Blockflöte bot ihr eine Möglichkeit, und diese würde sie nicht ungenutzt lassen. Nein, sie würde ab nun in jeder Minute ihrer Freizeit üben.

In einem Punkt gab sie Ueli Recht: Es war ein Schnellbleiche-Kurs, und im Grunde genommen lernten auch die Kinder nicht viel. «Etwa ein Liedchen pfeifen», sagte er. Sie aber spielte und spielte. Tag für Tag.

Eines Tages überlegte sie: Die C-Flöte ist zwar gut, aber eine Altblockflöte wäre noch schöner. Sie würde sich gern eine anschaffen, aber sie konnte ja die Finger der rechten Hand nicht normal strecken. Bei der Blockflöte ging es gerade knapp mit dem Bedecken aller Löcher, aber bei der Altflöte müsste eine Klappe als Verlängerung angebracht werden. So fuhr sie ein erstes Mal nach Neuhausen in die Blockflötenfabrik ‹Küng› und schaffte sich eine solche an. Lernte erneut rasch. Förderte weiterhin auch die Buben: Hansueli mit der Zither,

Robert mit der Handharmonika. Ein Musizieren kam so in die Wohnung im Zürcher Kreis 5, dass es eine Freude war.

Wieder fand Alice über ein Inserat ihren zukünftigen Weg: Ein Musiker namens Jakob Kobelt wolle mit Frauen eine Blockflötengruppe gründen. Genau das, was Alice suchte. Sie meldete sich. Die Gruppe setzte sich aus Pfarrfrauen und Gemeindehelferinnen zusammen. Aus dem Kreis 5 war Alice die Einzige. Dass sie von den andern Frauen akzeptiert wurde, erstaunte sie. Sie, die keinen Beruf hatte erlernen können, als Kind und Jugendliche nirgends zugehörig war, gehörte nun dazu. Auch hier war sie bald diejenige, die am raschesten vorankam. Hier wurden nicht mehr nur Lieder eingeübt, sondern auch Stücke grosser Komponisten gespielt.

Im Eiltempo nahm Herr Kobelt die Händel-Sonaten durch. Manchmal sagte er: «Frau Alder spielt uns jetzt einmal eine Kadenz.» Oder: «Frau Alder spielt uns das Adagio vor.» Er erkannte ihr Talent und förderte sie. Hier war sie jemand, fand Erfüllung.

In dieser Gruppe lernte sie Hedi Rohner kennen, die im Kreis Hottingen Gemeindehelferin war. Das war der Beginn einer dauerhaften Freundschaft. Die beiden übten oft zusammen. Einmal kam Hedi zu Alice nach Hause, wo sie auch Ueli kennen lernte. Sie sagte zu ihm: «Nicht wahr, Herr Alder, Sie haben sicher Freude, dass Ihre Frau so Fortschritte macht.» – «Hmm», war seine kurze Antwort. Eigentlich passte es ihm überhaupt nicht. Er schimpfte zwar nicht, aber er war eifersüchtig auf die Flöte.

Doch Alice konnte nicht zurück. Sie nahm jede Einladung an, in einem Ensemble mitzuspielen. Um in einem solchen mitmachen zu können, bezahlten die Teilnehmenden einen Beitrag für den Lohn der Leiterin oder des Leiters. Trotz der Kosten hatte Alice kein schlechtes Gewissen. Sie bezahlte alles mit dem Geld, das sie beim Putzen im Kindergarten verdiente.

Eines der Ensembles wurde von einer Wienerin geleitet, die während dem Krieg in die Schweiz gekommen war. Frau Schöniger. Sie achtete auf Reinheit, was auch für Alice, der jeder unreine Ton Schmerz zufügte, wichtig war. Frau Schönigers Ensemble war so gut, wie es in der ganzen Stadt Zürich kein zweites gab. Und sie, Alice, hatte Teil daran.

Und bei Klara Stern, einer bekannten Volkstanzlehrerin, die auch eine Blockflötengruppe leitete, durfte sie ebenfalls mitmachen. Diese verschiedenen Gruppen spielten in Gottesdiensten und bei anderen Veranstaltungen.

Klara Sterns Mann, Alfred Stern, leitete das Neumünsterorchester. Einmal durfte Alice als Solistin mit dem Orchester zusammen auftreten. Sie, die kleine Blockflöte, in diesem schönen, grossen Orchester! Wie gut ihr das alles tat.

Manchmal stöberte sie im Brockenhaus in alten Noten herum, wo sie günstig Musik von weiteren Komponisten fand. Langsam lernte sie alle die grossen Klassiker kennen, kaufte sich zusätzlich zu den Händel-Sonaten Noten von Telemann und Bach und übte zu Hause fleissig und mit grosser Leidenschaft.

Eines Tages erfuhr Alice, dass Hedi in einem Ensemble am Zürcher Konservatorium mitspielte. Am Konservatorium! Schon dieser Name klang wie Musik in ihren Ohren. Kühn fragte sie: «Wie heisst denn der Lehrer, der dort den Blockflötenchor leitet?» – «Walter Gianini», antwortete Hedi. «Könnte ich auch in diesen Blockflötenchor kommen?» – «Sicher, wenn du vorher noch fleissig übst!», antwortete die Freundin. Ab diesem Tag übte Alice noch mehr, ein ganzes Jahr lang, jede freie Minute, die ihr gegeben war.

Einmal lud Hedi sie nach Weggis ein, wo sie die Ferienwohnung eines Gemeindemitgliedes benutzen durften. «Es hat genug Platz für uns beide», meinte sie, «wir könnten zusammen spielen.» Von Hedi konnte Alice lernen. Sie gehörte zu den wenigen, die – genau wie sie – mehr wollten. Es war Winter. Die zwei Frauen blieben in der warmen Stube, spielten, musizierten, übten während der ganzen Ferienwoche, und Alice konnte ihre Technik mehr und mehr verbessern. Sie hatte endlich ein Instrument gefunden, das sie trotz Arm- und Handbehinderung auf Dauer spielen konnte. Seit Alice intensiver auf der Blockflöte musizierte, spielte sie mit Hansueli zusammen die alten Lieder. Eines gefiel ihr besonders:

Ännchen von Tharau ist's, die mir gefällt,
sie ist mein Leben, mein Gut und mein Geld.
Ännchen von Tharau hat wieder ihr Herz
auf mich gerichtet, in Lieb und in Schmerz.
Ännchen von Tharau, mein Reichtum, mein Gut,
du meine Seele, mein Fleisch und mein Blut!

Es war die Zeit, in der Hansueli eine Lehre als Fotograf begann, in der sich für Alice die Tür des Konservatoriums öffnete. Ein Jahr lang hatte sie geübt, und nun spürte sie den Mut, Walter Gianini anzurufen. Etwas rascher als sonst klopfte ihr Herz, als sie in den Hörer sagte: «Ich wollte Sie fragen, ob ich in Ihren Blockflötenchor kommen dürfte.» – «Ja, kommen Sie nur! Kommen Sie nur!», klang es aus dem Telefonhörer. Sie konnte es kaum glauben: Ihr stand der Weg ans Konservatorium offen. Sie durfte in diese ‹heiligen› Räume, deren Geruch sie bereits im weiten steinernen Treppenhaus an die Geigenstunden als junges Mädchen erinnerten. Zum ersten Mal spielte sie zusammen mit lauter Blockflötenlehrerinnen. Und wieder übte sie. In jedem freien Moment.

Alice war oft ernst. Auch nachdenklich. Manchmal weckte die Musik in ihr Stimmungen, die sie traurig machten. Träume und Bilder aus der Kinderzeit kamen hoch: der Traum vom Fenster, an dessen Sims sie sich festklammert, während jemand sie aus dem Fenster hält. Das Blumenmuster. Ein Tunnel, dessen Licht sie nicht sieht. Die Erinnerung an die Schule. Der Ernstli mit ihr auf dem Pflanzblätz. Wie er im Schulzimmer ihretwegen weint. Die Erinnerung an das Lied vom *arme Hirtechnab,* dessen Mutter schon *lang im Grab* liegt, das sie als Kind in der Schule so sehr berührt hatte, von dem sie nur noch die erste Strophe wusste. Sie erzählte Herrn Gianini davon.

Als sie das nächste Mal in die Stunde kam, legte ihr der Lehrer den ganzen Liedertext vor. Er hatte ihn in einem alten Gesangbuch vom Konservatorium gesucht und gefunden. Fast fünfzig Jahre nach jenem Erlebnis besass Alice das Lied wieder, das ihr damals so jäh ihre traurige Familiensituation bewusst gemacht hatte. Jetzt wurde das Lied zu Musik, sie konnte es in ihrer Seele einordnen, und sie würde es für immer sorgfältig aufbewahren.

In dieser Zeit kam die Nachricht aus Liestal, die Mutter sei gestorben. Im 73. Lebensjahr. Was für ein Leben, dachte Alice und: Vielleicht war es für die Mutter besser gewesen, im Pfrundhaus zu leben, als mit dem Mann zusammenzubleiben. Aber wer weiss das schon … Über Wochen spürte Alice eine Traurigkeit, vergleichbar mit dem Gefühl aus der Kinderzeit, wenn sie in ihrem Kämmerchen war, die grosse Einsamkeit spürte. Aber auch ein Gefühl der Dankbarkeit spürte sie: Wie gut, dass sie die Mutter mit dem Chor noch besucht hatte, wie schön, dass ihr Hansueli mit den Fotos ein bleibendes Andenken geschaffen hatte. Immer wieder in dieser Zeit schaute sie die Bilder an: Sie neben der Mutter stehend. Die Mutter allein. Der Chor. Und innerlich hörte sie die Lieder, die sie ihr gesungen hatten.

Eines Tages sagte Ueli zu seiner Frau: «Ich will nicht mehr als Strassenwischer arbeiten. Ich könnte beim Polizeiquartier im Kreisgebäude 4 eine Hauswartstelle bekommen, aber du müsstest dafür deine Unterschrift geben. Müsstest auch mitarbeiten.» Alice war nicht begeistert.

Jetzt, wo sie endlich Zeit hatte, ihrem Traum nachzugehen, sollte sie wieder putzen. Ein Umzug in die Dienstwohnung wäre Bedingung. Sie lief sofort zum Haus, in dem die Polizeiwache untergebracht war, ging ums Haus herum, sah die vielen Fenster und wusste: Hier würde viel Arbeit auf sie warten. Auch konnte sie sich nicht vorstellen, hier zu wohnen, wo doch der Strassenverkehr stetig zunahm. «Ueli, das geht für mich unmöglich. Ich kann nicht mitmachen.» Sie wusste, dass sie Ueli enttäuschte, aber sie konnte nicht zurück, wollte die ihr lieb gewordene Lebensart und das Blockflötenspiel nicht aufgeben.

Murrend sagte Ueli die Stelle ab. Alices klare Stellungnahme löste eine Ehekrise aus. Er konnte nicht verstehen, dass die Blockflöte für sie ein Grund war, ihn bei diesem Stellenwechsel nicht zu unterstützen.

Inzwischen war Jakob Kobelt, der Gründer des Instituts für Kirchenmusik, ihr Lehrer am Konservatorium. Jeden Freitagabend besuchte sie bei ihm eine Unterrichtsstunde. Er begleitete auch den Blockflötenchor auf dem Klavier, brachte anspruchsvolle Noten, und Alice erstand alle Händel-Sonaten und übte. Sobald er auf etwas Neues aufmerksam machte, ging sie schnurstracks ins Musikgeschäft, kaufte Noten um Noten und übte. Wiewohl sie sich neben den andern klein und unwichtig vorkam, blieb sie doch in diesem Konservatoriums-Chor. Einmal kam der Lehrer in den Kirchenchor ihrer Kirchgemeinde, wo das Konservatorium-Ensemble spielen durfte. Alice war von einem Stolz erfüllt, der sie erneut stärkte, im anspruchsvollen Blockflötenchor des Konservatoriums zu bleiben. Es war eine innere Arbeit an ihrem Selbstwertgefühl, die sie immer wieder leisten musste.

Derweil hockte Ueli, wenn er nicht im Wirtshaus war, zuhause in der Stube und plante Ferien. Er hatte begonnen, allein auf Reisen zu gehen. Jedenfalls ohne Alice. Ohne Familie. Einmal hatte Robert ihn gefragt: «Warum kommt eigentlich Mami nicht mit dir?» Die Jungen machten sich Gedanken. «Sie hat ja keine Zeit!», war die Antwort des Vaters gewesen. Alice musste ihm Recht geben, aber sie wollte Errungenes nicht aufgeben, und Ueli plante seine Ferien stets ausserhalb der Schulferien. So konnte sie, wenn sie die Musikstunden weiter besuchen wollte, nicht mit. Er reiste nach Greenwich, reiste in südliche und nördliche Länder. Ob jemand mit ihm ging, wusste Alice nicht. Wollte es nicht wissen.

Wie sehr hatte sie sich all die Jahre gewünscht, sie würden einmal als Familie gemeinsam in die Ferien fahren. Ja, wie oft hatte sie alles in Bewegung gesetzt, um das zu erreichen. Einmal hatte sie Ueli regelrecht gezwungen, Ferien mit ihr und den zwei jüngeren Buben zu machen. Hatte vier Betten in einem Naturfreundehaus bei Amden reserviert. Einem Ort, der zahlbar war. Robert und Hansueli waren noch zur Schule gegangen. Murrend hatte sich Ueli gefügt, obwohl es ihm nicht passte. Zwei-, dreimal schleppte Alice ihn an einen solchen Ort. Sie war es ja, die bezahlte. Sonst wäre er gar nicht mitgegangen. Einmal nötigte sie ihn, mit ihr auf die Bettmeralp zu kommen und einmal nach Locarno Paradiso. Sie nutzte die günstigen Ferienangebote der Migros. Er aber war jedes Mal schlecht gelaunt und mürrisch gewesen. Schliesslich gab sie auf. Seither wusste sie, dass ihrer beiden Interessen zu unterschiedlich waren. «Wir haben nicht dieselbe Glut», sagte sie. «Ich wandere gern, und er ist lieber in Gesellschaft.» Alice akzeptierte, was sie nicht ändern konnte.

Im Blockflötenkurs des Konservatoriums mitzumachen, schaffte Alice endlich ohne schlechtes Gewissen. Sie verdiente ja das Geld, das sie dafür brauchte.

Mit der rechten Hand gab es eine Schwierigkeit, weil sie den tiefsten Ton, das F, schlecht greifen konnte. Es gab zwar Flöten mit Klappen, die das erleichtert hätten, doch sie waren verpönt, weil der Ton nicht rein gespielt werden konnte.

Wenn lediglich C-Flöten zusammen spielten, ohne zusätzliche tiefe Stimmen, klangen sie in Alices Ohren durchdringend, dass es sie schmerzte. «Es braucht für das Zusammenspiel auch tiefe Flöten», sagte sie. Die verschiedenen Griffe wollten geübt sein, bis sie ohne zu überlegen richtig gewählt wurden. Welchen Griff braucht es für das hohe Es in dieser Tonart? Und welchen für das Fis? Das alles belastete Alice aber in keiner Weise, sondern war für sie ein einziges Abenteuer. Bloss überkam sie immer wieder die Unsicherheit, ob sie den andern im Blockflötenchor genüge, und immer wieder sagte sie sich: Ich bleibe einfach, bis man mich davonjagt! Aber niemand jagte sie davon, und sie verbrachte in diesen Ensembles die schönsten Stunden. Drei- bis fünfstimmig spielen, Musikstücke aus dem Barock. Neuland über Neuland.

Einige der Musiklehrer führten während der Schulferien Musik- und Singwochen durch. Da wollte sie hin. Da erlebte sie Musik von morgens bis abends, genoss eine Woche Gemeinsamkeit und gute Kost. Bei Max Lange aus Affoltern am Albis wurde auf dem ‹Rügel› am Hallwilersee musiziert und getanzt. Gern besuchte sie auch die Singwoche von Klara Stern. Bei ihr bekamen jeden Morgen zwei der Teilnehmenden den Auftrag, die andern mit Musik zu wecken. Zweistimmiger Blockflötenklang drang in alle Zimmer. Willi Gohl aus Winterthur führte in der ‹Laudinella› in St. Moritz Singwochen durch. Seine Ferien waren Sing- und Wanderwochen. Gut ausgebildete Leiter führten die Wanderungen an. Einer hängte gelbe Zettel an Sträucher und Bäume. Die Gruppe wusste dann, wo der Weg durchging. Im Sommer wurden mehrstündige Wanderungen in der Leventina durchgeführt. Extra-Züge der ‹SBB› brachten die Teilnehmenden an den Ausgangsort.

In der Zeit, da vielerorts Musikschulen gegründet wurden, fragte Herr Gianini Alice einmal nach dem Unterricht: «Möchtest du Flötenstunden geben?» Scheu antwortete sie: «Aber dafür braucht es doch eine Lehrerausbildung?» – «Ja, willst du nun oder nicht?» – «Oh doch, gern. Sehr gern sogar!», stammelte Alice. War es möglich, dass sie ihr Können anders einstufte, als es andere taten? Dass sie selbst von Herrn Gianini nicht so klein gesehen wurde, wie sie sich selber einschätzte?

So begann Alice, an der Volksschule Flötenunterricht zu geben, zwei Stunden in Zollikerberg und zwei in Erlenbach. Für jede Stunde bekam sie dreissig Franken. Sie erinnerte sich an die Zeit, wo sie für 28 Franken in der Woche in der Herrenschneiderei gearbeitet hatte. «Wegen zwei Stunden würde ich diesen langen Weg mit der Bahn nicht auf mich nehmen!», schimpfte Ueli. «Es könnten irgendwann ja mehr werden», rechtfertigte Alice ihr neues Glück.

Seit ein paar Monaten war Alice also, wiewohl nicht diplomiert, so doch angelernte Flötenlehrerin. Sie hatte an Sicherheit gewonnen, sowohl im Spiel als auch im Unterrichten. Die Musikschule der Gemeinde Urdorf gelangte nun mit einer Anfrage an sie: «Wir suchen eine Flötenlehrerin. Sie könnten mit zwölf Stunden pro Woche beginnen.» Zwölf Stunden die Woche! Was für eine Freude. Und weil Alice diese Gegend überhaupt nicht kannte, machte sie sich als Erstes schnurstracks in das Dorf oberhalb von Schlieren und Dietikon, schaute sich Häuser und Strassen an. Und sagte zu.

In der Gemeindebibliothek wurde ihr ein Unterrichtsraum zur Verfügung gestellt. Dem Bibliothekar passte das nicht so recht, aber das konnte ihre Freude nicht trüben. Jetzt hatte sie eine Anstellung als Flötenlehrerin mit einem beachtlichen Wochenpensum, und so fuhr sie täglich mit dem Bus von Zürich nach Schlieren und von dort nach Urdorf.

Die Kinder kamen einzeln und zu zweit in den Unterricht. Einige waren noch im Vorschulalter. Die Kleinen liebte sie besonders. Wenn kein Kind da war, gehörte der Raum ihr allein.

Wiewohl die Zeit nun nicht mehr reichte, im Kirchenchor mitzusingen, durfte sie in der reformierten Kirche ihres Quartiers doch an verschiedenen Veranstaltungen Flöte spielen. Und noch lieber als die Blockflöte war ihr die Altflöte, weil es für diese anspruchsvollere Literatur gab. In Alice öffnete sich etwas im Innern, und sie spürte: Der weite Weg hatte sich gelohnt. Das viele Üben. Das Nicht-locker-Lassen, bis sie in verschiedenen Ensembles mitspielen durfte. Jetzt war sie plötzlich jemand.

So sagte Alice zu sich selbst: Wenn ich jetzt unterrichte und in verschiedenen Ensembles mitspiele, brauche ich noch eine Tenorflöte. Etwas verlegen teilte sie Ueli diesen Wunsch mit. Zum ersten Mal nahm er Anteil an ihrem Flötenspiel und begleitete sie nach Neuhausen in die Blockflötenfabrik. Hatte er nun verstanden, dass das Instrument für ihn keine Konkurrenz darstellte? Dass es Alice bereicherte und auch er davon profitierte? Oder war es, weil Alice jetzt mit dem Unterrichten mehr verdiente als bei allen früheren Arbeiten? Oder nahm er sie erst jetzt ernst, weil sie nun einen richtigen Lehrauftrag hatte? War sie vor seinen Augen jetzt mehr als seine Hausfrau? Oder hatte er aus irgendeinem Grund ein schlechtes Gewissen?

Herr Küng von der Blockflötenfabrik hatte schon öfter Menschen mit einer Behinderung eine Flöte angepasst. Alice hatte davon gehört. Bislang konnte sie beim Spielen ein wenig schwindeln, weil die Handbehinderung sie zwang, einen Ton auszulassen. Doch sie war darin mittlerweile so gut, dass im Ensemble niemand etwas merkte. Aber jetzt war sie in Neuhausen bei Herrn Küng persönlich und sagte: «Ich möchte diese Tenorflöte spielen, nur reicht es nicht, um den tiefsten Ton zu greifen.» Herr Küng antwortete: «Das ist kein Problem, da können wir etwas ändern.» Er gab ihr eine Tenorflöte in die Hand. «Probieren Sie!» Dann fertigte er eine Art Schnabel an, damit sie das *F* erwischte. Sie musste fest drücken, aber es ging.

Als Alice mit der Tenorflöte in die Ensembles kam, freuten sich alle, denn für bestimmte Musikstücke brauchte es Flöten, auf denen auch tiefe Töne gespielt werden konnten. Und die hohen Flöten durften nicht in der Überzahl sein.

Alice hatte an dieser Tenorflöte so Freude, dass sie nochmals nach Neuhausen reiste. «Ich möchte noch eine Bassflöte kaufen.» Herr Küng lächelte freundlich. Wieder brachte er ihr ein Instrument, auf dem sie probieren durfte. Und auch diesmal fand er eine Lösung, damit sie die tiefen Töne auch auf dieser greifen konnte.

Jetzt wurde es für das Ensemble möglich, wieder neue Literatur einzustudieren.

Für Alice waren diese Gruppen längst Teil ihres Lebens. Ueli aber fühlte sich mehr und mehr vernachlässigt. Doch Alice konnte nicht zurück. Sie musste diesen Weg weitergehen. Sie stand in der schönsten Zeit ihres Lebens.

Nun waren auch Robert und Hansueli zu jungen Burschen herangewachsen, und je mehr die Jungen ihre eigenen Wege gingen, umso mehr konnte sie sich ihrer Leidenschaft widmen.

Für Robert gestaltete sich die Suche nach einer Lehrstelle wegen seiner Kurzsichtigkeit schwierig. Es war die Zeit, wo die Computertechnik mehr und mehr Fuss fasste, was für ihn zum Segen wurde. Der Beruf als Computerspezialist imponierte ihm, und er bekam einen Ausbildungsplatz. Die Arbeit am Bildschirm war mit der Sehbehinderung vereinbar.

Hansueli schloss eine Lehre als Fotograf ab. Nach dem Lehrabschluss hätte er beim Lehrmeister eine feste Anstellung bekommen können, doch er sagte: «Ich will zum Fernsehen! Will Kameramann werden!» Ueli antwortete verärgert: «Jetzt hättest du eine schöne Stelle, an der du mehr verdienen würdest als beim Fernsehen.» Aber er hörte nicht auf die Worte des Vaters. Er bewarb sich beim Schweizer Fernsehen und bekam eine Anstellung als Hilfskameramann. Das weckte beim Vater nun doch auch so etwas wie Stolz. Die Eltern waren dankbar, dass ihre drei Jungen jeder auf seine Weise ihren Weg gingen. Dass alle drei kreativ tätig waren, verwunderte nicht.

Alices Musikerinnen-Laufbahn begann nun erst richtig. Die Ensembles, in denen sie mitspielte, wurden an verschiedene Anlässe eingeladen. Bei der Einweihung des Tivoli-Einkaufszentrums in Spreitenbach spielte sie mit. Mit den Kindern der Flötenschule bewarb sie sich, um beim klingenden Weihnachtskalender mit dem Organisten Hannes Meyer mitzuspielen, den Dreikönigsmarsch zum Beispiel, aber auch Weihnachtslieder aus einem Heft von Klara Stern.

Einmal klingelte früh am Morgen um acht das Telefon. Am Draht war Hannes Meyer. Alice erschrak freudig. Hörte ihn fragen, ob sie mit ihm zusammen am Paradeplatz musizieren würde. «Wir allein? Ohne Blockflötenchor?» – «Ja!» – «Oh, gern!», antwortete Alice.

Vor den Einkaufsläden spielten sie Weihnachtslieder aus aller Welt, Alice auf der Flöte, Hannes Meyer auf seiner transportablen Hausorgel, und die Winterkälte konnte ihnen nichts anhaben. Sie spielten vor der ‹Confiserie Sprüngli› und beim ‹Seiden-Grieder› an der Bahnhofstrasse. Menschen blieben stehen, hörten andächtig der kleinen Sopranino-Blockflöte und der Orgel zu. Weihnachtlich schön klang es im hektischen Zürich.

Als Dank lud Hannes Meyer Alice für eine Woche nach Soazzo im Kanton Graubünden ein, wo er mit seiner Frau in einem alten, romantischen Haus wohnte. Alice wurde in einer Pension einquartiert. Im Dorf mit den etwas mehr als dreihundert Einwohnern musizierten sie zur Einweihung einer grossen Scheune. Alice bekam für das, was sie am liebsten tat, Wertschätzung und wurde zusätzlich mit einer Woche Ferien belohnt.

Ueli hatte inzwischen endlich eine neue Stelle und musste nicht mehr als Strassenarbeiter sein Brot verdienen. Es war eine Anstellung im Strassenbau, wieder bei der Stadt.

Eines Tages stellte Alice fest, dass er ihr den Zahltagstreifen nicht mehr zeigte. Sie fragte nicht nach, merkte aber, dass er mehr Lohn erhielt als früher und mehr Taschengeld für sich behielt. Damit bezahlte er wohl seine Reisen.

Noch wohnte der Jüngste, Hansueli, zu Hause. Alice sagte nichts, mochte nicht streiten. Auch des Buben wegen. Sie hatte auf den Zettel geschaut, just als er ins Wohnzimmer gekommen war. So musste er bemerkt haben, dass sie es gesehen hatte. Aber auch jetzt sprachen sie nicht darüber, und Alice dachte: Er weiss ja jetzt, dass ich es weiss.

Umzug ins Limmattal

Weil Alice inzwischen in Urdorf noch mehr Unterrichtsstunden gab, schlug sie Ueli eines Tages vor: «Wir sollten umziehen. Nach Urdorf. Weg aus diesem Kreis 5. An der Neumattstrasse wäre eine Wohnung in einem neuen Zementbau zu mieten.» Bloss nicht zu teuer. Wenn möglich noch mehr sparen! Das hatte sie gelernt, und anders konnte sie nicht. Deshalb schlug sie eine Wohnung mit nur zwei Zimmern vor. «Die würde für uns zwei genügen», erklärte sie, denn inzwischen war auch Hansueli ausgezogen. Ueli stutzte. Umziehen in ein Dorf, das beide nicht kannten? Nach mehr als einem halben Leben in diesem Quartier, im Kreis 5 von Zürich? Allerdings hatte sich hier im Laufe der Zeit vieles verändert. Die Leute waren anders als früher, und der Kreis 5 mit seiner Langstrasse war in den letzten Jahren zusehends berüchtigt geworden.

Ueli liess sich überreden. Vor allem das Argument «Dann wären wir nicht mehr in diesem Kreis 5, würden an einem schöneren Ort wohnen» überzeugte ihn. Insgeheim hoffte Alice, dass er abends weniger in die Wirtschaft gehen würde. So zogen sie mit einem lachenden und einem weinenden Auge weg von Zürich nach Urdorf.

Die Buben waren alle drei erwachsen und ausgeflogen. Auf sie mussten Alice und Ueli keine Rücksicht mehr nehmen. Die Wohnung war bescheiden, ohne Balkon. Dafür hatte sie ein grosses Bad. So gross, dass Alice über der Wanne eine Wäscheleine montieren konnte. Von ihrem ersparten Geld kaufte sie eine Waschmaschine. Des behinderten Armes wegen. «Ich will aufhören mit diesem Wäschereiben!», sagte sie zu Ueli. Im Kreis 5 hatte die städtische Liegenschaftsverwaltung zwar eine Schulthess angeschafft, eine riesige Maschine, doch der Waschhafen musste geheizt und die Wäsche zum Spülen in die Badewanne geschleppt werden. Eine grosse Anstrengung für Alice, bei der ihr Mann sie nie unterstützte.

In Urdorf war es für Alice ein Katzensprung zur Musikschule. Sie war unabhängig von Bus, Tram und Zug. Mit ihren Flöten und Noten war das einfacher. Alice spürte Dankbarkeit gegenüber Ueli, dass er den Umzug mitgemacht hatte, und er seinerseits war froh, dass seine Frau ihn gewähren liess. Eigentlich hatten sich die beiden arrangiert. Mit dem Mehr an Taschengeld konnte er tun, was er wollte. Zwar rauchte er noch stärker als früher und trank manchmal auch ein Glas zu viel. Doch Alice schwieg, weil sie das schlechte Gewissen plagte, denn Ueli hatte genau dann begonnen, öfters fortzugehen, als sie angefangen hatte, Blockflöte zu spielen, sie kein Heimchen mehr war, sondern etwas für sich wollte.

Der Wunsch, mit Ueli zusammen etwas zu unternehmen, blieb, und Alice setzte alle Hebel in Bewegung, dass sie miteinander den einen oder andern Ausflug machen konnten. Sie selber ging gern in die Berge oder sonntags mit den ‹Zürcher Wanderwegen› auf eine Tour. Wenn sie abends heimkam, spürte sie noch immer die gute Luft, die sie tagsüber eingeatmet hatte. Aber Ueli wanderte nicht gern. Da half auch ihr Betteln nicht, sie zu begleiten. Er sagte zu ihr: «Ich weiss, wie das zu- und hergeht bei deinen Naturfreunden.» – «Ich habe keine Ahnung, was du meinst», antwortete Alice, «wir sind fast eine reine Frauengruppe.»

So ging sie halt weiterhin allein. Ab und zu nahm sie die Flöte mit. Sie kannte so viele Lieder und war in der Lage, diese auswendig zu spielen. Einmal hockte sie bei einer solchen Wanderung hinter einem grossen Holzstapel und begann, ein Schweizer Volkslied zu spielen. Leute, die vorüberspazierten, blieben stehen und sangen spontan mit. Von da an nahm sie die die kleine Sopranino immer mit. Diese eignete sich, wie die Altflöte, zum Spielen von Liedern am besten.

Vor der Heimfahrt sagte die Reiseleiterin: «Der hinterste Wagen ist der Singwagen. Steig doch in diesen ein.» Das musste man Alice nicht zweimal sagen. Während der drei Stunden Fahrt vom Tessin bis zur Ankunft am Hauptbahnhof Zürich wurde gesungen. Alice spielte die Flöte dazu. Beim nächsten Mal brachte ein Wanderkamerad eine Mundharmonika mit. Jetzt klang es noch schöner: Blockflöte, Mundharmonika und Gesang. Wie gern hätte Alice es gesehen, wenn Ueli auf so eine Wanderung mitgekommen wäre. Diese Stimmung einmal miterlebt hätte. Aber er mochte nicht, sass lieber zu Hause oder mit den Kollegen am Stammtisch.

Einmal jedoch schaffte es Alice, Ueli für einen Ausflug mit ihr auf den Sustenpass zu überreden. Sie selber fuhr gern mit dem Postauto und überlegte: Vielleicht kann ich ihn mit meiner Freude anstecken, sodass er doch einmal auf eine Wanderung mitkommt und die Freude in ihm erwacht.

Wandern wollte er nicht, aber er war bereit, mit ihr diesen Ausflug über den Sustenpass zu machen. Bald sassen sie auf der Passhöhe im Restaurant. Alice trank Kaffee, Ueli nippte an einem Bier. Sie sassen und warteten. Sie hatte ihren Kaffee längst getrunken, aber er liess sich Zeit. Nach längerem Warten sagte sie: «Ich gehe hinaus. Möchte die Alpenrosen anschauen.» Sie mochte nicht stundenlang in der Wirtschaft sitzen, bis das Postauto weiterfuhr. Vertrug auch den Zigarettenrauch nicht. Zu Hause passte er sich an, rauchte eine Zigarette nach dem Frühstück, öffnete dazu das Fenster, liess frische Luft herein. Aber hier qualmte er in der Gemeinschaft der Raucher rücksichtslos eine um die andere. Alice wiederholte: «Ich gehe zu den Alpenrosen.» – «Jaja», brummte er.

Als sie draussen vor dem Kiosk stand, kam ihr eine Idee: Sie könnten den Buben Ansichtskarten schreiben, damit diese sahen, dass sie zusammen auf einem Ausflug waren. Flugs kaufte sie ein paar Karten, ging zurück ins Restaurant, legte sie auf den Tisch, sagte: «Wenn du willst, schreibe ich sie. Aber du sollst auch unterschreiben.» Ueli nahm die oberste Karte, holte aus seiner Westentasche einen Kugelschreiber und begann zu schreiben: «Liebe Olga!» Alice starrte auf die Lettern. Plötzlich erwachte sie aus ihrer Naivität. Geahnt hatte sie es schon länger, weil er manchmal ohne Erklärung den Hut genommen hatte und gegangen war. Aber jetzt liess sich nichts mehr verdrängen. Jetzt wurde ihr klar: Ueli hatte eine Freundin. Sie schluckte leer. Wartete. Nahm den Stift, schrieb die Karten für die Jungen. Sie sagte nichts. Begann keinen Streit. Schickte seine Karte zusammen mit denen für die Buben los, nachdem er unterschrieben hatte. Dann ging sie wieder hinaus, jetzt zu den Alpenrosen, wo sie blieb, bis das Postauto losfuhr. Sie brauchte Abstand. Wollte verstehen, was sie so lange verdrängt hatte, ihr seit wenigen Minuten klar war: Er hatte eine andere Frau! Und sie vermutete, dass er ihr das auf diese Art sagen wollte, weil er es im direkten Gespräch nicht geschafft hätte.

Trennung

Ja, eigentlich wäre die Welt für Alice schön gewesen, hätte sie nicht auf diesem Ausflug endlich zur Kenntnis nehmen müssen, dass Ueli eine Beziehung zu einer Olga pflegte.

Dass sie so lange nichts geahnt hatte, lag an ihr. Sie hatte nichts merken wollen. Hatte nie hinterfragt, wenn er am Freitagabend von der Arbeit heimgekommen war, sich umgezogen und den Hut genommen hatte und gegangen war. Weg blieb bis zum Sonntagabend. Jetzt kannte sie den Grund.

Während ein paar Wochen hoffte sie, aus einem bösen Traum zu erwachen. Doch dann stellte sie sich der Realität und sagte: «Hör zu, Ueli! So geht es nicht weiter. Ich kann mir nicht vorstellen, dass wir so zusammenbleiben. Der Mann geht zehn Schritte voraus und die Frau hinkt hintendrein oder umgekehrt. Das halte ich nicht aus, ein solches Eheleben.» Sie erinnerte sich, wie er noch in Zürich immer wieder gesagt hatte: «Wenn die Buben erwachsen sind, lasse ich mich scheiden.» Das hatte er so oft wiederholt, dass Alice ihn nicht mehr ernst genommen hatte. Sie wusste, dass es ihm nicht passte, als sie begann, Flöte zu spielen. Doch sie verstand seine Drohung eher als Ausdruck von Ärger. Aber jetzt war es anders, und sie stellte ihn vor das Ultimatum: «Entweder – oder. Entweder wir halten zusammen oder lassen uns scheiden.» Und Alice musste einsehen, dass er sich für das Oder entschied. Dass er nicht bei ihr bleiben wollte. Finanziell stand er besser da als je. Alice hatte dank ihrem Fleiss in all den Jahren so gut verdient und stets alles in den Haushalt und für die Familie gegeben, abzüglich der Flöten, die sie sich angeschafft hatte, dass Ueli von seinem verdienten Geld einen guten Teil auf die Seite legen konnte. Die beiden waren es nicht gewohnt zu streiten. Auch jetzt ergab sich ein eher ruhiges

Gespräch über diese Freundin. Ueli sagte: «Lass uns mit der Scheidung warten, bis ich pensioniert bin.» – «Weshalb warten?» – «Meine Freundin mag nicht so früh aufstehen.» Seit Jahren stand Alice jeden Morgen um halb sechs auf, weckte ihn, machte das Frühstück. «Nein!», sagte Alice. «Damit ist jetzt Schluss!»

Anderntags machte sie sich auf den Weg aufs Zivilstandsamt. Sagte zum Beamten: «Jetzt habe ich genug! Ich will mich scheiden lassen!» Bald darauf bekam sie ein Aufgebot vom Friedensrichter. Dieser nahm ein Blatt Papier, legte es vor Alice auf den Tisch, begann darauf zu zeichnen, wollte ihr mit Strichen zeigen, dass es zusammen schon gehen würde. Wenn man nur wollte. Erzürnt sagte Alice: «Entschuldigen Sie, aber Sie brauchen mir keine Zeichnung zu machen. Ich kenne das Leben. Nein, das will ich nicht mehr.» Der Friedensrichter legte das Blatt und den Stift auf die Seite. Alice erhob sich, verabschiedete sich und verliess das Zimmer.

Trotz der neuen Lebenssituation musizierte Alice weiter. In der Schule, in den Ensembles, in der Kirche. Überall, wo sie gefragt wurde. Initiativ schlug sie den Verantwortlichen der Musikschule Urdorf vor, zusammen mit den Schülern für einen Samstagabend ein kleines Konzert mit offenem Singen vorzubereiten. Die Leute der Musikschule waren einverstanden und übernahmen die Organisation. Mit den Kindern studierte sie Volkslieder ein, bei denen das Publikum mitsingen konnte. Zwischendurch spielte sie mit ihnen Flötenstücke. Sie musizierten schön, ihre Kinder. Sauber. Rein. Alice war stolz auf sie. Das halbe Dorf kam ans Konzert, das an einem Sommerabend hinter der reformierten Kirche stattfand. Auch Ueli nahm teil. In Begleitung seiner Olga. Alice schluckte leer. Dann fasste sie sich. Musizierte. Sang. Das Konzert wurde ein grosser Erfolg. Gleichzeitig ging die Gerüchteküche los. Eine Frau im Haus sagte entsetzt zu Alice: «Das ist wirklich der Gipfel!» Alice wollte keinen Trost. Von niemandem. Sie war sich bewusst: «Er will die Scheidung. Alles andere ist ihm egal, und so auch das Geschwätz.»

Sie wurden vor das Scheidungsgericht in Zürich geladen. Alice wartete im Korridor des Bezirksgerichtes auf die Vernehmung, dort, wo vor Jahrzehnten ihr Vater die Scheidung eingereicht hatte, lange bevor sie von ihm wusste. Ueli war bereits im Gerichtszimmer. Der Scheidungsrichter wollte jedes einzeln vernehmen. Zwei Sekretärinnen gingen an Alice vorbei. Sie hörte, wie die eine zur andern flüsterte: «Nun sind die seit 38 Jahren verheiratet und lassen sich noch scheiden!» Dann wurde sie hineingerufen. Es wurde über Geld diskutiert. Kürzlich hatte Ueli gefragt: «Du, sollten wir unser Geld nicht zusammentun? Willst du deine Einnahmen nicht einfach auf mein Lohnkonto einzahlen? Dann könnten wir weiterhin selber schauen und niemand bräuchte uns dreinzureden.» Aber Alice wollte nicht. Vor dem Richter sagte sie: «Ich will kein Geld. Ich kann mich selber durchbringen, wenn nötig bis siebzigjährig Flötenstunden geben.» Sie hatte 38 Jahre lang verdient, 38 Jahre alles in den Haushalt gegeben. Wenn sie an einem Samstagnachmittag noch ein Büro putzen konnte und damit zusätzlich vierzig Franken verdient hatte, war sie in die Metzgerei gegangen, einen Braten für den Sonntag zu kaufen. «Nein!», wiederholte sie, «ich verdiene schön und es geht mir gut.» Der Richter antwortete: «Sie sollten nicht so dumm sein. Wir könnten eine Klausel machen, dass, wenn es Ihnen einmal schlechter geht, er bezahlen müsste. Denn», fuhr er fort, «Sie sehen nicht so gesund aus, dass wir annehmen dürfen, Sie könnten so lange Unterricht geben.» – «Ach!», antwortete Alice, «wenn man so viel durchgemacht hat, kann man nicht gut aussehen. Aber Sie dürfen beruhigt sein, ich bringe mich durch.» Dann wurde die Scheidung vollzogen. Anschliessend ging Alice zur Bank und eröffnete ihr erstes eigenes Konto.

Jetzt waren sie also geschieden. Ueli zog aus der gemeinsamen Wohnung aus und nahm sich eine Einzimmerwohnung, weil Olga, mit der er jetzt offiziell liiert war, nicht wollte, dass er bei ihr wohnte. Sie war eine verheiratete Frau in den Fünfzigern. Ueli war froh, dass Alice keine Ansprüche an ihn stellte, denn jetzt musste er erstmals in seinem Leben für sich selber schauen, musste seinen Lohn einteilen, den Mietzins bezahlen. Und wie Alice halt so war: Sie sah es für richtig an, dass sie all die Jahre für alle gesorgt hatte und Ueli jetzt nichts bezahlen musste.

Für Alice begann ein neuer Lebensabschnitt. Zum ersten Mal war sie völlig frei in all ihren Entscheiden und nur für sich allein verantwortlich. Mit den Flötenstunden verdiente sie mehr, als sie brauchte, sodass sie sparen konnte. Sie gab pro Woche dreissig Musikstunden. Mit dreissig Franken Stundenlohn hatte sie begonnen. Noch war sie ohne Diplom, besuchte aber weiterhin den Kurs am Konservatorium.

Als sie genügend gute Schülerinnen und Schüler hatte, organisierte sie an Mittwochnachmittagen ein Gruppenflötenspiel, das die Kinder freiwillig besuchen konnten. Die Präsidentin der Musikschule mahnte: «Das können Sie gern machen, Frau Alder. Aber gratis.» Ihr war das egal. Das Unterrichten war für sie längst zur Passion geworden und mit Geld nicht aufzuwiegen, und die Kinder nahmen freiwillig an der Mittwochsgruppe teil.

Zeitweise kam sie mit dieser Gruppe auf ein wöchentliches Arbeitspensum von bis zu 35 Stunden.

Als ein neues Schulhaus gebaut wurde, bekamen alle Musiklehrer ein eigenes kleines Unterrichtszimmer und Alice konnte den engen Raum in der Bibliothek verlassen.

Einmal fragte Annemarie Pauli, eine der Wandergruppen-Leiterinnen, Alice, ob sie mit ihren Schülern für die Wanderer spielen würde. Ihre Gruppe breche früh am Morgen auf, Alice könne später mit den Kindern den Zug von Urdorf nach Knonau nehmen und mit ihnen vom

Bahnhof nach Kappel wandern. Die Idee gefiel ihr. So trafen sich Alice und ihre Flötenkinder und die Erwachsenengruppe in der Klosterkirche. Vierstimmig spielten sie Tänze von Claudio Gervaise, leichte, dankbare Stücke. Mit Alice zusammen waren sie neun Musizierende, sechs Kinder mit C-Flöten für die erste und zweite Stimme, zwei mit Tenor-Flöten für die dritte Stimme und Alice, die mit ihrer warm klingenden Bassflöte die vierte Stimme spielte. Der Raum war gefüllt von Konzertbesuchenden. Nach dem Konzert fragte eine Zuhörerin: «Wo ist eigentlich die Orgel, die hier spielte?» In der gut besetzten Klosterkirche hatte sie das Kinderensemble nicht sehen, sondern nur hören können, und es hatte wie ein Orgelspiel geklungen. Für Alice war das ein grosses Kompliment.

Als Alice mit der Anzahl der zu unterrichtenden Schüler an ihre Grenzen kam, hatte sie die Idee, eine Bekannte, die im Rollstuhl war und sehr schön Blockflöte spielte, zu fragen, ob sie von ihr ein paar Schüler übernehmen wolle. Die Frau sagte freudig zu, und so war beiden gedient.

Inzwischen kamen auch Erwachsene zu Alice in die Stunde. Über Mittag blieb sie in ihrem Musikzimmer, kochte mit dem Tauchsieder eine Instantsuppe und legte sich danach auf drei aneinandergereihte Stühle hin, um ein wenig zu ruhen. Dabei ging ihr oft ein Gedanke durch den Kopf: Wie müsste ich es anstellen, doch noch ein Diplom für Blockflöte zu erwerben? In den zwei Jahren, seit sie unterrichtete, hatte sie durch die Praxis viel gelernt, auch bezüglich Theorie. Vielleicht bin ich jetzt ja lange genug im Ensemble vom Konservatorium mit dabei und weiss genügend, sodass ich mich für die Diplomprüfung anmelden könnte. Es kostete sie Mut, aber sie tat es. Und wurde zum Prüfungstermin vorgeladen. Die Prüfer kannten ihre Stärken. Baten sie, auswendig zu spielen. Dann wurden ihr Noten mit einer Melodie vorgelegt mit der Frage, was für ein Stück dies sei. Sie erkannte die

Melodie sofort. Bestand die Prüfung auf Anhieb und war nun diplomierte Musiklehrerin mit einem Konservatoriumsabschluss. Mit über sechzig Jahren hatte sie das geschafft.

Langsam sagte sie es vor sich hin: «Jetzt bin ich diplomierte Flötenlehrerin.»

Eine schöne Nebenerscheinung war, dass sie ab nun fünfundsechzig Franken Stundenlohn erhielt und auch der Gruppenunterricht wurde jetzt entlohnt. Langsam stieg sie Stufe um Stufe die Treppen im Konservatorium hinunter, schritt zur grossen Tür, öffnete sie, trat hinaus, über den Heimplatz zur Tramhaltestelle, atmete tief ein und sagte sich immer und immer wieder: «Jetzt bin ich wirklich diplomierte Flötenlehrerin.»

Alice hatte ihre eigene Art, die Kinder zu unterrichten. Niemand schrieb ihr etwas vor. Sie wollte ihnen auch die Theorie nahebringen, lehrte sie auf ihre Weise, Noten zu schreiben. Beim Musikhaus Jecklin kaufte sie Notenhefte mit einem vier Millimeter breiten Abstand zwischen den Notenlinien. Die erste Hälfte der Stunde gehörte dem Notenschreiben, in der zweiten Hälfte wurde gespielt. Jede Note bekam einen Namen. Das E auf der ersten Linie hiess Eveline, die Note zwischen der ersten und zweiten Linie war ein Fisch. Auf der dritten Linie gab es zwei, den Hansli und das Bethli. Das alles mussten die Kinder exakt aufschreiben.

Am liebsten arbeitete sie mit Kinderliedern. Seit einiger Zeit hatte sie die Zeitschrift ‹Schweizerheim› abonniert. Darin gab es eine Seite für Kinder, die ausgemalt werden konnte. Alice schnitt sorgfältig alle Bildchen aus, kopierte sie und klebte sie in die Notenhefte. So entstand ein Kinderliederheft. Die Kinder kamen gern in die Stunde. Manchmal waren die Mütter dabei und hörten zu.

Einmal sagte eine Klavierlehrerin der Musikschule zu Alice: «Ich danke Ihnen, dass Sie nicht nach der Methode Do-re-mi mit Handzeichen unterrichten. Ich bin deshalb froh, weil das Umdenken von den Handzeichen auf die Noten für die Kinder kompliziert ist.» Beim Singen seien die Do-Re-Mi-Fa-So-La-Ti-Do-Handzeichen in Ordnung, aber beim Instrumentalspiel werde es schwierig, umzudenken. Das Lob freute Alice, bestätigte es ihr doch, dass sie mit den Kindern auf dem richtigen Weg war. Die Klavierlehrerin konnte allerdings nicht wissen, weshalb sie diese Methode nie verwendete: Mit ihrer behinderten rechten Hand und dem linken Ellbogen konnte sie diese Figuren in der Luft ohnehin nicht befriedigend bewältigen.

Viele Kinder blieben drei bis vier Jahre im Unterricht und lernten schön und gut Flöte spielen. Einmal bekam Alice vier Schüler aus der Oberstufe für eine gemeinsame Stunde. Als sie merkte, dass die Jungen nur Unsinn im Kopf hatten, vermutete sie, dass die sich wohl dachten: Mit dieser Alten können wir Unfug treiben. Das gefiel ihr nicht, und sie schrieb den Eltern einen Brief: *Wenn je zwei Buben eine halbe Stunde kommen, könnten sie mehr lernen als vier in einer Stunde.*

Das leuchtete den Eltern ein, und sie waren damit einverstanden. Im Nu hatte sie auch diese Burschen für die Musik gewonnen.

Alice arbeitete fast Tag und Nacht. Sie hatte sich zum Ziel gesetzt, mit wenig Kraft das Beste zu leisten. Doch für sie war das alles nicht Arbeit. Sie verdiente mit dem, was sie am liebsten tat, ihren Lebensunterhalt. Sie konnte heim, wann sie wollte, kochen und essen, wann es ihr drum war, und ihre Zeit so einteilen, wie es ihr gefiel. Sie bekam so viele Anfragen, dass sie eine weitere Bekannte fragte, ihr ein paar Stunden abzunehmen. Diese gab aber bald wieder auf, meinte, es sei ihr zu streng.

Ueli war nun seit vier Jahren pensioniert und lebte in seiner Einzimmerwohnung. Von dort aus machte er weiterhin seine Reisen.

Einmal kam er krank von Jugoslawien zurück, so krank, dass er ins Waidspital musste.

Eine der Flötengruppen, in der Alice mitspielte, ging hie und da sonntags zum Musizieren ins Pflegeheim Käferberg in der Nähe des Waidspitals. Nach einem solchen Einsatz beschloss Alice, den kranken Ueli im Spital zu besuchen. Irgendwie fühlte sie sich ihm noch immer zugehörig. Auch wenn sie es nicht ausdrücken konnte, spürte sie das doch deutlich: Wir gehören trotz allem auf eine Art zusammen. Immerhin haben wir miteinander drei Buben grossgezogen. Gemeinsam viel erlebt. Gelernt, einander zu tolerieren.

Sie drückte ihm die Hand, bevor sie ging: «Gute Besserung, Ueli.» – «Alles Gute!», erwiderte er schwach. Dann ging sie. Drehte sich bei der Tür um. Winkte.

In der kommenden Woche kam ein Telefonanruf von Olga: «Ueli ist gestorben! Er hat das Spital verlassen dürfen. Jetzt liegt er in meiner Stube auf dem kleinen Diwan. Wenn du willst, kannst du ihn nochmals sehen.»

Alice machte sich sofort auf den Weg. Läutete an der Haustür. «Komm herein!», sagte Olga. «Die Gemeindeschwester kommt gleich. Du solltest aber nicht dabei sein, wenn sie ihn herrichtet.» Wenig später kam die Krankenschwester. Olga nahm zwei, drei Schritte Abstand, während Alice neben Ueli stehen blieb. Als die Gemeindeschwester ihn zu pflegen begann, packte sie wie selbstverständlich mit an und unterstützte die Schwester. Gemeinsam wuschen sie ihn. Sein Körper war noch warm. Dieses Spüren würde Alice nie vergessen. Woran er starb, sagte ihr niemand. Sie hatte kein Anrecht, es zu erfahren, weil sie geschieden waren.

Nur vier Jahre hatte Ueli die Pensionierung geniessen können. Gesund hat er nicht gelebt, ging es Alice durch den Sinn, er rauchte und trank. Und jetzt ist er bei ihr auf dem Diwan gestorben. Die Art seines endgültigen Gehens musste sie zuerst verdauen. Doch dass sie diesen letzten Dienst an ihm tun durfte, war ihr ein Geschenk, und Dankbarkeit erfüllte sie. Es folgten aber auch Gewissensbisse. Schuldgefühle plagten sie: Hätte ich durchhalten müssen? Olga neben mir dulden sollen?

Als sie später vernahm, dass er auf seinem Konto fünftausend Franken für sie zurückgelassen hatte, konnte sie Frieden mit sich und mit ihm schliessen. Das hat er für mich getan. Sie spürte deutlich, dass die Liebe zwischen ihnen nie ganz erloschen war. Alice verteilte das Geld unter ihre Söhne. «Ihr habt vom Vater nie einen Rappen bekommen. Das ist jetzt eures.»

Noch ein Umzug und ein Örgeli

Alice ist eine Frau, die viel nachdenkt. Über sich und Ueli, über ihre Söhne und die Flötenkinder, ihre kleine Welt, aber auch über die grosse. Fragen nach dem Sinn des Lebens und des Sterbens. Und obwohl sie schon einige Zeit nicht mehr mit Ueli zusammenwohnte, war bei ihr durch seinen Tod doch eine Lücke entstanden. Aber das Leben wartet nicht, bis ein Mensch sich nach einem Einbruch wieder erholt. Das wusste Alice zu gut. Es geht weiter, die Dinge nehmen ihren Lauf.

Manches war wie vordem. Sie gab weiterhin Stunden und spielte in drei bis vier Ensembles mit.

Dass sie nicht jünger wurde, machte sich da und dort körperlich bemerkbar, und der Weg vom Bahnhof Urdorf zu ihrer Wohnung bereitete ihr mehr und mehr Mühe. Sie wollte sich deshalb ein Daheim suchen, das für sie verkehrstechnisch einfacher zu erreichen war. Von der Agglomerationsgemeinde Schlieren aus wäre sie in zehn bis fünfzehn Minuten in Zürich.

Im Zelgli -Quartier wurde eben ein neues Haus gebaut. Sie bewarb sich, bekam eine Wohnung im dritten Stock und zog ein. Die Jungen halfen ihr beim Umzug.

Das neue Zuhause hatte einen Balkon, der von der Abendsonne beschienen war. Vorhänge wollte sie keine mehr. Sonne und Licht sollten in ihr neues Daheim scheinen, ihr Weitsicht schenken. Noch weiss sie nicht, dass sie dreissig Jahre in dieser Wohnung bleiben wird.

Die Jahre zogen vorbei. Alice gab Flötenunterricht bis fast fünfundsiebzig. Von der Vernunft her wusste sie, dass sie längst Stunden abgeben müsste. Aber sie fragte sich, was sie dann mit der freien Zeit machen sollte. Sie konnte nicht einfach zu Hause herumsitzen!

Wie damals als junge Frau durchstöberte sie die Tageszeitung. Stiess auf ein Inserat der Stadt Zürich. Las, dass jemand gesucht werde, der in einem Altersheim mit alten Menschen singt. Alice meldete sich und wurde sofort eingestellt.

Jetzt sang sie mit den Leuten im Kreis 5, wo sie so viele Jahre mit Ueli zusammengelebt, die Buben grossgezogen, geputzt und genäht hatte, sang mit den Bewohnerinnen und Bewohnern des Altersheims an der Quellenstrasse. Es war ihr, als würde sich ein Kreis schliessen.

Am neuen Wohnort spielte sie manchmal in der Kirche zusammen mit dem Organisten Gilberto Fischli, der auch Orgelkonzerte gab. Und sie begann, im ‹Seniorenchörli› mitzusingen. So war sie eingebunden in ihre neue Welt, anpassungsfähig wie stets. Das hatte ihr das Leben gründlich beigebracht.

Eines Tages ging ihr der Gedanke durch den Kopf, es sei keine richtige Sache, das Singen mit den Leuten nur mit der Flöte zu begleiten. Eine kleine Handharmonika wäre das richtige. Über fünfzig Jahre war es her, seit sie Herrn Helbling die Silbertonorgel zurückbringen musste. Dann will ich das halt wieder lernen, entschied sie und machte sich auf den Weg nach Zürich ins Musikhaus Hug. Dem Verkäufer erklärte sie: «Ein Handörgeli wäre gut. Eine kleine, die ich spielen könnte. Wenn möglich mit fünf Tonarten. Das reicht zur Begleitung von Liedern.» Der junge Mann staunte über den Wunsch der betagten Frau, beriet sie freundlich, zeigte ihr verschiedene Instrumente. «Diese hier. Die will ich!»

So machte sich Alice am 27. November 1987 mit dem soeben erworbenen B-Örgeli auf den Heimweg. Im gut besetzten Bus gab es keinen freien Sitzplatz. In der einen Hand das Orgelköfferchen, hielt sie sich mit der andern an der dafür vorgesehenen Stange. Plötzlich musste der Busfahrer auf der Bahnhofbrücke unerwartet stoppen. Des verkrüppelten Armes wegen konnte sie sich nicht festhalten und stürzte. Sofort stand sie wieder auf, nahm das Handörgeli vom Boden auf, hielt sich erneut an der Stange und fuhr so bis zur Endstation in Schlieren. Stieg aus und lief heim. Zunächst hatte sie den Eindruck, es habe ihr nichts gemacht, aber als sie zu Hause war, schmerzte ein Arm so sehr, dass sie ihn während zwei Wochen fast nicht benutzen konnte.

Endlich war es so weit, dass sie mit Üben beginnen konnte.

Erinnerungen an die Jugendzeit wurden wach. Gute Bilder kamen ins Gedächtnis, die sie an das Erwachen der Musik in ihr erinnerten, und innerhalb von zwei Wochen spielte sie auf dem Örgeli, als hätte sie nie etwas anderes getan.

Ja, anstatt weniger machte sie nun wieder mehr und musste irgendwann zugeben, dass das Pensum, das sie leistete, mit den Kräften einer bald Achtzigjährigen nicht übereinstimmte. Schweren Herzens gab sie alle Ensembles auf, ausser dem einen im Konservatorium. Aus Dankbarkeit gegenüber Herrn Gianini, dem Blockflötenpapst von Zürich, der ihr vor Jahren die Chance gegeben hatte, in seinem Flötenchor mitzumachen, blieb Alice seinem Ensemble treu, bis *er,* aus Krankheitsgründen, aufgeben musste. Ein weiterer Schritt des Loslassens.

Sie tröstete sich damit, dass sie noch ein eigenes Ensemble in Schlieren habe, das unter ihrem Namen spielte. Auch am Üetlibergsingen nahm sie regelmässig teil, bei dem sich auf dem Planetenweg wöchentlich eine Gruppe traf. So sang und musizierte sie weiter, bis sie weit über achtzig war.

Von der Stadt Zürich bekam sie für die Arbeit als Chorleiterin im Altersheim eine Entschädigung von fünfzig Franken. Auch Schlieren bezahlte ihr für das Singen mit dem Seniorenchörli ein kleines Entgelt. Inzwischen hatte sie längst eine Altersrente. Jetzt müsste der Friedensrichter einmal sehen, wie gut es ihr finanziell ging. Wie unabhängig sie geblieben war.

Als der kleine Chor an der Quellenstrasse schwand, weil alte Menschen starben, teilte man Alice mit, er sei nun so klein, dass man ihre Arbeit nicht mehr bezahlen könne. «Ich brauche keinen Lohn, ich mache trotzdem weiter», antwortete sie. Und weil ihr im Heim kein Raum mehr zur Verfügung gestellt wurde, fragte sie, ob sie nicht im Entree mit den Leuten singen dürfe. Es könne kommen, wer wolle. «Doch!», meint die Heimleitung, das sei in Ordnung. Dann gab sie ein Inserat auf:

Fühlen Sie sich am Sonntag einsam?
Wir singen in gemütlicher Runde Lieder aus der Jugendzeit.

Daraufhin waren es oft zwanzig bis dreissig Personen, die hier zusammenkamen, um die schönen alten Volkslieder zu singen. Leute aus der ganzen Stadt machten mit. Für Alice war das eine einzige Erfüllung.

Sie sang nun auf dem Üetliberg, in Zürich an der Quellenstrasse und im Chörli in Schlieren. Und weil sie öfter zu Hause weilte, wurde sie auch zur treuen Besucherin der Bibliothek. Manchmal dachte sie zurück an die kleine Bibliothek im Zürcher Kreis Aussersihl, an die Hefte mit den ‹Wahren Geschichten›, und musste lächeln. Jetzt las sie Goethe und Stifter, Heine und Hesse, und es war eine andere Welt, in die sie eintauchte.

Die Frage nach den ersten Jahren

Eigentlich wäre nun alles nur schön und gut gewesen, hätten Alice nicht immer wieder all die unbeantworteten Fragen eingeholt.

Was war in ihren ersten vier Lebensjahren geschehen?

Gibt es Erkenntnisse?

Tatsächlich konnten Antworten gefunden werden. Entstanden ist ein Bild aus kleinen Mosaiksteinchen.

Engagierte MitarbeiterInnen der Staatsarchive Baselland, Baselstadt, von Kanton und Stadt Zürich halfen dabei.

In den Räumen des Schweigens, wo in Akten und Geschichtsbüchern geblättert wird, herrscht eine besondere Atmosphäre. Nicht nur StudentInnen, die an einer Abschlussarbeit sitzen, auch Hobbyhistoriker sind zu finden, und eben auch Leute, die einer ganz bestimmten Geschichte auf der Spur sind und Vergangenheit auf verschiedensten Ebenen hervorholen.

Aus den Steinchen, die in den Archiven zu finden waren, setzte sich ein Bild zusammen, das von der drei- bis siebenjährigen Alice bisher fehlte. Ihre bruchstückhaften Erinnerungen decken sich mit protokollarisch festgehaltenen Akten: Alice hat also ein gutes, ja ein ausgezeichnetes Gedächtnis.

Der einzige Ort, wo die Recherche sich als schwierig, ja als unmöglich erwies, war ihr Heimatdorf. Es fehlen die ersten zwei Jahre. «Dort müsste die letzte Wahrheit zu finden sein!», sagt Alice, die bis heute nicht weiss, was in ihrer ersten Zeit mit ihr geschah.

Klare Bilder jedoch von der dreijährigen Alice geben die Krankengeschichte aus dem Bürgerspital Basel und die Eintragungen über die Aufenthaltsorte des noch kleinen Kindes durch die Stadt Basel. Und so soll im Lebensbericht von Alice noch einmal zurückgeblendet werden, nämlich zum 27. Juni 1916, zum Tag, an dem die Betreuerin des Kinderheims der Speyr-Anstalt in Basel, wo die kleine Alice seit dem März weilt, das Kind an der Hand führt und ihm gut zuspricht, während sie mit ihm durch das Tor des Bürgerspitals tritt.

Die dreijährige Alice

«Sie werden dir das Weh an deinem Händchen heilen. Darum musst du zum Doktor ins Spital.» Das Mädchen konnte sich unter einem Spital nichts vorstellen. Es trippelte neben der Betreuerin her, die das karge Bündel des Kindes in der andern Hand mittrug. Der Korridor, auf dessen Station das Kind übergeben wurde, war eher düster. Eine Frau in einer weissen Schürze und mit einer weissen Haube auf dem Kopf nahm die beiden in Empfang. Sie bückte sich zum Kind hinunter. «Du heisst Alice? Ich bin Schwester Dorothee.» Sie sprach freundlich und lieb mit dem Kind, sodass dieses rasch Vertrauen gewann. «Musst nicht Angst haben, Alice. Wir wollen dir helfen. Schau, da gibt es sogar Frauen, die alle auch ein Weh haben und darum hier sein müssen, bis sie gesund sind.» Die Betreuerin gab das Kleiderbündel in die Hand der Krankenschwester, verabschiedete sich, winkte, verschwand. Alice wurde in ein weisses Nachthemdchen gesteckt, in ein Gitterbett gelegt, dann wurde Fieber gemessen. Klaglos liess das Kind über sich ergehen, was geschah, schaute umher, staunte, schwieg. Ein Doktor kam vorbei und sah sich ihre Hand und den Ellbogen an. In die Krankengeschichte notierte er:

Persönliche Anamnese: Angeblich immer gesund. Vor ca. 8 Monaten Sturz auf den linken Ellenbogen. Seither Schwellung desselben mit starker Rötung. Mutter z.Z. krank in Liestal (Krankheit?). Vater 26 lebe gesund. 1 Schwester gesund, sonst keine Geschwister.

Alice hatte aber keine Schwester. So muss vermutet werden, dass selbst die Betreuerin, die Alice ins Bürgerspital brachte, über die Familie des Kindes kaum Bescheid wusste. Die Kleine, die es gewohnt war, ständig neue Menschen kennen zu lernen, merkte rasch, ob es jemand gut meinte mit ihr. Und wenn das so war, verschenkte sie ihr strahlendes Lachen, und die Krankenschwestern hatten Freude am Kind, schauten belustigt, wie das kleine Persönchen im Korridor hin und her spazierte und selbsterfundene Melodien vor sich hin trällerte. So empfand Alice das Spital bald als ihr neues Zuhause. Schwester Dorothee und der Doktor waren jetzt ihre Eltern, die Mitpatientinnen, meist Frauen, hie und da ein Kind, ihre Geschwister. Manchmal baten die Frauen aus der Erwachsenenabteilung die Krankenschwestern, das Mädchen zu ihnen zu schicken, weil es so schön singe und ihnen darum gut tue. Das genoss die Kleine.

Derweil war Alices älterer Bruder Paul bei den Eltern des Vaters zu Hause, die an der Hauptstrasse 41 in Birsfelden wohnten. Die Mutter der beiden Kinder lebte bereits in Liestal im Pfrundhaus. Die halbseitig Gelähmte ging mühsam an einem Stock. Sie hatte einen Teil ihrer Sprache verloren. Wiewohl sie sich skandierend ausdrücken konnte und ihr Denken klar war, galt sie als Geisteskranke, ja als Irre. Kein Heim, in dem Alice war und sein würde, keine Behörde, kein Arzt würde sich je darum kümmern, ob das, was der Vater allen erzählte, stimmte, nämlich Maria-Antonia habe schlechte Eigenschaften geerbt und sei deshalb geisteskrank.

Mit Ausnahme eines Gutachters, welcher zur Überprüfung der Scheidung Stellung beziehen musste. Er hatte bei ihr eine Hemiplegie und sprachliche Schwierigkeiten diagnostiziert, das Vorliegen sowohl einer Geisteskrankheit als auch einer Geistesschwäche jedoch klar verneint.

Im Bericht vom 12. September 1918 hielt das Gericht aufgrund des Gutachterberichts fest:

Eine hysterische Grundlage ihrer Störungen sei ausgeschlossen. Eine Geisteskrankheit sei zur Zeit nicht nachweisbar, auch bestehe keine einigermassen hochgradige geistige Schwäche. (…) … zur Zeit bestehen solche in erheblichem Grade jedoch nicht, keinesfalls in einem Grade, dass dessetwegen dem Manne die eheliche Gemeinschaft nicht mehr zugemutet werden könne. Gestützt auf dieses Gutachten kann wenigstens heute von einer Geisteskrankheit überhaupt, geschweige noch von einer unheilbaren gesprochen werden. Dies besonders nicht, wenn man ihre Rechenfähigkeit, wie sie auf Seite vier des Gutachtens festgestellt ist, und die Fähigkeit, ihren Namen rückwärts zu buchstabieren, den Unterschied zwischen Geiz und Sparsamkeit, Irrtum und Lüge anzugeben im Stande ist, in Betracht zieht. (…) Allein eine Krankheit, ausgenommen Geisteskrankheit, bildet kein Scheidungsgrund für den andern Ehegatten. Es ist im Gegenteil Pflicht desselben, seine Frau in ihren kranken Tagen zu unterstützen, ihr beizustehen und ihr Leiden durch seine innige Teilnahme lindern zu helfen. (…) Der Kläger konnte in seinen Rechtsschriften nichts Wesentliches zu Lasten der Beklagten dartun, woraus eine so tiefe Zerrüttung der Ehe geschlossen werden könnte, dass dem Kläger die Fortsetzung der ehelichen Gemeinschaft nicht mehr zugemutet werden dürfte. Die Beklagte zeigt durchaus keine Abneigung gegen den Kläger, und fühlt sich trotz ihres Leidens nicht unglücklich in der Hoffnung, ihr Zustand gehe einer Besserung entgegen, und sie könne wieder zu ihrem Manne und zu ihren Kindern zurückkehren.

Dies wird allerdings erst in mehr als zwei Jahren festgehalten werden. Noch war Alice im Bürgerspital. Besuch bekam das Kind während der Monate, die es hier verbrachte, von niemandem. Krankenschwestern und Ärzte hatten Freude an dem unkomplizierten kleinen Wesen, dem sie so oft Schmerz zufügen mussten, wenn sie den Verband an der rechten Hand wechselten, eine Drainage setzten, um den Eiter abfliessen zu lassen, oder wenn sie ihm Blut nehmen mussten. Das Kind sass dann reglos in seinem Bettchen, liess es mit zusammengepressten Lippen und ohne zu weinen über sich ergehen. Auch beim Röntgen der Hand und des Ellbogens tat Alice gehorsam, was die Schwestern sagten. «Ganz still halten. Wir machen ein Foto von deiner Hand. Und jetzt noch eines vom Ellbogen.» Sie drückten das zarte Ärmchen auf die kalte Röntgenplatte. «Ganz ruhig bleiben, Alice, nicht bewegen, wir wollen doch dem Doktor ein schönes Foto von deinem Arm bringen.» Wenn Alice aufstehen durfte, strahlte sie mit ihren blauen sternenklaren Augen alle um sich herum an. Dafür wurde sie mit Zuwendung und einer guten Portion Liebe belohnt. Erste Schätze für die innere Truhe.

Im Februar wurde das Kind nach acht Monaten im Bürgerspital für wenige Wochen entlassen, nicht fieberfrei, aber etwas gebessert im Gegensatz zum Beginn seines Aufenthaltes, und man darf annehmen, dass es diese Wochen in der ihm bekannten Speyr-Anstalt verbrachte, bevor es wieder hoch fiebrig auf die Absonderungsabteilung zurückkam.

Nun, als Alice wieder im Bürgerspital behandelt wurde, begann da und dort eine Diskussion, wohin das Kind denn wohl gehöre, nämlich dann, wenn wieder eine Rechnung vom Spital an die Stadt geschickt wurde. Das war der Moment, in dem sich Behördenmitglieder Gedanken machten. «Wo sind denn eigentlich die Eltern dieses Mädchens?» «Warum ist das Kind in Baselstadt angemeldet? Es ist doch in Baselland heimatberechtigt.» «Müssen wir wirklich bezahlen, was die Heimatgemeinde wiederum übernehmen müsste?»

So kam es, dass die Behörden die Polizei einschalteten, die von Spitaldirektor Müller einen Bericht erbat.

Dieser antwortete am 1. Juni 1917, also fast ein Jahr nach dem ersten Eintritt des Kindes ins Bürgerspital:

Tit. Polizeidepartement Dahier.

Seit 27. Juni 1916 befindet sich in unserer Anstalt (wegen Arm- und Handtuberkulose) das Kind Alice Walliser, geb. 1913, des Otto Walliser Malerges. und der Antonia Eggbretz (eine der vielen Varianten des Namens! Die Autorin) *von Reigoldswil wohnhaft in Birsfelden. Die Familie soll eine zeitlang in Basel gewohnt haben und das Kind wurde aus uns unbekannten Gründen durch die Jugendfürsorge in der Anstalt der Frau von Speyr-Bölger auf dem Holee untergebracht. Für dasselbe wurde auch das Büchlein der öffentl. Krankenkasse bezogen und das Kind dann zu deren Lasten dem Spital überwiesen. Nun ist die Genussberechtigung bei der Krankenkasse demnächst erloschen und eine Heilung noch in ziemlich weiter Ferne. Der behandelnde Arzt hat vorgeschlagen, das Kind für längere Zeit dem Sanatorium Erzenberg in Langenbruck zuzuweisen. Nun ist aber aus dem bereits angegebenen Grund die Krankenkasse nicht mehr im Fall, daran einen Beitrag zu leisten, und auch unsere Anstalt nicht in der Lage, für das Kind, das aus Baselland stammt, und das von rechtswegen zu seinen in diesem Kanton wohnhaften Eltern gehört, Aufwendungen zu machen. Es wird deshalb nichts übrig bleiben, als das Kind dem Kantonsspital Liestal zu überweisen, und den dortigen zuständigen Stellen zu überlassen, für dasselbe event. eine Aufnahme in Langenbruck zu erwirken.*
Indem wir Sie ersuchen, das Erforderliche für eine Transferierung des Kindes einleiten zu wollen, zeichnet

Hochachtungsvoll
Der Spitaldirektor AH Müller

In der Akte der Polizei Baselstadt wurde festgehalten:

Polizist Marx soll die Eltern des Kindes in Birsfelden suchen und sie fragen oder veranlassen, das Kind abzuholen, event. ist es den Eltern zuzuführen.

Und der Polizist wurde fündig. In Birsfelden wohnte der Vater des Kindes bei seiner Schwester. Aber anzutreffen war er nicht.

Alice hatte seit Wochen Temperatur, seit Tagen abends immer hohes Fieber. Dann lag sie matt im Bettchen, mit heissen Wangen, über die Schwester Dorothee liebevoll streichelte. Wenn sie am Bettchen der Kleinen sass, die sie im Laufe des vergangenen Jahres lieb gewonnen hatte wie ein eigenes Kind, fragte sie sich manchmal: «Wo, Kind, sind die Menschen, die zu dir gehören? Wo sind die Leute, die für dich verantwortlich wären? Und wie kann man ein Menschenkind wie dich einfach so der Welt und fremden Menschen überlassen?» Das Schicksal des Kindes berührte die Krankenschwester.

Derweil hielt Polizeimann Marx protokollarisch fest:

Basel, Samstag den 2. Juni 1917

Rapport des Polizeimann Marx

Otto Walliser-Egertz wohnt in Birsfelden Hauptstrasse No 39 bei seiner Schwester Frieda Walliser.
Nach deren Aussagen ist die Mutter des Kindes Walliser Alice in Langenbruck krank im Spital. Der Vater desselben konnte nicht getroffen werden. Es wurde deshalb die Schwester, Frieda Walliser, vom Inhalt vorstehendem Schreiben in Kenntnis gesetzt. Diese versprach, das Kind Alice Walliser am Montag, den 4. Juni 1917 im Bürgerspital abholen zu wollen.

Marx, Polizeimann

Der Abschied war abrupt. Eine Frau, die Alice nicht kannte, holte das Kind samt Kleiderbündel im Bürgerspital ab. «Ich bin deine Tante Frieda», sagte sie, nahm das fiebrige Kind an der Hand und führte es aus dem Spital. Alice blickte zurück, sah Schwester Dorothee winken, sah in die glänzenden Augen der Krankenschwester-Mutter, die jetzt ihrem Blick entschwand. Alice wurde mit 38,7° Celsius Fieber aus dem Bürgerspital Basel entlassen. Und die Spitalrechnungen fielen künftig nicht mehr in den Verantwortungsbereich der Stadt Basel.

Basel, Freitag den 8. Juni 1917

Das Kind Alice Walliser wurde Mittwoch, den 6. Juni 1917 durch ihre Angehörigen im Bürgerspital abgeholt.

Marx, Polizeimann

Vorübergehend verliert sich die Spur. Man darf annehmen, dass Alice jetzt bei der Tante in Reigoldswil weilte, am Ort, wo auch Alices Vater wohnte, den der Polizeimann nicht antreffen konnte. Drei Monate wird das Kind hier bleiben.

Passt in diese Zeit das Bild von Alice, wie sie von Männerarmen aus einem Fenster gehalten wird? Sich am Fenstersims festklammern will? An der Hausmauer ein Gemälde erblickt? Hatte sich das Kind an diesem Ort erstmals gegen Massregeln aufgelehnt, die Menschen ihm beibringen wollten, welche ihm bis vor kurzem wildfremd waren? Es ist nicht auszuschliessen, dass der Vater als Erziehungsmassnahme sein Kind züchtigen wollte. Alice wird weiterhin fiebrig sein, sich krank fühlen und ein Heimweh in sich spüren. Die Vierjährige wird nicht imstande sein zu verstehen, was mit ihr geschieht.

Wieder auf sicherem Terrain ist man ab dem 10. September 1917. An diesem Tag wurde das Mädchen auf die Kinderstation des Sanatoriums Erzenberg in Langenbruck gebracht.

Wiewohl Schwester Dorothee nicht hier war, kam dem Kind doch manches ein wenig vertraut vor: Krankenschwestern in weissen Gewändern und Hauben betreuten kranke Kinder, massen Temperatur, verabreichten Medikamente, ermutigten, trösteten, mahnten. Ein klein wenig war Alice wieder heimgekommen. Die Kleine war in der Obhut der Schwestern, fühlte sich bei ihnen aufgehoben. Sie waren es, die Alice wie Schwester Dorothee Liebe und Zuneigung gaben. *Morge früe, wenn d Sunne lacht*, sang man mit ihr des Morgens und *s Bättglöggli* des Abends. Es waren auch hier Menschen, die das zufriedene und duldende Kind in ihr Herz schlossen, ihm Wegzehrung mit auf den Lebensweg gaben, die es später brauchen wird, wenn der Wind kühl um die Kinderohren weht, eine Kinderzeit lang.

Ob Alice am Tag ihres Austritts am 30. April 1918 von der Kinderstation des Sanatoriums Erzenberg in Langenbruck direkt zum Ehepaar Stucki nach Basel kam, oder ob sie die Tage dazwischen nochmals bei der Tante weilte, ist nicht bekannt. Als gesichert ist festzuhalten, dass am 8. Mai 1918 für die bald Fünfjährige die einzig schöne Zeit ihrer Kindheit begann. Wohl deshalb setzt hier ihr Erinnerungsvermögen ein. Jetzt hatte sie richtige Eltern, liebende Eltern, die all die Liebe der vielen Krankenschwestermütter und Doktorväter in sich vereinten, und Alice konnte einen ersten Teil des in der Seele angereicherten Proviants an Elternliebe auf die Stuckis bündeln.

Die Stadt Basel gab dem Kind dank eines mutigen Entscheids eines Vorstehers der Einwohnerkontrolle eine Aufenthaltsbewilligung, ungeachtet seiner Heimatberechtigung und allfälliger Kosten. So woben im Hintergrund da und dort Menschen zugunsten von Alice mit, ohne dass diese es wusste. Und hier soll der Bericht enden, mit nochmals einem Blick ins Kinderzimmer im Haus an der Oberen Rebgasse 13 in

Basel, rechts beim Korridor, wo die Tür offen steht, sodass die Kleine keine Angst haben muss, wo sie ruhig liegt, den Wassertropfen zuhört, der Vielfalt dieser Klänge, pling, pläng, plong, bis die Fee der verlassenen Kinder kommt und sie ins Traumland aller Kinder trägt.

Nachtrag

Nichts bleibt, wie es ist. Alles ist ein Werden und Vergehen. Und so soll auch erzählt werden, was mit dem Vater und der Stiefmutter von Alice und mit den Brüdern Paul, Arthur und Heinz weiter geschah.

Der Vater, Otto Walliser, lebte zusammen mit seiner zweiten Frau Mina beim jüngsten gemeinsamen Sohn Heinz und dessen Frau Silvia. Im Haus, das Mina geerbt hatte, sind Heinz und seine Familie seit 1945 zu Hause. Hier wuchs eine neue Generation heran. Mina und Otto wurden Grosseltern von zwei Enkelkindern.

Sieben Jahre überlebte der Vater von Alice seine erste Frau Maria-Antonia, bis er zehn Tage vor seinem 81. Geburtstag einem Schlaganfall erlag. Das war im Jahr 1971. Otto war aufs Alter hin ruhiger geworden. Er hatte seine Leidenschaft, das Malen von Landschaftsbildern und Blumen, in den letzten Jahren intensiviert.

Mina überlebte Otto um achtzehn Jahre. Trotz zunehmender Altersdemenz konnte auch sie bis zu ihrem Tod im Jahr 1989 bei der Familie von Heinz und Silvia bleiben, die inzwischen selber Grosseltern sind. Die Generationenordnung setzt sich fort, wie sich die Jahre aneinanderreihen und zu Jahrzehnten werden. Noch heute wohnen sie im Häuschen am Stadtrand, das geschmückt ist mit Bildern von Otto, dessen Begabung nicht zu übersehen ist. Insbesondere auf Winterbilder zauberte er zu Schnee und Kälte warme Lichter.

Paul zog mit seiner Frau nach Adliswil. Er blieb kinderlos. Als er im fortgeschrittenen Alter ins Krankenhaus musste, besuchte Alice den Bruder mehrmals. Selten benutzte sie Bus und Zug, lieber wanderte sie meist zunächst auf den Üetliberg, von da auf die Felsenegg und dann hinunter zum

Spital Adliswil, wo er im Jahre 1996, zwei Tage nach seinem 84. Geburtstag starb. Alice hatte ihn am Geburtstag noch zusammen mit dem Halbbruder Heinz und dessen Frau Silvia besucht.

Arthur, den vor wenigen Jahren ebenfalls ein Schlaganfall traf, lebt in der Nähe des Bruders und wird in einem Pflegeheim betreut. Hatten sich die Brüder vor Jahren für einige Zeit auseinandergelebt, so freut sich Arthur heute auf die regelmässigen Besuche des jüngeren Bruders und seiner Frau.

Was Alice betrifft, so ging ihr das Sterben des Vaters nur insofern nah, als sie sich bewusst war, dass sie durch seinen Tod etwas verlor, das sie nie hatte: einen Vater. Sie fühlte wenig, als die Nachricht von seinem Tod zu ihr kam, nahm diese auf wie eine Depesche aus der Tageszeitung. Weiter nichts. Erfahren hat sie von seinem Tod erst nach der Beerdigung. Aber sie klagt nicht und zürnt niemandem. Sie ist weder bitter noch vergrämt. Im Gegenteil: Wenn sie abends im Bett liegt, ihr Bilder der Kindheit durch den Sinn gehen, spürt sie Dankbarkeit, ist froh, dass sie nicht auf dem Schwierigen und Traurigen sitzen bleiben musste. Dass sie ihren Weg gefunden hat. Sie, die ungewollt und ungeliebt war, durfte so viel Erfüllung im Leben finden.

Dankbarkeit erfüllt sie, genau dieses ihr Leben geschenkt bekommen zu haben.

Alice lebt jetzt in einem Alters- und Pflegezentrum. Noch gibt es Dinge, an denen sie sich freut. Mit wachem Geist nimmt sie noch immer Anteil am Geschehen. Und bis heute ist ihr die Musik ein wichtiger Begleiter, liegt die eine oder andere Flöte auf der Kommode, wenn man sie besucht.

Und noch etwas ist Alice geblieben: der Selbstzweifel. Noch immer betet sie darum, ein rechter Mensch zu werden. Immer und immer wieder.

Alice glaubt an eine gute Macht. «Es ist eine Kraft da!», sagt sie. Über das Sterben und den Tod will sie nicht zu viel nachdenken. Ihre Überzeugung ist, dass man, wenn es so weit ist, da einfach durchmuss. «Sterben wird nicht schön sein!», sagt sie, «aber Angst davor habe ich nicht. Man wird sich wehren, bis es nicht mehr geht, und die Zeit des Sich-Wehrens wird vielleicht die Schlimmste sein. Doch wenn die Zeit kommt, keine Kraft mehr da sein wird, das Sich-Wehren nicht mehr geht, dann, ganz am Ende, ist man gewiss gut begleitet.» Daran glaubt sie. So wird sie sich, wie sie es ein Leben lang tat, weiterhin ihrem Schicksal stellen, wird weiter den für sie vorbestimmten Weg gehen.

Wenn die 98-Jährige heute gefragt wird, ob sie noch einen Wunsch habe, antwortet sie: «Ich hoffe, dass das, was ich aus meinem Leben erzählt habe, andern hilft. Man bekommt Eigenschaften geschenkt. Diese muss man nutzen. Ich möchte, dass junge Menschen bei sich erkennen, was ihnen geschenkt ist und damit in ihrem Leben etwas machen.» Dann schliesst sie: «Meine Kindheit war Angst und Verzweiflung. Das ist wahr. Aber wahr ist auch mein Konfirmandenspruch: ‹Durch Gebet und Gnade ist es ein köstliches Ding, dass das Herz fest werde.› Das ist die Erfüllung, die ich erleben durfte.»

Epilog

«Er hat sie gestossen!», sagt Alice, die bald 98-Jährige. «Er hat sie gestossen! Die Mutter ist gestürzt.»

‹Hirnerweichung›, halten die Protokolle des Spitals fest, ohne genauer darauf einzugehen, Protokolle, die später der Entmündigung von Maria-Antonia dienen. Auch ‹Schlaganfall!›, ein weiterer Eintrag im Pfrundhaus in Liestal.

«Warum bist du so sicher, dass er deine Mutter gestossen hat?»

«Die Grossmutter hat es gesagt. Oder sonst irgendjemand. Jemand hat es gesagt, obwohl man über solches schwieg. Er hat sie gestossen.»

Glossar

- *Aronablätter:* Blätter des Aronstabs (Arum), Pflanzengattung, die eigentlich zur tropischen Pflanzenfamilie der Aronstabgewächse (Araceae) gehört, jedoch auch in Mitteleuropa in Laubmischwäldern und Gebüschen wächst. Alle Pflanzenteile sind giftig. Kaut man die Blätter, kommt es auf der Zunge und Mundschleimhaut zu Rötungen und schmerzhaftem Brennen. Durch Abkochen und Trocknen verliert die Pflanze an Giftigkeit.
- *Astra-Fettkessel Nussgold:* Typischer Kessel, in dem Speisefett der Firma Astra aus Steffisburg bei Thun verkauft wurde. Die 1917 gegründete Firma musste nach verschiedenen Fusionen (u. a. Unilever-Konzern in Rotterdam) und unterschiedlichen weiteren Produktionen (Glacé-Markt, Salatsaucen) 1992 geschlossen werden.
- *blochen:* Holzböden wurden früher gespänelt (mit Span sauber gerieben), gewichst (mit Wachs eingerieben) und geblocht (mit einem entsprechenden Haushaltgerät auf Hochglanz poliert bzw. gebohnert).
- *Chacheli:* Tasse oder kleine Schale
- *Chlöpfer:* Basler Ausdruck für eine bestimmte, dem Servelat ähnliche Wurstart.
- *EPA:* Warenhaus mit günstigem Angebot
- *Landi:* Landesausstellung in der Schweiz von 1939
- *Müllerblümchen:* Gänseblümchen, auch Massliebchen oder Tausendschön genannt
- *Pfrundhaus:* Bürgerasyl, früher Stiftung einer Stadt/eines Dorfes
- *Posamenter:* Leute, die in Heimarbeit Bänder (textile Borten) webten (posamenteten) und dafür zu Hause einen handbetriebenen Webstuhl hatten (Heimposamenterei). Im Baselbiet seit dem 18. Jahr-

hundert verbreitete Heimarbeit, die Mitte des 20. Jahrhunderts langsam ‹ausstarb›. 1988 stellte die letzte Heimposamenterin ihre Arbeit ein. (Quelle: www.geschichte.bl.ch)

- *Rüpfli:* Fäden, die nicht schön eingewoben sind
- *Sechseläuten:* Frühlingsfest der Stadt Zürich
- *Spüeli:* kleine Spule
- *Trottoir:* Gehsteig, Bürgersteig
- *Tschingg:* abwertende Dialektbezeichnung für Italiener
- *Turnerchränzli:* Fest der Turnerinnen und Turner mit Abendunterhaltung
- *Üetliberg:* ‹Hausberg› Zürichs, knapp 870 Meter über Meer, auf der Südseite der Stadt und dessen Naherholungsgebiet
- *Üetlibergsingen:* Auf dem sog. Planetenweg des Üetlibergs trafen sich Singfreudige regelmässig zum gemeinsamen Singen.
- *Wähe:* flacher Kuchen, mit Früchten oder Gemüse belegt gebacken
- *Winterhilfe:* 1936, in der Zeit der grossen Wirtschaftskrise gegründetes Sozialwerk, das sich bis heute gegen Armut für Minderbemittelte einsetzt und diese unterstützt.
- *wüst:* im Dialekt Bedeutung von ‹nicht schön›, ‹böse›
- *Zaine:* Korb, Behälter, meistens geflochten
- *Zigerstöckli:* Molkenkäse aus entrahmter Kuhmilch hergestellt, mit eigenwilligem Geschmack, aus dem Glarnerland.
- *Zwanziger-Stückli:* Patisserie, die damals noch zwanzig Rappen das Stück kostete.
- *Zünfter:* Mitglieder einer Zunft (Handwerker, die sich im Mittelalter zusammenschlossen)

Namenverzeichnis und Wohnorte von Alice
(in der Reihenfolge des Vorkommens im Buch)

- *Familie Ad. Hund-Zaugg,* Basel (Pflegeeltern vom 7.2.1914–2.3.1916)
- *Frau von Speyr-Boelger* (Ehefrau von Alb. Speyr, Bankier in Basel, hatte ein Kinderheim, die sog. Speyr-Anstalt in Basel, wo Alice vom 2.3.1916–27.6.1916 weilte)
- *Ehepaar Stucki-Richard,* Basel (11.5.1918–8.4.1921)
- *Familie M. und E. Mäder,* Basel (8.4.1921–21.6.1921)
- *Familie Karl Degen-Vögelin,* Reigoldswil (21.6.1921–1923)
- *Maria und Jakob Hersberger-Niederhauser,* Tenniken (1923–1928)
- *Ernstli Hersberger* (Sohn der Familie Hersberger)
- *Ernst Jakob* (Lehrer in Tenniken)
- *Pfarrer Fischer* (Pfarrer in Tenniken)
- *Familie Berger* in Frenkendorf (1928–1929, Ort der Konfirmation)
- *Familie Ludwig,* Liestal (1929 kurzfristiger Arbeitgeber)
- *Fräulein B. Hohermuth* (Fürsorgerin in der Stadt Zürich)
- *Dr. F. Braun* (Psychiater im Burghölzli, Stadt Zürich)
- *Familie Beier,* Seefeld Zürich (Arbeitgeber 1.7.1929–18.9.1931)
- *Adolf Busch* (Geiger und Komponist, 1891–1952)
- *Dr. Selig* (Arzt im Pfrundhaus Liestal)
- *Herr Kremel* (1. Geigenlehrer von Alice)
- *Herr Spotti* (2. Geigenlehrer von Alice)
- *Herr Schmid* (Inhaber der Pension Schmid am Stauffacher)
- *Herr Helbling* (Musikgeschäftsinhaber am Stauffacher in Zürich)
- *Charles Bollag* (Inhaber eines Herrenkleidergeschäfts in Zürich)
- *Friedrich Traugott Wahlen (*Professor für Pflanzenbau an der ETH Zürich 1899–1985, Bundesrat von 1958–1965)

- *Pfarrer Imobersteg* (Pfarrer im Zürcher Kreis 5, Leiter der Jugendgenossenschaft, ab 1915 mit dem Zweck der Schulung ihrer Mitglieder zu geistiger Regsamkeit)
- *Otto Schreiber* (Chorleiter und Mitarbeiter bei Radio Beromünster)
- *Hans Rölli* (Liederdichter und Komponist, 1889–1962)
- *Theodor Fontane* (deutscher Schriftsteller, 1819–1898)
- *Daphne du Maurier* (englische Schriftstellerin, aufgewachsen in London und Paris, 1907–1989)
- *Hansli Eichenberger* (ungelöstes Verbrechen an einem vermissten Kind, 1944–1949)
- *Gottlieb Duttweiler* (1988–1962, Gründer der Genossenschaft Migros, hohes soziales Engagement, Initiant des ‹Landesring der Unabhängigen›, ab 1935 Nationalrat, ab 1948 Ständerat bis zu seinem Tod)
- *Manfred Harass* (Zithersolist)
- *Frau Heule* (Zitherlehrerin)
- *Schaggi Streuli* (geb. als Emil Kägi, Schweizer Drehbuchautor, Kabarettist, Volksschauspieler, 1899–1980)
- *Jeremias Gotthelf* (geb. als Albert Bitzius, Schweizer Schriftsteller und Pfarrer im Emmental, 1797–1854)
- *Rudolf Schoch* (Musiker, Musikpädagoge, führte Blockflötenspiel an Primarschulen ein, 1896–1982)
- *Jakob Kobelt* (Musiker, Leitung der Kantorenschule am 1962 gegründeten Institut für Kirchenmusik, 1916–1987)
- *Hedi Rohner* (Gemeindehelferin in der Kirchgemeinde Hottingen in Zürich und Freundin von Alice)
- *Frau Schöniger* (Wiener Musikerin)
- *Klara Stern-Müller* (Volkstanzlehrerin und Musikpädagogin, Gründerin des Volkstanzkreises Zürich, 1901–1999)
- *Alfred Stern* (Ehemann von Klara Stern-Müller, Musikdirektor, Orchesterleiter des Neumünsterorchesters, 1901–1982)

- *Walter Gianini* (Komponist, Blockflötenlehrer am Konservatorium)
- *Max Lange* (Leiter von Musikwochen)
- *Willi Gohl* (Schweizer Dirigent, Komponist und Chorleiter, 1925–2010)
- *Hannes Meyer* (Organist und Komponist, *1939)
- *Annemarie Pauli* (Wandergruppenleiterin)
- *Claude Gervaise* (französischer Gambist und Komponist der Renaissance, 1510–1558)
- *Gilberto Fischli* (Organist, *1959)
- *A.H. Müller* (Spitaldirektor Bürgerspital Basel)
- *Marx* (Polizeimann)

Lieder zum Buch

gesungen von:
Erica Brühlmann-Jecklin, Monika Maurer von Matt,
Annafried Widmer-Kessler
Aufnahmen: Hardstudios Winterthur
Tonmeister: Moritz Wetter

Autorin und Verlag danken für den Produktionsbeitrag:
- *Cassinelli-Vogel-Stiftung Zürich*
- *Evangelisch-reformierte Landeskirche des Kantons Zürich*
- *Gemeinde Tenniken*
- *Migros-Kulturprozent*
- *Reformierte Kirche Baselland*
- *Reformierte Kirche Basel Stadt*
- *Reformierte Kirchgemeinde Schlieren*
- *Stadt Schlieren*